Dignidade e Autonomia na Filosofia Moral de Kant

Dignidade e Autonomia na Filosofia Moral de Kant

2022

Thiago Delaíde da Silva

DIGNIDADE E AUTONOMIA NA FILOSOFIA MORAL DE KANT
© Almedina, 2022
AUTOR: Thiago Delaíde da Silva

DIRETOR DA ALMEDINA BRASIL: Rodrigo Mentz
EDITOR DE CIÊNCIAS SOCIAIS E HUMANAS E LITERATURA: Marco Pace
ASSISTENTES EDITORIAIS: Isabela Leite e Larissa Nogueira
ESTAGIÁRIA DE PRODUÇÃO: Laura Roberti

DIAGRAMAÇÃO: Almedina
DESIGN DE CAPA: Roberta Bassanetto

ISBN: 9788562938689
Julho, 2022

Dados Internacionais de Catalogação na Publicação (CIP)
(Câmara Brasileira do Livro, SP, Brasil)

Silva, Thiago Delaíde da
Dignidade e autonomia na filosofia moral
de Kant /Thiago Delaíde da Silva. -- São Paulo : Edições 70, 2022.

Bibliografia
ISBN 978-85-62938-68-9

1. Autonomia (Filosofia) 2. Dignidade
3. Filosofia(Ética) 4. Kant, Immanuel, 1724-1804
5. Pensamento
I. Título.

22-107080 CDD-193

Índices para catálogo sistemático:

1. Kant : Filosofia moral : Filosofia alemã 193

Maria Alice Ferreira - Bibliotecária - CRB-8/7964

Este livro segue as regras do novo Acordo Ortográfico da Língua Portuguesa (1990).

EDITORA: Almedina Brasil
Rua José Maria Lisboa, 860, Conj.131 e 132, Jardim Paulista | 01423-001 São Paulo | Brasil
www.almedina.com.br

"[...] o homem é obrigado a reconhecer praticamente a dignidade da humanidade em todos os outros homens, portanto, radica nele um dever que se refere ao respeito que se tem necessariamente de mostrar por todo outro homem."

(IMMANUEL KANT,
Metafísica dos Costumes, 462, §38)

A toda pessoa humana, a quem devemos respeito e reconhecimento de sua dignidade, independentemente de suas capacidades racionais.

AGRADECIMENTOS

Não é possível chegar ao término de um trabalho como esse sem sentir-se grato pelo apoio, incentivo e inspiração de muitas pessoas que, direta ou indiretamente, contribuíram para que a presente pesquisa se tornasse possível.

Começo agradecendo imensamente ao Prof. Dr. Marcelo Fernandes Aquino, pelo encorajamento, incentivo e generosidade ao longo de todo o período de orientação e construção desse trabalho, que permitiu que o amadurecimento gradual da pesquisa fosse se concretizando. Suas palavras, sempre certeiras e precisas, apontaram caminhos sem nunca impô-los, redirecionando a melhor rota de estudo e provocando reflexões importantes, sem nunca ofuscar a liberdade de pensamento individual, qualidade indispensável para uma pesquisa filosófica genuína.

Devo minha gratidão também a outros professores que tiveram sua contribuição no desenvolvimento desse trabalho. Agradeço particularmente ao Prof. Dr. Marco Antonio Oliveira de Azevedo, pelo incentivo e acompanhamento acadêmico de longa data, além das sugestões e críticas ao trabalho em diversas etapas. Seu talento, competência e comprometimento com o trabalho filosófico tem sido fonte de inspiração há muito tempo.

Devo enorme agradecimento ao Prof. Dr. Paulo César Nodari pelas suas observações e contribuições extremamente pertinentes ao trabalho, bem como as sugestões na redação do texto. Sou grato também ao Prof. Dr. Álvaro Luiz Montenegro Valls pelos seus comentários, observações, críticas e sugestões na primeira versão parcial do texto. Devo meu agradecimento ainda ao Prof. Dr. Adriano Naves de Brito, pelas observações críticas ao projeto inicial, que culminaram em uma pesquisa muito mais rigorosa e qualificada. Não posso deixar de agradecer também ao Prof. Dr. Luiz Rohden, coordenador do PPG Filosofia UNISINOS, pela confiança e incentivo acadêmico.

Devo, ainda, meu agradecimento ao Programa de Pós-Graduação em Filosofia da UNISINOS, pela excelência acadêmica que favorece um ambiente de troca de saberes, fomentando o debate filosófico cujos temas são sempre atuais e pertinentes. Agradeço a todo corpo docente qualificado do PPG Filosofia da universidade pelas excelentes aulas e eventos realizados. Estendo meu agradecimento a todo corpo discente do PPG Filosofia que mantém o nível elevado de excelência da pesquisa acadêmica. Sou muitíssimo grato também à secretaria do PPG Filosofia UNISINOS, pela atenção e disponibilidade de sempre, em tirar dúvidas e prestar auxílio em questões de ordem acadêmica.

Agradeço também à Coordenação de Aperfeiçoamento de Pessoal de Nível Superior (CAPES) pela disponibilidade da bolsa de estudos que possibilitou que esse estudo fosse realizado.

Meu agradecimento especial à ANPOF pelo incentivo acadêmico, especialmente na pessoa do Prof. Dr. Adriano Correia, pela oportunidade de tornar essa pesquisa em livro. Meu agradecimento se estende também à Editora Almedina/Edições 70 pelo cuidado e zelo com a publicação desse trabalho.

Agradeço ainda ao professor Alex Totti Soares, colega e amigo, pelo auxílio na revisão final do texto.

Não poderia deixar de agradecer, de modo especial, à minha família, parentes e amigos, pelo apoio e compreensão em todos os momentos não pude me fazer presente em suas vidas. Agradeço, especialmente, à minha esposa Bruna Garcia Schmidt, pelo incentivo, pelo suporte e pelas inúmeras conversas tivemos acerca do tema desse estudo, por suas sugestões e críticas.

Agradeço acima de tudo ao Criador, pela vida e pela dádiva de poder pensar.

A todos, meu muito obrigado.

APRESENTAÇÃO

A Associação Nacional de Pós-graduação em Filosofia (Anpof) surgiu em 1983 com o objetivo de defender e representar os programas de pós-graduação em filosofia do Brasil junto aos órgãos governamentais competentes, estimular o ensino e a pesquisa em filosofia em todos os seus níveis e também assegurar a presença da filosofia na cena cultural e formativa. Estes objetivos vêm sendo perseguidos por meio da realização de encontros bianuais que acolhem a maior parte dos pesquisadores e professores da área no Brasil e também por uma atuação permanente em defesa do ensino e da pesquisa em filosofia, do ensino básico à pós-graduação.

Além dos encontros nacionais, a Anpof vem promovendo regularmente a publicação de textos resultantes das apresentações no encontro e também promovido parcerias com vistas a amplificar a presença da filosofia no debate acadêmico e cultural contemporâneo. Em vista disto celebramos uma parceria com a Ed. Almedina/Ed. 70, editora portuguesa de notável prestígio na área de filosofia, com suas edições e traduções prolíficas e muito bem cuidadas bastante conhecidas do público brasileiro. Esta é a primeira parceria desta natureza da Anpof com uma editora.

Nesta primeira edição da parceria puderam ser submetidos para publicação dissertações e teses indicadas ao Prêmio Anpof 2020 e ao Prêmio Filósofas 2020 (este em sua primeira edição), além de textos de professores e pesquisadores vinculados a programas de pós-graduação em filosofia brasileiros. Foram qualificados 18 trabalhos de reconhecida excelência, sendo que ao final 3 foram selecionados pela editora. A edição não representa qualquer custo para a Anpof ou para os autores, que receberão os respectivos direitos autorais referentes à comercialização dos livros.

Saudamos a todos que submeteram seus textos e especialmente a autora e os autores dos textos selecionados. Esperamos que esta edição da parceria seja a primeira de muitas da Anpof com a Ed. Almedina/Edições 70.

Adriano Correia (UFG)
Coordenador desta edição da parceria
Anpof/Almedina Edições 70

SUMÁRIO

1. INTRODUÇÃO

Dignidade e autonomia são conceitos presentes na linguagem da filosofia moral moderna e contemporânea. A noção de dignidade humana tem papel central no discurso contemporâneo dos direitos humanos, em debates na bioética, no âmbito jurídico e na política. Certamente a noção de dignidade humana, amplamente defendida mas também amplamente criticada, ocupa um espaço importante no debate contemporâneo e permite uma variada gama de interpretações e tentativas de fundamentação. No entanto, é incontornável, no debate contemporâneo sobre a dignidade, ignorar a contribuição da filosofia de Immanuel Kant. Certamente Kant é um dos pilares sobre os quais o discurso sobre a dignidade humana se ampara[1]. A autonomia também é um dos conceitos basilares do pensamento moral e político no mundo contemporâneo. A concepção de autonomia kantiana, por sua vez, tem larga influência em nossa visão de mundo, não apenas sob o viés moral, mas político, social e cultural.

---

[1] O filósofo Michael Rosen (2015) afirma que não existe um corpo filosófico bem instituído sobre dignidade e que essa temática é ignorada ou deixada em segundo plano pelos filósofos contemporâneos. Rosen investiga as origens históricas da noção de dignidade, examinando sua presença no discurso em prol dos direitos humanos, através de documentos importantes como a *Declaração Universal dos Direitos Humanos*, em em decretos, declarações, resoluções e na legislação de países como a Alemanha, além de analisar filosoficamente o conceito a partir de Kant e de outros filósofos importantes. Rosen (2015, pp. 30; 41) conclui que a concepção de dignidade humana desenvolvida por Kant é mais influente do que imaginamos. Ao que tudo indica, é impossível compreendermos a defesa ou a crítica a noção de dignidade sem nos reportarmos à Kant

Assim, o pensamento de Kant é central para compreender o entendimento que temos de ambos conceitos. Além disso, na filosofia de Kant, autonomia e dignidade estão intimamente conectados. Na *Fundamentação da Metafísica dos Costumes* (*Grundlegung der Metaphysik der Sitten*)[2], Kant desenvolve uma concepção de dignidade humana que está intrinsecamente relacionada com o conceito de autonomia. Segundo Kant, a autonomia "é o fundamento da dignidade da natureza humana"[3]. Na *Fundamentação*, a dignidade está associada com a ideia de um valor absoluto que algo tem em si mesmo.[4] Kant sustenta que somente a moralidade e a humanidade teriam esse valor intrínseco, ou seja, uma dignidade[5]. Em virtude disso, somente seres racionais podem ser considerados agentes morais. Apenas seres racionais são capazes da moralidade e, portanto, somente a estes poderíamos atribuir dignidade.[6]

Ser capaz de agir racionalmente é condição necessária para agir autonomamente[7], o que se segue que seres incapazes de agir racionalmente não podem ser autônomos, como é o caso dos animais não humanos, por exemplo. Portanto, conforme a visão kantiana, somente seres racionais poderiam ter dignidade, pois só estes são capazes de agir moralmente, isto é, a partir de uma vontade e sob os preceitos da razão[8].

---

[2] Utilizarei frequentemente, ao longo desta pesquisa, como é de costume, apenas o termo "*Fundamentação*" para me referir à *Fundamentação da Metafísica dos Costumes*, no corpo principal do texto. Nas referências, citações e notas, utilizarei a forma abreviada FMC, como é usada tradicionalmente em língua portuguesa.

[3] FMC Ak 344, p. 269.

[4] Cf. FMC Ak 434; p. 265; FMC Ak 435, p. 265-237.

[5] Cf. FMC Ak 344, p. 265.

[6] Se esta interpretação deve ser levada ao pé da letra e quais suas implicações é exatamente o objeto de investigação desse estudo.

[7] Esse ponto será retomado durante o desenvolvimento deste estudo.

[8] Somente seres racionais são capazes de agir sob representação de leis (Cf. FCM, Ak 427, p. 237), ou seja, somente seres racionais podem impor a si mesmos deveres segundo o Imperativo Categórico.

Mas o que dizer de seres humanos que não estão em plena posse de suas faculdades racionais e não são completamente autônomos, como é o caso de indivíduos com deficiência intelectual, doentes com patologias graves ou com danos cerebrais, e até mesmo crianças pequenas ou idosos que possam ter perdido suas capacidades mentais, parcial ou totalmente? Estes indivíduos com autonomia debilitada ou ausente possuem a mesma dignidade? Ora, dificilmente alguém negaria que tais indivíduos tenham a mesma dignidade que aqueles que possuem suas faculdades racionais em perfeito estado e podem agir de forma racional e autônoma[9]. Entretanto, a conclusão que somos levados a extrair das afirmações de Kant é a de que aqueles seres humanos que não podem agir moralmente, isto é, autonomamente, não possuem dignidade[10]. Em outras palavras, seres humanos que não estão plenamente em posse de suas faculdades racionais são incapazes de agir de forma autônoma pois não são capazes de agir segundo a representação de leis universais da razão[11], o que se segue que não poderíamos atribuir dignidade a eles.

Todavia, essa inferência parece entrar em conflito com a teoria moral de Kant como um todo, uma vez que frequentemente a ética kantiana é evocada na defesa da dignidade humana de maneira coextensiva a todos os seres humanos e certamente tem grande influência na construção e fundamentação do discurso dos direitos humanos[12]. Kant é comumente tido como defensor contundente de que a natureza humana deve ser considerada um fim em

---

[9] Andorno (2009, p. 435) afirma que: "A maioria das pessoas assume, como fato empírico, que os seres humanos têm uma dignidade intrínseca. Essa intuição comum pode ser chamada de atitude padrão (*standard atitude*)."

[10] O filósofo Samuel J. Kerstein, no artigo *Kantian Dignity: a critique* (2014, p. 222-229), discute este e outros problemas correlatos advindos da concepção estrita de dignidade de Kant.

[11] Colocarei sob análise essa interpretação ao longo da investigação.

[12] Cf. BOBBIO, 2004; ROSEN, 2015; HÖFFE, 2005, p. 232; SANDEL, 2015, p. 106-107; BIELEFELD, 2000, p. 114-115. CULLETON (*et al*), 2009, p. 33; CONSANI, 2018, p.20; LUNARDI, 2011, p. 206-207.

si mesmo e nunca um meio[13]. Ademais, a Fórmula da Humanidade do Imperativo Categórico demanda que devemos tratar os demais seres humanos com respeito, ou seja, como fins em si mesmos[14]. Tratar as outras pessoas com respeito significa respeitar sua dignidade, seu valor intrínseco.

Na *Fundamentação*, o conceito kantiano de *pessoa* está associado a "seres racionais"[15] portadores de dignidade. Kant faz uma distinção valorativa entre *pessoas* e *coisas*[16]. *Pessoas* são entes racionais que são fins em si mesmos, enquanto que *coisas* são entes irracionais que podem ser utilizados como meios.[17] Logo, seres irracionais são considerados como *coisas* e possuem um valor relativo e não uma dignidade[18]. Quanto a seres humanos, Kant é enfático ao dizer que "o homem não é uma *coisa*" e não deve ser tratado "meramente como meio"[19]. Mas se seres humanos são *pessoas* em virtude de sua natureza racional, parece natural indagar sobre aqueles casos em que indivíduos humanos não possuem o que chamamos de racionalidade. Se alguns seres humanos não são racionais, então devemos enquadrá-los, na categoria de "coisas"? Poderíamos tratar tais seres humanos como meios e não como fins? Não seriam também estes seres humanos pessoas? Dito de outro modo, segundo a terminologia kantiana, seres humanos não racionais podem ser considerados pessoas?

---

[13] Cf. FMC Ak 429, p. 245.

[14] Fórmula da Humanidade (FH) do Imperativo Categórico: "Age de tal maneira que tomes a humanidade, tanto na tua pessoa, quanto na pessoa de qualquer outro, sempre ao mesmo tempo como fim, e nunca meramente como um meio." (FMC Ak 428, p. 243; 245)

[15] Cf. FMC Ak 428, p. 241.

[16] FMC Ak 428, p. 241.

[17] Cf. FMC, Ak 428, p. 241.

[18] Este é um ponto controverso da filosofia kantiana que será retomado posteriormente.

[19] FMC Ak 429, p. 245.

Se a resposta for negativa, como parece ser o caso, isto é, se pessoas são entidades eminentemente racionais e, portanto, seres morais, parece correto concluir que indivíduos não racionais e não autônomos não são pessoas[20]. Tais indivíduos, apesar de humanos, não podem ser considerados agentes morais pois em virtude da falta de racionalidade não são capazes da autonomia. Se estes indivíduos não são pessoas, como podemos atribuir dignidade a eles? Se a dignidade de um ser depende de sua natureza racional, então segue-se que seres humanos que por ventura não são racionais não são pessoas e não possuem dignidade.

Mas se a resposta a essa pergunta for afirmativa, isto é, se tais indivíduos são realmente *pessoas*, então é necessário negar a interpretação de que "ser racional" é condição necessária para um indivíduo ser chamado de *pessoa*. Isso exigira uma análise conceitual mais apurada da terminologia kantiana e de que maneira podemos interpretar adequadamente as concepções de dignidade, autonomia, pessoa e racionalidade.

Uma das consequências filosóficas que esse problema acarreta parece ser que se a racionalidade é condição para a autonomia então estamos diante de uma aporia. O problema parece estar intrincado ao fato de que a autonomia é condição necessária para a dignidade. Ou seja, se a racionalidade for condição necessária para a autonomia, e se a autonomia for condição necessária para a dignidade, então a racionalidade é, como ao menos parece defender Kant (literalmente), condição necessária para a dignidade. Ora, se este é o caso teríamos que:

1) *aceitar simplesmente que não podemos atribuir dignidade a indivíduos não autônomos.*

---

[20] Isso não significa dizer que não são humanos. O conceito de "pessoa" e "humano" não significam exatamente o mesmo. Tratarei dessa discussão posteriormente.

Porém, se julgarmos que essa afirmação é insustentável e degradante, as alternativas parecem ser as seguintes:

2) *ou teremos de concluir que a filosofia moral kantiana tem problemas internos que, podem, no entanto, ser caridosamente corrigidos.*
3) *ou teremos de concluir que as concepções de Kant (literais) estão incorretas, o que possivelmente poderia nos levar a abandonar a teoria kantiana (literal) da dignidade.*
4) *ou a filosofia moral kantiana está em ordem, mas a interpretação literal das teses de Kant está equivocada;*

Tendo apresentado esse quadro geral do problema, esse trabalho tem por objetivo investigar *qual é o estatuto moral que seres humanos não autônomos e não plenamente racionais têm na filosofia moral kantiana, se podem ser concebidos como pessoas e se podemos atribuir a eles dignidade.* O problema filosófico, mais precisamente, a ser investigado pode ser colocado da seguinte forma: *a filosofia moral kantiana permite que possamos atribuir dignidade a indivíduos humanos não racionais e não autônomos, considerando-os pessoas?*

Para dar cabo a este empreendimento, pretendo investigar as relações entre os conceitos de autonomia, dignidade e pessoa na filosofia moral kantiana, interrogando sobre o *estatuto moral de indivíduos não autônomos.* Desse modo, esse trabalho se propõe a investigar de maneira pontual, e não exaustiva, alguns aspectos da visão de dignidade de Kant e sua estreita relação com a autonomia, trazendo à tona alguns impasses, problemas e desafios, mas também elementos que podem contribuir para o debate atual sobre a temática. A fim de tornar esse empreendimento efetivo, é necessário, metodologicamente, investigar o problema em dois aspectos, a saber:

1) *A coerência interna à teoria moral kantiana:* É necessário investigar se há uma possível contradição na teoria moral kantiana, ou se esta interpretação é enganosa,

constituindo um pseudoproblema na filosofia de Kant[21]. Se assim for, se segue a necessidade de uma exposição melhor da relação entre os conceitos de pessoa, dignidade e autonomia. Se esse não for o caso, ou seja, se há um problema de contradição interno na teoria kantiana, parece que então deveríamos mesmo abandonar ou corrigir sua concepção autonomia como fundamento da dignidade[22].

2) *A questão da aplicação da teoria moral kantiana com relação a indivíduos não autônomos:* como podemos "aplicar" a teoria kantiana para pensar indivíduos concretos que não cumprem os pré-requisitos para serem considerados seres autônomos que agem moralmente? Essa questão diz respeito a como podemos pensar uma teoria de caráter abstrato, que tem o intuito de procurar um fundamento metafísico e universal para a moralidade, a partir concretude das vicissitudes humanas, ou seja, de certas contingências e particularidades às quais os seres humanos estão sujeitos. Isso significa refletir sobre a aplicação da ética kantiana em casos individuais aos quais Kant não se dedicou especificamente, mas que são cruciais para que sua teoria ainda se mantenha relevante nos dias atuais.

O ponto de partida da investigação filosófica será a *Fundamentação da Metafísica dos Costumes*[23], por ser o texto referência

---

[21] O filósofo Allen Wood (2008a, pp. 158-159) argumenta que uma compreensão mais adequada da obra madura de Kant em seus escritos posteriores pode desmistificar alguns maus entendidos sobre a ética kantiana.

[22] É o que parece sugerir a filósofa Doris Schroeder em seu artigo *Human Rights and Human Dignity: An Appeal to Separate the Conjoined Twins* (2012, p. 29), ao afirmar que que a visão de dignidade de Kant nos coloca em um "*cul-de-sac*" – um "beco sem saída".

[23] Neste trabalho utilizei predominantemente a edição bilíngue da *Fundamentação da Metafísica dos Costumes* publicada em 2009 pela editora Discurso Editorial: Barcarolla, com a tradução de Guido Antônio de Almeida. Outra tradução consultada foi a de Paulo Quintela da Edições 70 de 2007. A tradução do alemão para o inglês, de Mary Gregor da edição da Cambridge University Press, de 1998, também foi consultada para fins de comparação de alguns termos traduzidos.

para essa discussão[24]. A justificação da escolha deste texto de Kant em especial, se dá por duas razões principais. A primeira delas é que a *Fundamentação*, além de ser uma obra canônica da história da filosofia moral cuja importância ultrapassa o mero valor histórico, continua sendo referência não só para a as discussões em ética contemporânea, como é frequentemente referenciada em outros campos de estudo para além da filosofia, como no Direito, nas Ciências Sociais e Políticas, na Bioética, etc. A segunda razão para a escolha dessa obra, é que é nela que Kant apresenta inicialmente sua concepção tanto de dignidade quanto de autonomia. É na *Fundamentação* também que Kant afirma ser a autonomia o fundamento da dignidade da natureza humana. Apesar de Kant não aprofundar esse aspecto na *Fundamentação* e nem se dedicar a analisar casos de seres humanos cuja agência não é autônoma, muitos elementos que estão na base da teoria moral de Kant se fazem presentes neste texto.

Além disso, outros aspectos da filosofia de Kant presentes em outras obras precisam ser trazidos à tona, uma vez que não é possível fazer uma leitura adequada da *Fundamentação* sem compreender outros elementos da filosofia kantiana expostos em outras obras[25]. Desse modo, a *Fundamentação* não pode ser precedida do todo da filosofia kantiana. As obras *Crítica da Razão Pura* (CRP), *Crítica da Razão Prática* (CRPr), *Metafísica dos Costumes* (MC), *A Religião no Simples Limites da Razão (R)* e *Antropologia sob um Ponto de Vista Pragmático (A)*, *Sobre a Pedagogia* (P),

---

[24] Embora a *Fundamentação da Metafísica dos Costumes* seja um texto canônico da história da filosofia, sua importância vai muito além de seu valor histórico. Certamente é o texto de referência não apenas da filosofia kantiana mas de toda a filosofia moral. A *Fundamentação* é, como diz Sally Sedgwick, "uma das obras mais profundas e importantes da história da filosofia prática" (2017, p. 9).

[25] Quanto a esse aspecto, Sally Sedgwick explica que devido à "unidade sistemática" da filosofia de Kant sua obra não pode ser compreendida sem referência a outros de seus textos. Assim "os trabalhos de Kant em filosofia prática não podem ser adequadamente avaliados quando tomados de forma isolada em relação a outros escritos filosóficos" e o estudo da *Fundamentação* será mais adequado se levar em consideração que "nesta obra frequentemente se apoia em alegações que discute em outros lugares" (2017, p. 19).

entre outras, serão importantes ao longo dessa investigação na medida em que lançam luz sobre aspectos da filosofia de Kant que não aparecem de modo explícito na *Fundamentação*.

Apesar disso, um recorte metodológico se faz necessário e foi preciso optar por seguir um caminho de argumentação. Seguirei a linha de argumentação de Kant na *Fundamentação* e farei referências a outras obras quando for necessário. Como referência de apoio me guiarei pelas interpretações da filosofia kantiana de autores como Jerome Schneewind, Henry Allison, Allen Wood, Otfried Höffe, Sally Sedgwick, Thomas Hill Jr, Onora O'Neill, Michael Rosen, Patrick Kain, Oliver Sensen, Doris Schroeder, Paul Formosa, entre outros.

Estruturalmente, essa dissertação está dividida em três partes ou capítulos. O capítulo inicial que se segue a essa introdução, com o título "Problematizando a dignidade kantiana", pretende contextualizar e situar o leitor na temática tratada nessa dissertação e preparar o terreno filosófico para a colocação do problema a ser investigado, trazendo à tona elementos conceituais e históricos importantes para entendermos a sua relevância, que ultrapassa uma preocupação meramente conceitual referente à coerência interna da ética kantiana. Isso significa que o estudo do problema que emerge entre dignidade e autonomia extrapola o interesse filosófico, sendo fundamental tratá-lo não apenas como um problema interno à ética kantiana, vista em si mesma ou sob o aspecto de sua aplicação em contextos práticos específicos, mas também porque a visão de dignidade humana de Kant tem uma grande influência nas mais variados áreas do conhecimento, como nas ciências sociais, nas ciências jurídicas, na política, na bioética e principalmente no discurso dos direitos humanos. Portanto, é de um interesse ético geral que as relações entre dignidade e autonomia sejam esclarecidas. O objetivo desse primeiro capítulo é apenas levantar o problema e torná-lo mais claro ao leitor.

O capítulo seguinte, cujo título é "Moralidade, autonomia e dignidade", tem o objetivo de investigar mais precisamente as relações entre autonomia e dignidade humana explicitando, a partir do exame da *Fundamentação da Metafísica dos Costumes* e de outros textos éticos kantianos, em que sentido a autonomia condiciona (ou não) a dignidade. Para isso, começarei traçando em linhas gerais alguns aspectos da filosofia moral de Kant na tentativa de compreender mais precisamente a sua concepção de dignidade e sua visão sobre autonomia, fazendo algumas distinções conceituais sobre o que entendemos por autonomia hoje e como estes usos diferentes da mesma palavra estão relacionados e em que sentido eles se diferenciam do sentido atribuído por Kant. Apresentarei alguns problemas que há na compreensão do conceito de "pessoa" na filosofia kantiana e como ele está estreitamente relacionado com os conceitos de "autonomia", "dignidade", "personalidade", "humanidade", entre outros. Esse capítulo não pretende apresentar de maneira resolutiva os conflitos conceituais que são tratados mas torná-los mais evidentes e discutir se há alternativas para dissolvê-los e que consequências hão de se seguir.

O último capítulo, intitulado "Dignidade e *status* moral na ética de Kant", pretende discutir a possibilidade ou a impossibilidade de compreender a dignidade humana para além da autonomia enquanto agência racional e em que medida a noção de dignidade está associada à personalidade moral. Apresentarei algumas tentativas de filósofos kantianos que procuraram responder às dificuldades que a ética kantiana se depara em relação a seres humanos incapazes de autonomia terem ou não status moral e dignidade. Na primeira parte do capítulo, farei a exposição das abordagens de Allen Wood, Onora O'Neill e Patrick Kain, de como a ética kantiana lida com deveres morais para com entes não racionais e de que modo podemos pensar o *status* moral de seres humanos sem agência racional. Na segunda parte, explorarei as teses de Oliver Sensen, Doris Schroeder e Paul Formosa sobre a concepção de dignidade kantiana e suas implicações no que tange ao status moral de seres humanos incapazes de agência racional autônoma. Por fim, discuto a tese de Paul Formosa sobre quem afinal de contas tem dignidade e como devemos interpretar a afirmação de Kant de que a autonomia é o fundamento da dignidade, avaliando suas implicações, vantagens e restrições.

2. PROBLEMATIZANDO A DIGNIDADE KANTIANA

2.1 A NOÇÃO DE DIGNIDADE HUMANA

A noção de *dignidade humana* ocupa um lugar central no discurso contemporâneo dos direitos humanos. Ela aparece como princípio em muitos documentos importantes como a Declaração Universal dos Direitos Humanos, de 1948, e também na Carta das Nações Unidas, de 1945. Já nos preâmbulo da Carta das Nações Unidas aparece a expressão "fé nos direitos fundamentais do homem, na dignidade e no valor do ser humano"[26], ao passo que no preâmbulo da Declaração afirma-se "o reconhecimento da dignidade" como sendo "inerente a todos os membros da família humana"[27]. O artigo I da DUDH diz de modo explícito: "Todos os seres humanos nascem livres e iguais em dignidade e direitos"[28].

Esse reconhecimento inerente da dignidade humana leva muitos estudiosos a refletirem sobre o papel que a noção de dignidade

---

[26] O texto completo é: "NÓS, OS POVOS DAS NAÇÕES UNIDAS, RESOLVIDOS a preservar as gerações vindouras do flagelo da guerra, que por duas vezes, no espaço da nossa vida, trouxe sofrimentos indizíveis à humanidade, e a reafirmar a fé nos direitos fundamentais do homem, na dignidade e no valor do ser humano, na igualdade de direito dos homens e das mulheres, assim como das nações grandes e pequenas, e a estabelecer condições sob as quais a justiça e o respeito às obrigações decorrentes de tratados e de outras fontes do direito internacional possam ser mantidos, e a promover o progresso social e melhores condições de vida dentro de uma liberdade ampla" (Carta das Nações Unidas, Preâmbulo, 1945, p. 3).

[27] DUDH, 1948, Preâmbulo, pág. 2.

[28] DUDH, 1948, artigo 1, p. 3.

humana desempenha no discurso dos direitos humanos. O filósofo Michael Rosen, por exemplo, aponta que "a dignidade é elemento central no moderno discurso dos direitos humanos" e tem sido "incorporada a inúmeras constituições, convenções internacionais e declarações"[29] Da mesma forma, Oliver Sensen também constata: "Nos últimos 60 anos, a ideia de dignidade humana tornou-se cada vez mais proeminente o discurso político sobre direitos humanos"[30]. Segundo Sensen, "nos documentos das Nações Unidas, por exemplo, a dignidade humana é atualmente apresentada como a justificativa para os direitos humanos"[31]. Evidentemente há controvérsias se a dignidade humana é o que fundamenta os direitos humanos ou se a dignidade deve ser interpretada como um direito humano tal como o direito à vida[32]. Contudo, não se pode negar que os conceitos de dignidade e direitos estejam de algum modo associados.

A expressão "dignidade humana" frequentemente também surge em debates nos campos da bioética e na ética médica, por vezes sendo defendida como princípio ético fundamental[33].

---

[29] ROSEN, 2015, p. 23-24.

[30] SENSEN 2011, p. 71.

[31] Ibid.

[32] A filósofa Doris Schroeder, em seu artigo *Human Rights and Human Dignity: An Appeal to Separate the Conjoined Twins* (2012), defende que dignidade humana e direitos humanos, apesar de gêmeos siameses, deveriam ser duas noções separadas, cada um com seu fundamento próprio. Segundo Schroeder, a dignidade não poderia servir como fundamento para os direitos humanos. Por sua vez, o filósofo chinês Shaoping Gan, por exemplo, defende em *Human dignity as a right* (2009, pp.370-384), que a dignidade deveria ser encarada como um direito humano fundamental.

[33] Na *Declaração Universal sobre Bioética e Direitos Humanos* da UNESCO (2005), a dignidade humana aparece como um dos princípios fundamentais (Cf. Princípios, artigo 3º, p. 06), além de constar como um dos objetivos "contribuir para o respeito pela dignidade humana e proteger os direitos humanos [...]" (Cf. Disposições gerais, Artigo 2º, p 06). De acordo com Guy Durand (2003, p. 302), dignidade humana é uma palavra bastante utilizada no campo da ética médica e na bioética, comumente empregada em documentos importantes no que tange às discussões relacionadas a pesquisas com seres humanos, discussões sobre algumas formas de tratamentos médicos ou a questões análogas ao processo de morrer. Segundo Durand (2003, p. 302), é comum a expressão "dignidade

Na legislação de muitos países[34] e no âmbito jurídico[35], a dignidade também ocupa uma posição privilegiada. Em debates políticos, quando se tratam de temas como opressão, tortura, negação de direitos fundamentais, etc., a noção de dignidade humana também costuma ser trazida à tona. É comum líderes políticos e religiosos utilizarem da noção de dignidade para defenderem os mais variados pontos de vista, muitas vezes até contraditórios. Além disso, a dignidade humana pode ser evocada para defender a "inviolabilidade da vida humana"[36] como para a defesa da morte digna[37].

---

humana" aparecer nesses contextos associadas à noção de "respeito". Andorno (2009, p. 436) afirma que "a noção de dignidade também é usada como argumento corrente no debate bioético, particularmente em assunto de pesquisa genética e na então chamada engenharia humana", onde suscita questões como: "podemos – devemos – realizar tudo o que é tecnicamente possível em reprodução artificial e em intervenção no nosso genoma? Temos o direito de duplicar indivíduos (clonagem) ou de modificar nosso genoma, a fim de acrescentar qualidades novas? O propósito de aprimorar a espécie humana está de acordo com a dignidade humana ou vai de encontro a ela?", entre outras questões. No entanto, como chama atenção Andorno (2009), a dignidade humana é uma noção paradoxal e seu sentido está longe de ser consensual.

[34] Na Constituição da República Federativa do Brasil, por exemplo, a "dignidade da pessoa humana" aparece como um do princípio fundamentais do Estado Democrático de Direito brasileiro (cf. CONSTITUIÇÃO 1988, Título I,art.1, item 3., 2016, p. 11). A Constituição Alemã, ou a *Grundgesetz für die Bundesrepublik Deutschland* (Lei Fundamental da República Federal da Alemanha), no primeiro inciso do primeiro artigo afirma: "A dignidade do homem é inviolável. Respeitá-los e protegê-los é um dever de toda autoridade estatal." (Cf. *Grundgesetz*, Artigo 1). Rosen (2015, p. 82) afirma que "nenhum país [...] foi tão longe quanto a Alemanha" ao integrar a noção de dignidade "a seu sistema legal". Na *Grundgesetz* "a dignidade inviolável dos seres humanos é um princípio constitucional fundamental" (ROSEN, 2015, p.82).

[35] Para uma visão geral sobre a perspectiva legal da dignidade ver: BROWSWORD, Roger. *Human Dignity from a legal perspective*, In: DÜWELL et al., 2014.

[36] Um dos documentos católicos mais importantes do século XX, escrito em 1995 pelo Papa João Paulo II, chamado *Evangelium Vitae: Sobre o valor e a inviolabilidade da vida humana,* faz uso do termo dignidade para defender que todo ser humano possui um valor intrínseco e inviolável.

[37] Andorno (2009) afirma que a ambiguidade da noção de dignidade permite "seu uso na defesa de posições opostas, como aconteceu no debate a respeito da eutanásia e do suicídio assistido." (p. 436). Nesse sentido alguém que é contra a eutanásia ou o suicídio assistido pode argumentar que aceitar tais situações

Para alguns filósofos, no entanto, a dignidade nada mais é do que um artifício retórico, que não contém um substrato filosófico consistente, mas que é usada como se fosse um princípio "sagrado" que não requer fundamento ou justificação[38]. Para outros, é apenas um termo vazio e inútil[39] ou simplesmente dispensável, uma vez que podemos falar, simplesmente, em respeito aos direitos das pessoas[40].

Apesar das críticas ao conceito dignidade, muitos filósofos consideram importante o tratamento filosófico quanto a essa questão. Ronald Dworkin, por exemplo, em *Levando os Direitos a Sério*, afirmou que "quem quer que professe levar os direitos a sério" deveria aceitar minimamente duas ideias centrais, a saber, a dignidade humana e a igualdade política[41]. Segundo Dworkin, embora vaga, a ideia de dignidade é "poderosa" e diz respeito a noção de que "existem maneiras de tratar um homem que são incompatíveis com seu reconhecimento como um membro pleno da comunidade

---

viola a dignidade humana. Por sua vez, alguém que defende o suicídio assistido pode argumentar que morrer *com dignidade* é um direito irrecusável. A organização suíça *Dignitas,* que auxilia em casos de suicídio assistido, por exemplo, defende o lema "viver com dignidade - morrer com dignidade" (Ver: http://www.dignitas.ch).

[38] É o que brada Schoppenhauer ao chamar a expressão dignidade de "santo e senha de todos os moralistas confusos e frívolos" em *On the basis of Morality* (1965, p. 100).

[39] Assim argumenta no editorial do Ruth Macklin em *Dignity is a useless concept: It means no more than respect for persons or their autonomy (2003, p. 1419-1420).* Macklin argumenta que a noção de dignidade em bioética e ética médica não é necessária e pelo contrário pode ser fonte de confusões. Nas suas palavras: "Dignidade é um conceito inútil em ética médica e pode ser eliminada sem qualquer perda do conteúdo" (p. 1420).

[40] Conforme defende Joel Feinberg em *The Nature and Value of Rights* (1970, p. 252): "[...] respeitar as pessoas (esta é uma ideia intrigante) pode ser simplesmente o respeito pelos seus direitos, de modo que não pode haver um sem o outro; e o que é chamado de 'dignidade humana' pode ser simplesmente a capacidade reconhecível de fazer reivindicações (*claims*). Respeitar uma pessoa, ou pensar nele como possuidor de dignidade humana, é simplesmente pensar nele como um potencial criador de reivindicações (*claims*)."

[41] DWORKING, 2002, p. 304-305.

humana, e sustenta que tal tratamento é profundamente injusto"[42]. Parafraseando Dworkin, parece que se quisermos levar a dignidade humana a sério, é necessário investigar o que ela significa, em que se funda e nos debruçarmos sobre suas consequências.

Mas afinal, o que é dignidade? Qual o seu fundamento? Não há um único conceito de dignidade e há muitas formas de abordar e responder essas questões[43]. Certamente uma das abordagens mais influentes sobre dignidade remonta à Kant, mas a noção de dignidade já havia sido objeto de reflexão por filósofos como Cícero e Pico della Mirandola, entre outros. Apesar disso, a noção de dignidade era muito diferente da concepção que temos contemporaneamente de dignidade. Conforme observa Remy Debes "o significado de 'dignidade' hoje surpreenderia nossos ancestrais modernos"[44]. De acordo com Debes, a visão contemporânea que temos de dignidade humana é radicalmente diferente do que se tinha até início da idade moderna. Conforme explica Debes:

> Para nós, a dignidade – isto é, a dignidade humana – refere-se ao valor moral fundamental ou status supostamente pertencente a todas as pessoas igualmente. É correspondentemente a um conceito precioso, especialmente na sociedade ocidental. Isso marca uma linha na areia moral que a maioria de nós acha que nunca deveria ser atravessada. As pessoas oprimidas e marginalizadas clamam em nome da dignidade. Organizações humanitárias fazem *lobby* em seu nome. E as constituições estatais em torno da palavra reivindicam a dignidade como o fundamento explícito de seus direitos e proteções mais fundamentais.[45]

---

[42] DWORKING, 2002, p. 304-305.

[43] Para uma visão mais geral sobre as discussões filosóficas que envolvem os diversos conceitos de dignidade humana ver: DÜWELL, Marcus. *Human dignity: concepts, discussions, philosophical perspectives*, In: DÜWELL et al., 2014.

[44] DEBES, 2017, p. 01.

[45] Ibid.

Segundo Debes, a noção de dignidade até meados de 1830-1850 não tinha essa conotação de um valor ou status moral que pertencesse a todos os seres humanos. O termo *dignidade* (seja em inglês *dignity*, latim *dignitas* ou francês *dignité*) tinha até então "uma conotação de mérito convencional" e carregava um sentido de "status social do tipo associado à nobreza, poder, comportamento cavalheiresco ou preferência dentro da igreja"[46], explica Debes. A dignidade não tinha até então uma conotação de um "status moral fundamental, não merecido e igualmente compartilhado entre os seres humanos"[47].

De acordo com Thomas Hill[48], a noção de dignidade está intimamente relacionada com a noção de respeito de si, embora sejam noções distintas. Dignidade e respeito possuem uma longa tradição na história da filosofia ocidental, mas podemos encontrar suas raízes filosóficas já no pensamento estoico. Na Idade Média encontramos uma reflexão sobre dignidade ligada ao pensamento teológico, especialmente em Tomás de Aquino[49]. Mas é no contexto do pensamento iluminista que a noção de dignidade humana começa a se desenvolver fortemente ligada à ideia de igualdade. Até esse período "a noção ordinária de dignidade indicava um status honroso", algo ligado com status social.[50]

Segundo Hill[51], é comum a muitas culturas a noção de "comportamento digno" de *status* ou classe social. Já no contexto da modernidade essa noção "é enriquecida de um significado e de uma importância novos no pensamento ocidental, à medida que se

---

[46] Ibid., p. 01-02.

[47] Ibid., p. 01-02.

[48] HILL, 2003, p.440.

[49] Ibid., 2003, p. 441.

[50] "Nas sociedades europeias aristocráticas e socialmente estratificadas, a dignidade era habitualmente reconhecida aos indivíduos em virtude da função pública que ocupavam, do fato de pertencerem à nobreza, do seu cargo eclesiástico ou (talvez mais raramente) da sua notável superioridade no seio de alguma profissão venerável" (HILL, 2003, p. 441).

[51] HILL, 2003, p. 441.

desenvolvia entre os homens a ideia de igualdade"[52]. Essa noção de igualdade entre todos os seres humanos e uma mesma dignidade que é atribuída a todos, tem certamente a influência da concepção kantiana. Hill é incisivo ao afirmar: "Foi Kant que proporcionou a essa ideia a expressão daí em diante clássica de dignidade do ser humano (como ser humano)"[53]. Hill ainda observa que:

> Kant defende que cada ser humano é dotado de dignidade (*Würde*) em virtude da sua natureza racional [...] Embora não seja o primeiro nem o único a propor essa ideia, Kant a coloca no âmago de sua teoria política e moral, defende o seu caráter racional e independente do poder religioso e contribui para fazer respeitar a noção de dignidade, reconhecendo-lhe o poder de limitar muito seriamente o pensamento consequencialista.[54]

É sobretudo com a filosofia kantiana que a noção de dignidade humana ganha força e importância. A partir do pensamento de Kant, se introduz a ideia de que a dignidade humana seria coextensiva a todos os seres humanos, conforme aponta Hill. A dignidade continua carregando uma noção de *status* mas não do ponto de vista social e sim do ponto de vista da humanidade como um todo. Todos os seres humanos passam a ter um *status* de dignidade perante aos outros seres que habitam a terra[55]. A concepção de dignidade de Kant é revolucionária nesse sentido pois "defende que cada ser humano é dotado de dignidade (*Würde*) em virtude da sua natureza racional"[56] Além disso, apesar da doutrina kantiana da dignidade se inscrever junto à tradição cristã "que atribui a cada ser humano um valor primordial, independentemente

[52] Ibid.

[53] Ibid.

[54] Ibid.

[55] Segundo Rosen (2015, p. 31-37) e Sensen (2011, p.77-78), essa é uma concepção de dignidade que tem suas raízes no pensamento estoico, especialmente a partir de Cícero.

[56] HILL, 2003, p. 441.

de seu mérito individual e sua posição social", Kant também é responsável por tentar desenvolver uma fundamentação secular "que não deve nada às pressuposições teológicas"[57]. O valor primordial do ser humano, segundo a visão kantiana, estaria em sua "capacidade racional que temos de impor a nós mesmos uma obrigação moral"[58] ou seja, a autonomia - algo que seres irracionais não possuem.

Além de incluir a noção de igualdade generalizada a todos os seres humanos, a dignidade seria um valor *exclusivamente* humano.[59] Isso significa que os seres humanos, em virtude de sua condição de seres racionais, teriam um valor incondicional, colocando-os valorativamente acima das outras espécies[60].

Evidentemente os ideais iluministas tiveram uma importância crucial na construção dos direitos universais do homem e a noção de dignidade (como um valor inerente a todos os seres humanos) caminhou de mãos dadas com seu desenvolvimento. Em *A Era dos Direitos*, Norberto Bobbio chama a atenção para o quanto os ideais da Revolução Francesa estão associados ao pensamento de Kant e aos ideais que inspiraram o desenvolvimento da noção de direitos universais do homem[61]. A influência de Kant, assim como de outros pensadores iluministas, nos ideais que fundamentam o discurso dos direitos humanos é significativa[62].

---

57 Ibid.

58 Ibid.

59 Cf. ROSEN, 2015, p.47.

60 Esse ponto, por sua vez é alvo de crítica dos defensores dos direitos dos animais que acusam tal visão de promover o *especismo*. Para os defensores dos direitos dos animais "o especismo é uma forma de discriminação análoga ao racismo e ao sexismo: ele consiste em não levar em conta os interesses dos membros de uma outra espécie pelo simples motivo de pertencerem a outra espécie." (GOFFI, 2003, p. 92). Kant é comumente atacado por defensores dos direitos dos animais e críticos do especismo.

61 BOBBIO, 2004, pp. 57-60.

62 Conforme escreve Bobbio (2004, p. 60): "É fato hoje inquestionável que a Declaração Universal dos Direitos do Homem, de 10 de dezembro de 1948, colocou as premissas para transformar também os indivíduos singulares, e não mais apenas os Estados, em sujeitos jurídicos do direito internacional, tendo assim, por

É notório observar ainda que há uma relação histórica entre a publicação da *Fundamentação da Metafísica dos Costumes* de Kant e as revoluções que culminaram com nas reivindicações dos direitos do homem, como enfatiza Michael Sandel:

> A *Fundamentação* de Kant foi publicada pouco depois da Revolução Americana (1776) e antes da Revolução Francesa (1789). Em sintonia com o espírito e com o impulso moral daquelas revoluções, ela fornece uma base consistente para aquilo que os revolucionários do século XVIII denominaram os direitos do homem, e nós, no início do XXI, chamamos de direitos humanos.[63]

Sandel afirma que a influência de Kant vai além do aspecto histórico e sua filosofia "está por trás de grande parte do pensamento contemporâneo sobre moral e política", portanto, compreender o pensamento de Kant significa mais do que fazer um mero exercício filosófico, significa, pois, que "estamos examinando alguns dos pressupostos-chave implícitos em nossa vida pública". "A importância atribuída por Kant à dignidade humana", afirma Sandel, "define nossas concepções atuais dos direitos humanos universais"[64].

2.2 A DIGNIDADE KANTIANA: UMA PROBLEMATIZAÇÃO

Apesar da influência direta de Kant na construção dos ideais de direitos humanos, a filosofia kantiana encontra alguns impasses difíceis de serem resolvidos. Na *Fundamentação da Metafísica*

---

conseguinte, iniciado a passagem para uma nova fase do direito internacional, a que torna esse direito não apenas o direito de todas as gentes, mas o direito de todos os indivíduos. Essa nova fase do direito internacional não poderia ser chamada, em nome de Kant, de direito cosmopolita?"

[63] SANDEL, 2016, p. 106.

[64] Ibid., p. 106-107.

dos Costumes, Kant afirma que a autonomia é o fundamento da dignidade humana[65]. O que nos leva a indagar, naturalmente, a respeito de indivíduos que estão, temporária ou permanentemente, sem a posse de suas faculdades racionais e não podem exercer sua autonomia, uma vez não são capazes de agir segundo os mandamentos da razão.[66] Tais indivíduos não podem - ou não são capazes de - agir segundo a *representação* de leis universais da razão, já que tal capacidade exige um nível de abstração considerável. Agir sob a representação de leis da razão significa agir segundo máximas que podem ser tidas como leis universais. Tal forma de agir exige minimamente uma condição cognitiva mais apurada.

Embora tais indivíduos em certos casos sejam capazes de agir *em conformidade* com o dever moral, é ao menos questionável se podem agir *por* dever[67]. Agir *por dever* significa agir apenas e tão somente motivado pelo dever moral, sem nenhum tipo de interesse pessoal que não seja o respeito pela própria lei moral. Assim, agir *em conformidade* com o dever, ou seja, agir de tal forma que minha ação corresponda com aquilo que o dever moral demanda, não é suficiente para que uma ação seja considerada moral, segundo Kant. Um indivíduo que aja sob o preceito de "não mentir" apenas por obediência de um terceiro, estaria assim agindo apenas *em conformidade* com o dever moral. Sua ação seria heterônoma, não autônoma. Alguém que age *em conformidade* com o dever de "não roubar" apenas por medo da punição também não estaria legitimamente agindo segundo a motivação correta. Sendo assim, sua ação é apenas *conforme ao dever,* mas não *por dever,* logo ela não é uma ação moral. Indivíduos que não

---

65 Cf. FMC Ak 436, p. 269.

66 Azevedo (2002, p. 134), coloca a questão em termos semelhantes: "[...] é difícil admitir que a dignidade humana possa ser fundada tendo como primado a racionalidade auto-legisladora. Somos seres afetados pelas circunstâncias, não somente nosso humores e temperamento, mas nossos próprios pensamentos são afetados por causas externas, físicas. Além disso, se a razão é o diferencial definidor do ser humano, como fica o caso dos fetos, dos recém-nascidos, dos deficientes mentais, dos doentes e dos comatosos?"

67 Cf. FMC AK 398, p.117 (em diante).

conseguem compreender a lei moral dessa forma, se não conseguem agir segundo o dever imposto a si mesmo, então não são capazes de agir autonomamente. É exatamente por essa mesma razão que animais não humanos não poderiam ter moralidade, já que não são capazes da autonomia.

Indivíduos que não podem agir de maneira autônoma, ou seja, não são capazes de agir *por* dever, não agem segundo preceitos da razão. Suas ações não têm, pois, valor moral[68], em sentido estrito kantiano. Esses indivíduos agem apenas de forma heterônoma[69], não de forma autônoma. Ora, se não podem agir por autonomia, apenas por heteronomia, então suas ações não podem ser enquadradas como ações morais[70]. E se não podem agir e nem pensar ou tomar decisões de forma autônoma, em suma, se esses indivíduos não possuem autonomia, então eles não possuem dignidade? Se a dignidade está intimamente relacionada com a autonomia, indivíduos que não são racionais e não são autônomos, não podem ter dignidade. Ora, mas estaríamos dispostos a aceitar essa conclusão? Estaria esse raciocínio correto? Seria essa uma interpretação inadequada da teoria kantiana?

Assim, a concepção de dignidade de Kant é colocada à prova em situações particulares, como quando pensamos que nem todos os seres humanos são efetivamente racionais. Embora Kant não tenha tratado especificamente de casos desse tipo na *Fundamentação*[71],

---

[68] Como diz Kant: "[...] quando se trata do valor moral, o que importa não é a ação, que a gente vê, mas aqueles princípios íntimos da mesma, que a gente não vê." (FMC Ak 407, p. 163)

[69] Sobre o conceito de heteronomia ver em FMC Ak 441, p. 287, em diante.

[70] De fato, para Kant, só aquelas ações que são motivadas apenas e tão somente por dever, e que se enquadram como ações que se submetem aos mandamentos da razão, ou seja, ao Imperativo Categórico, é que podem ser consideradas ações morais propriamente ditas. Ações motivadas por interesse para além do cumprimento do dever pelo dever, ou ações que se são direcionadas por imperativos hipotéticos (se queres X faça Y), cujo fim está para além do cumprimento da lei, não podem ser consideradas ações morais.

[71] Quanto a isso comenta Sedgwick (2017, p. 19): "Ainda que Kant pretendesse que sua teoria tivesse relevância para a vida cotidiana, a *Fundamentação* não é em nada parecida com um manual. Em primeiro lugar, a obra contém muito pouca discussão de casos concretos."

esse é um aspecto que parece incontornável de sua teoria, uma vez que a visão kantiana da dignidade humana está presente, direta ou indiretamente, no discurso e defesa dos direitos humanos.

Na *Fundamentação*, entretanto, Kant não se dedica propriamente a questões de ética prática ou aplicada[72], no sentido de que seu foco não é aplicação destes princípios[73], mesmo que ele discuta alguns exemplos de aplicação do Imperativo Categórico. Sua preocupação principal é estabelecer uma fundamentação metafísica da moralidade em princípios *a priori*[74]. Seu objetivo é encontrar e estabelecer o princípio supremo de toda a moralidade[75]. A *Fundamentação* não é um tratado de ética prática[76], portanto. Essa é uma das razões pelas quais sua investigação e sua argumentação são altamente abstratas. Kant não está preocupado com questões de ordem pragmática ou contingentes que advém da experiência, por isso a *Fundamentação* não discute situações específicas em que um ser humano não está em posse de suas faculdades racionais, como crianças, doentes, etc[77]. A argumentação de Kant gira em torno de seres racionais, ou seja, seres humanos adultos[78] plenamente capazes e em posse de suas facul-

---

72 Cf. SEDGWICK, 2017, p.19.

73 Segundo Sedgwick (2017, p. 19): "Nas raras ocasiões em que Kant considera um exemplo de um problema moral particular, seu tratamento é bastante abstrato. Ele não parece ter tido nenhum interesse em analisar casos em detalhe."

74 Segundo Sedgwick (2017, p. 29) "Kant se opõe a todo tipo de fundação empírica", já que "acredita que, ao invés de tentar fundar a filosofia prática naquilo que a observação nos revela sobre a natureza humana, é essencial que nos apoiemos em um apelo à razão e às suas leis."

75 Cf. FMC Ak 392, p. 85.

76 SEDGWICK, 2017, p. 19.

77 Sedgwick (2017, p.19) afirma, contudo, que "seria um erro concluir" que Kant "não tinha preocupação alguma em articular ou defender regras práticas" na *Fundamentação*. O Imperativo Categórico é o fundamento da moralidade mas também uma regra que serve "como o princípio mais básico do valor moral" e é "em última instância" este princípio que "determina o que devemos fazer em casos específicos".

78 Cf. SCHNEEWIND, 2009, p. 370.

dades racionais[79]. Contudo, ao menos quando nos deparamos com situações em que convivemos com pessoas cujo exercício de suas faculdades racionais é restrito, limitado ou inexistente, essa construção racional se torna aparamente falha.

Além disso, conceber os seres humanos como sendo *essencialmente* seres racionais é, no mínimo, questionável em muitos aspectos[80]. Ainda que possamos aceitar a noção de racionalidade

---

[79] Há de se compreender que na época de Kant a ideia de que todo ser humano adulto é um ser dotado de razão e autonomia e, por isso, deve ser respeitado em sua dignidade era bastante ousada e revolucionária para época. Como diz Schneewind (2009, p. 374): "Ao atribuir autonomia a todo adulto normal, Kant rompia radicalmente com as concepções predominantes da capacidade moral das pessoas comuns" (2009, p. 374). Certamente uma crítica a uma certa limitação da teoria kantiana em considerar como agentes morais crianças ou indivíduos com alguma deficiência intelectual precisa levar em consideração essa contextualização histórica.

[80] Embora em grande medida na história da filosofia seja predominante uma concepção racionalista do homem, pelo menos desde os gregos, fazendo eco à concepção aristotélica do homem como "animal racional" (*zôon lógikón*) (ARISTÓTELES, 1998, p. 55; Cf. VAZ, 1991 p. 40), podemos encontrar filosofias que descrevem a natureza humana sob outras categorias. Antes de Kant, Hume havia defendido que a razão não pode sozinha motivar a ação humana e que a moralidade encontra seu fundamento no sentimento moral (HUME, 2009, p. 495-515). Por sua vez, a filosofia "irracionalista" de Nietzsche e sua ênfase em uma concepção dionisíaca de homem coloca sob suspeita o racionalismo apolíneo socrático (ver VAZ, 1999, p. 29; 133). A partir de Freud também se colocou sob suspeita a concepção de um ego soberano, racional e autoconsciente. Segundo a psicanálise, somos movidos na maior parte do tempo por motivações inconscientes e irracionais. O existencialismo contemporâneo também parece colocar restrições ao racionalismo clássico e moderno, desde as críticas kierkegaardianas ao idealismo hegeliano até o existencialismo ateu de Sartre. Nas ciências biológicas, após Darwin, começamos a olhar os seres humanos como não sendo tão diferentes das outras espécies animais e o evolucionismo sugere que em grande medida nossas escolhas são motivadas por razões que extrapolam justificativas pessoais e conscientes. Pesquisas com animais não humanos também sugerem que, ao menos em algum sentido, eles poderiam tomar decisões que poderíamos classificar como racionais (o que colocaria "em xeque" a exclusividade da racionalidade como atributo essencialmente humano). Na neurociência, pesquisas recentes com o cérebro mostram que na maior parte do tempo não tomamos decisões racionais, mas que somos mais motivados por emoções e sentimentos. Além disso, um olhar crítico pela história da civilização humana e os inúmeros exemplos de atrocidades, violência, guerras, etc., poderiam ser razões suficientes

como parte essencial da natureza humana, não podemos ignorar que em termos práticos nem todos são agentes racionais. Ordinariamente reconhecemos como *pessoas* certos indivíduos que não são exatamente "racionais", como crianças, bebês, indivíduos com deficiência intelectual grave, etc. Em nossa linguagem ordinária, chamamos de *pessoa* todo indivíduo humano[81]. Embora o termo

---

para negar a suposta soberania da racionalidade na agência humana. Parece que a filosofia moral kantiana também precisaria lidar com essas questões, já que parte da premissa de que o que distingue os seres humanos dos demais seres vivos é sua "natureza racional".

[81] A palavra "pessoa" tem origem na palavra latina *persona*, que designava as máscaras (*prosopon*, em grego) utilizadas pelos atores nos teatros do mundo antigo. Hacker explica que já entre os estoicos houve uma apropriação do termo *persona* para designar a uma capacidade racional do homem que o tornava um ser moral (HACKER, 2017, p. 290). Segundo Hacker, não demorou para que a palavra *persona* e a noção de representar um papel assumisse uma conotação jurídica, especialmente nas cortes legais, passando a estar associada a ser alguém portador de direitos (HACKER, 2017, p. 290). Hacker (2017, p. 290), ainda observa que no contexto da teologia cristã os filósofos e teólogos utilizaram a noção de *persona* para explicitar a doutrina da Santíssima Trindade e (três pessoas em uma única natureza divina). Boécio, posteriormente, definiu "pessoa" como uma "substância individual de natureza racional", que foi assumida pela tradição tomista (Cf. HACKER, 2017, p. 290-291). Na modernidade, Descartes defendeu a tese de que a identidade pessoal está no *cogito*, no pensamento. O que caracterizaria o homem e o diferenciaria dos demais seres é sua condição de *ser pensante*. No lado empirista, Locke é tido como o responsável por separar os conceitos de pessoa (*person*) e ser humano (*human being*). Como explica Hacker, Locke "desconectou ser a mesma pessoa [...] de ser o mesmo ser humano. A identidade do mesmo ser humano consiste na identidade da mesma criatura viva. A identidade de uma pessoa, pelo contrário, consiste na existência de séries de recordações apropriadamente conectadas" (HACKER, 2017, p. 297). Locke separa, assim, as noções de "pessoa" e "ser humano", de maneira incisiva. Evidentemente tal distinção não permaneceu inquestionada, mas tem sido influente desde então. Contemporaneamente, alguns filósofos passaram a defender que o corpo (em sua versão reducionista, o cérebro) e não a mente deveriam ser vistos como critério de identidade. Portanto, a pessoa seria identificada com o corpo e não com a mente, em contraposição à visão cartesiana. Por sua vez, o animalismo passou a defender a tese de que a identidade pessoal dos seres humanos está associada uma identidade animal. Ser uma pessoa é o mesmo que ser animal humano (Cf. OLSOM, 2007, p. 23; SNOWDON, 2014, p. 171-172). Kant, ao que parece, de algum modo se alinha à tradição que remonta aos estoicos (por associar a noção de pessoa à razão e a moralidade), passando pela noção pessoa no direito

"pessoa" seja controverso na filosofia, no senso comum é utilizado como sinônimo de "humano"[82]. Além disso, negar o estatuto de *pessoa* a certos indivíduos humanos pode soar como uma forma de preconceito ou mesmo servir como base para legitimar discursos racistas ou outras formas de opressão ou violação de direitos, etc.[83] Ademais, movimentos sociais em prol do direito dos deficientes insistem no reconhecimento destes indivíduos como

---

romano (por conta da noção de imputabilidade e sua relação com noção de ter direitos), pela tradição cristã (pela noção de que a qualidade de ser pessoa está acima de qualquer outro *status* ontológico), por Descartes (ligando a noção pessoa à consciência e portanto à um atributo mental e racional) e Locke (por separar os conceitos de humano e pessoa).

[82] No senso comum, em certas situações usamos as palavras "pessoa" e "humano" como sinônimos para se referir à mesma entidade, embora em outras ocasiões possamos usar as palavras em sentido diverso. Galen Strawson (2014, p. 6) chama atenção para pelo menos dois sentidos ou usos da palavra "pessoa" (*person*). O primeiro uso da palavra "pessoa" (*person*), segundo Strawson, se refere ao "ser humano como um todo" (STRAWSON, 2014, p. 6). O segundo uso da palavra "pessoa" (*person*), diz respeito à um atributo ou propriedade relacionada à personalidade, que permite que possamos usar expressões como "ela não é mais a mesma pessoa" (STRAWSON, 2014, p. 6).

[83] Quando dizemos, por exemplo, que os escravos na antiguidade não eram tratados como "pessoas", podemos estar querendo dizer que não tinham certo tipo de reconhecimento social, moral ou mesmo político, ou que não eram reconhecidos seus direitos (de fato, há algum sentido em que o termo pessoa está associado a ter direitos). Hacker afirma que "o direito romano rapidamente se desenvolveu de sorte a excluir escravos da categoria de pessoas. [...] apenas o homem legalmente qualificado é uma pessoa. Escravos eram caracterizados como coisas e uma pessoa era definida como um homem com status civil [...]" (HACKER, 2007, p.290). Mas é possível que ao dizer que os escravos não eram tratados como "pessoas", eles também não seriam tratados como "humanos" e sim, meramente como "animais". Nesse sentido, "humano" carrega um significado semelhante ao de "pessoa" como um atributo que nos diferencia dos demais seres vivos, algo que nos distancia do mundo natural. Seguindo um raciocínio semelhante pode-se argumentar que uma das razões de atrocidades feitas pelos nazistas aos judeus durante a II Guerra Mundial estava associada com o não reconhecimento da dignidade destes enquanto *pessoas*. Em certa medida, podemos dizer que os judeus não foram tratados como pessoas. Negar o estatuto de "pessoa" a seres humanos que não possuem certos atributos pode ser perigoso e fazer eco à lamentáveis equívocos históricos.

pessoas[84]. Isso cria um problema para a teoria moral kantiana. Mas se pudermos aceitar que somos seres essencialmente racionais, então seríamos forçados a admitir que humanos não racionais (ou não plenamente racionais) não são *pessoas*. Será mesmo isso? Seria o conceito de *pessoa* um conceito com significado apenas *jurídico*[85]

[84] No documento intitulado "Convenção sobe os Direitos das Pessoas com Deficiência" (2011) encontramos o seguinte texto na apresentação: "Pessoas com deficiência são, antes de mais nada, PESSOAS. Pessoas como quaisquer outras, com protagonismos, peculiaridades, contradições e singularidades. Pessoas que lutam por seus direitos, que valorizam o respeito pela dignidade, pela autonomia individual, pela plena e efetiva participação e inclusão na sociedade e pela igualdade de oportunidades, evidenciando, portanto, que a deficiência é apenas mais uma característica da condição humana" (2011, p. 13). Nota-se a ênfase na palavra 'pessoa' em letras maiúsculas. As noções de "respeito pela dignidade" e pela "autonomia individual" também aparecem logo a seguir, como princípios distintos, porém associados, como se pode ver. É evidente a importância dessa luta pelo reconhecimento das pessoas com deficiência em seu estatuto de pessoas (certamente não por um reconhecimento apenas da ordem jurídica ou política, mas em todas as dimensões da vida, inclusive moral). Ademais, no artigo I, afirma-se que o propósito da Convenção é "promover, proteger e assegurar o exercício pleno e equitativo de todos os direitos humanos e liberdades fundamentais por todas as pessoas com deficiência e promover o respeito pela sua dignidade inerente" (2011, p. 26).

[85] Há evidentemente um uso jurídico do termo "pessoa". Em *A Teoria Pura do Direito*, Kelsen (1998, p. 120) afirma: "A teoria tradicional identifica o conceito de sujeito jurídico com o de pessoa. Eis a sua definição: pessoa é o homem enquanto sujeito de direitos e deveres. [...] define-se o conceito de pessoa como o 'portador' de direitos e deveres jurídicos [...]." Hegel também parece associar a noção de pessoa (ou personalidade) à ser um sujeito detentor de direitos. Na *Filosofia do Direito* (2010, p.80, §36), Hegel afirma: "A personalidade contém, de maneira geral, a capacidade jurídica e constitui o conceito e a base, também abstrata, do direito abstrato e, por isso, formal. O imperativo jurídico é por isso: sê uma pessoa e respeita os outros enquanto pessoas".

ou meramente *político*[86]? Ou há uma base *ontológica*[87] para o que entendemos por "pessoa"?

---

[86] Por concepção política me refiro a uma visão que defende que "pessoas" são aqueles seres humanos social e/ou politicamente reconhecidos como tais. Uma visão política de pessoa consideraria que o uso do termo "pessoa" se refere não a uma categoria ontológica ou metafísica mas a uma categoria política, que teria como base convenções sociais ou o contrato social. Nessa visão haveria uma certa identificação (ou correlação) entre os termos "pessoa" e "cidadão". Uma visão que defende radicalmente um uso *apenas* político da *pessoa* negaria que pudéssemos falar *pessoa moral* (ou pelo menos negaria que a noção de *pessoa moral* seria independente ou primitiva em relação a concepção política de pessoa). Tal visão poderia ser sustentada por um contratualista que defendesse que a origem de certos conceitos morais se dá apenas a partir do contrato social. Nesse caso, todas considerações morais não seriam independentes do contrato social. Em uma visão assim esboçada, a política precederia a moralidade. Tal visão é oposta à de Kant, para quem a moralidade precede a existência de uma organização sócio-política. Os deveres morais continuariam existindo mesmo se a sociedade deixasse de existir ou se sobrasse apenas um ser humano no mundo. Uma concepção política de pessoa menos radical, defenderia que pessoa em sentido político seria apenas independente de uma concepção de pessoa em sentido metafísico ou moral (ou até psicológica), não necessariamente negando que outros sentidos existam, mas que apenas são independentes. John Rawls parece ter desenvolvido uma concepção política de pessoa nesse segundo sentido. Rawls defendeu uma *concepção política de pessoa* como base para sua teoria da justiça, que não estaria associada necessariamente a uma concepção metafísica de *pessoa* (Cf. RAWS, 2003, p.27). Apesar de ser controverso esse ponto, Rawls procura sustentar uma visão de que pessoas são aqueles cidadãos que concebem a si mesmo como livres para deliberar e decidir aqueles princípios pelos quais a vida social deve ser guiada. (Para uma visão mais completa da concepção de Rawls, ver a seção "A ideia de pessoas livres e iguais", em *Justiça como equidade: uma reformulação,* 2003, p. 26-34. Ver também a seção "Concepção política de pessoa" em RAWLS, J. *O liberalismo político,* 2000, p. 72-78)

[87] Por "base ontológica" não me refiro necessariamente a uma base ou fundamento metafísico, pois uma visão materialista (ou fisicalista) da realidade não deixa de possuir uma ontologia, ainda que não uma metafísica em sentido estrito (como a entendemos tradicionalmente). Refiro-me, portanto, a questão de saber se há ou não algo *substancialmente* a que nos referimos quando utilizamos o termo 'pessoa', ou se é um mero artifício linguístico, uma palavra sem conteúdo ontológico. Qual seria o substrato ontológico da *pessoa*? Existe algo que seja ontologicamente distinto entre "pessoa" e "indivíduo"? "Pessoa" poderia ser um atributo ou propriedade que seres humanos exibem (ou podem exibir)? E se for um atributo ontologicamente distinto, "pessoa" é um atributo essencial ou acidental?

Na *Fundamentação,* Kant associa pessoas a seres racionais capazes da moralidade e que possuem dignidade. Kant afirma: "Os seres racionais denominam-se pessoas, porque a natureza já os assinala como fins em si mesmos"[88]. Desse modo, os seres humanos são fins em si mesmo em virtude de sua "natureza racional". Ao mesmo tempo, Kant também parece associar dignidade à humanidade[89]. Em alguns momentos parece dar entender que a humanidade é que possui dignidade e que os indivíduos humanos possuem dignidade apenas em virtude de pertencerem à humanidade (ou de carregarem em si a humanidade), que seria essencialmente a moralidade[90]. Na Fórmula da Humanidade do Imperativo Categórico está expresso: "Age de tal maneira que tomes a humanidade, tanto na tua pessoa, quanto na pessoa de qualquer outro, sempre ao mesmo tempo como fim, e nunca meramente como um meio"[91].

Em contrapartida, o termo 'humanidade' parece ambíguo, já que os seres humanos são seres que pertencem a dois "mundos", um mundo natural e um mundo moral[92]. Por um lado, seres humanos são seres biológicos, entidades naturais, sujeitos às leis naturais, ou seja, animais, e por outro lado são seres que se elevam acima deste condicionamento, seres com uma natureza racional e moral. Assim, parece que *"ser pessoa"*, na perspectiva kantiana, está associado com essa segunda condição da natureza humana, a saber, a de ser um sujeito moral e autônomo[93]. Ser 'pessoa', logo,

---

88 MC Ak 428, p. 241.

89 FMC Ak 435, p. 265.

90 Isso assim parece porque em nenhum momento Kant fala em indivíduos humanos, mas seu tratamento sempre é mais genérico. Kant fala em "seres racionais", "natureza racional", "humanidade", mas não faz referência aos entes particulares. O'Neill chama atenção para esse fato em seu livro *Autonomy and Trust in Bioethics* (2004, p. 74).

91 FMC Ak 428, pp.243;245.

92 Para uma discussão mais aprofundada deste ponto ver: NODARI, *A teoria dos dois Mundos e o Conceito de Liberdade em Kant*, 2009.

93 Na verdade Kant fala, na *A religião nos limites da simples razão,* em três disposições da natureza humana: animalidade, humanidade e personalidade (Cf. R, p. 32). Assim, a personalidade, seria a terceira disposição da natureza humana, que permite a qualidade moral (Cf. R, p. 32). Esse aspecto da teoria de Kant será retomado mais adiante, neste trabalho.

ter dignidade, é ser capaz de elevar-se acima da mera condição animal[94].

No entanto, há quem nunca possa a vir a ser autônomo, segundo as condições kantianas, como o caso de um indivíduo que nasceu com alguma patologia ou deficiência intelectual grave[95]. Esse indivíduo talvez nunca seja capaz de transcender sua "animalidade"[96]. Seria esse indivíduo um ser humano meramente animal e não uma pessoa? Há quem ainda não desenvolveu autonomia, como uma criança. Ela ainda não é uma pessoa?[97] E há quem possa ter perdido sua autonomia, como alguém com Alzheimer. Ela perdeu seu estatuto de "pessoa"?[98] Tais indivíduos humanos não possuem dignidade? Esses indivíduos não são fins em si mesmos? Isso não contradiz a Fórmula da Humanidade do Imperativo Categórico, que nos impede de tratar outros seres humanos como meios? Qual a resposta kantiana para tais questões?

---

94 Cf. KANT, CRPr 162, p. 203.

95 Há casos de deficiências intelectuais ou outras doenças que limitam ou impedem autonomia, tornam-se mais problemáticos para a concepção kantiana, pois alguns destes indivíduos jamais poderão desenvolver suas faculdades racionais. Eles não poderiam ser inclusos dentro do conjunto de "seres racionais" (da forma como é apresentado na *Fundamentação*), logo não poderiam sequer ser classificados como pessoas.

96 O termo "animalidade" não é pejorativo e tem um sentido técnico em Kant. A animalidade é uma disposição própria da natureza humana "enquanto ser vivo" (R, p. 32). É a condição mais básica da natureza humana, mas não corresponde a uma vida racional e moral, exclusivamente "humana", portanto.

97 O caso de crianças certamente seria uma questão à parte, pois elas ainda podem (ou tendem) a desenvolver suas faculdades racionais. No texto *Sobre a Pedagogia*, Kant argumenta a respeito desse desenvolvimento intelectual e moral das crianças e diz que "a disciplina transforma a animalidade em humanidade" (1999, p. 12). Ora, Kant também afirma que o homem não é nada mais do que aquilo que a educação faz dele (Cf. P, 1999, p. 15). Nesse sentido há um papel importante com relação ao desenvolvimento da autonomia e na medida em que temos essa disposição à moralidade, a criança tem um desenvolvimento natural de sua autonomia ao longo da vida até chegar à fase adulta, à maturidade portanto.

98 Pessoas que perdem gradualmente a autonomia parecem constituir um problema diferente para a teoria kantiana do que o caso de crianças que ainda não desenvolveram plenamente a autonomia.

O filósofo Allen Wood defende a interpretação de que o que a noção kantiana de dignidade está intrinsecamente relacionada com a noção de personalidade moral[99]. O respeito pela humanidade *na pessoa* de cada um à qual se refere a Fórmula da Humanidade seria o respeito pela dignidade da personalidade que habita a humanidade. Wood chama isso de "princípio de personificação"[100]. Wood afirma que para Kant "respeitar a humanidade é sempre respeitá-la *na pessoa* de algum ser que a possui". Wood admite que o *princípio da personificação* é problemático:

> O *princípio da personificação* coloca Kant em apuros de várias maneiras. Obriga-o a analisar nossos deveres em relação à natureza não racional (por exemplo, em relação aos animais e ao ambiente natural) como deveres *a* uma pessoa [...] (para alguém com um fim em si mesmo ou para os fins de uma pessoa). Até cria problemas sobre o tratamento de alguns seres humanos. [...] Isso significa que crianças muito pequenas não tem [personalidade], nem as pessoas cujas capacidades racionais foram perdidas (por exemplo, através da doença de Alzheimer) ou estão temporariamente ausentes ou impedidas por doença (ou mesmo apenas porque elas estão dormindo). Isso significa que as crianças pequenas e os deficientes mentais severos não são literalmente "pessoas" de modo algum no sentido pretendido na FH [Fórmula da Humanidade].[101]

A filósofa kantiana Cristine Korsgaard, em *Fellow Creatures: Kantian Ethics and Ourd Duties to Animals*, reflete sobre esse problema ao discutir sobre os deveres que temos para com os animais[102]. "Kant identifica nossa humanidade com nossa natureza

---

[99] WOOD, 1999, p.143-144.

[100] Ibid., p.143-144.

[101] Ibid., p.144.

[102] Embora, nessa *Lecture,* Korsgaard não tenha foco em discutir propriamente sobre o *status* moral de seres humanos não racionais mas se dedicar à questão do tratamento dos animais não humano, segundo a ótica kantiana, o modo como

racional", afirma Korsgaard. E o que Kant entende como "natureza racional", segundo Koorsgaard, seria uma capacidade "distintiva dos seres humanos" que se identifica com a "nossa natureza racionalmente prática", ou seja, "nossa capacidade de governar a nós mesmos através de escolhas racionais autônomas"[103]. Dessa forma, somos levados naturalmente a indagar sobre os seres não racionais, como expressa Koorsgaard:

> Quando as pessoas são confrontadas com esse relato de moralidade, surge quase imediatamente a questão: mas e os seres não racionais? Se o valor da humanidade deriva de nossa capacidade de ser governado por uma escolha racional autônoma, o que dizer sobre aqueles que, supomos, não têm tal capacidade? E quanto aos bebês que ainda não são racionais ou os muito velhos e dementes que não são mais racionais? E quanto aos severamente retardados e incuravelmente insanos? E os animais não humanos? Nenhum destes é considerado como fim em si mesmo? E se não, isso significa que estamos autorizados a usá-los como meros meios para nossos fins?[104]

Em uma direção semelhante, o filósofo Samuel Kerstein, em seu ensaio *Kantian dignity: a critique*[105], levanta alguns problemas referentes a concepção de dignidade de Kant. De acordo com Kerstein, a visão de Kant sobre dignidade apesar de atraente conduz à "falhas graves" já que somente "pessoas" teriam a prerrogativa da dignidade. Somente a natureza racional teria dignidade. Sobre as relações entre dignidade, autonomia e racionalidade ele afirma:

---

ela coloca o problema parece ser relevante para essa investigação. Apesar disso, nesse texto, Koorsgaard não acredita propriamente que o caso de seres humanos não autônomos se trate propriamente de um problema, visto que, segundo sua interpretação, eles teriam ainda uma "natureza racional" (Cf. KOORSGAARD, 2004, p. 82). No entanto, Korsgaard não chega argumentar a favor dessa afirmação nesse artigo.

[103] KOORSGAARD, 2004, p.80-81.

[104] Ibid., p. 81.

[105] KERSTEIN, 2014, p. 222-229.

> Ter a capacidade de agir autonomamente, isto é, de se conformar a imperativos morais dados por si só, puramente em respeito a esses imperativos, é ter um tipo distinto de liberdade, de acordo com Kant. Um ser tem dignidade se e somente se possui natureza racional, sugere ele. Se existem seres humanos que não possuem natureza racional, então eles não têm dignidade. Mas qualquer ser, humano ou não, que possua natureza racional tem dignidade. Vamos chamar qualquer ser que possua natureza racional de 'pessoa'.[106]

Para Kerstein, Kant diferencia "pessoa" de "ser humano". Nem todos humanos seriam pessoas e não seria impossível pensar em pessoas que não fossem humanas[107]. Assim, o vínculo entre ser pessoa e ter natureza racional está dado. Mas, como Kerstein observa, essa visão de dignidade Kant "enfrenta sérias dificuldades" no que tange ao "estatuto de alguns seres que parecem não ter natureza racional, por exemplo animais não humanos e crianças muito jovens". "Se esses seres realmente falham em ter natureza racional, então eles têm apenas preço"[108], infere Kerstein.

Se levarmos essas considerações a sério, este problema coloca a concepção kantiana de dignidade em apuros, já que de modo geral ela é interpretada como sendo um valor que pertence a todos seres humanos independente de seus condicionantes físicos ou sociais ou quaisquer outras limitações (como defende Thomas Hill, por exemplo) e não apenas a pessoas, em sentido estrito kantiano, ou seja, a seres com natureza racional.

Levando esse raciocínio adiante, o uso do termo "dignidade" em sentido kantiano, como extensivo a todos os seres humanos, tal como é usado no discurso dos direitos humanos, seria incoerente e falho conceitualmente. Essa é a conclusão que chega Doris

---

[106] KERSTEIN, 2014, p. 222.
[107] Ibid.
[108] Ibid., p. 224.

Schroeder ao afirmar que "qualquer tentativa de usar a dignidade kantiana para reivindicar direitos humanos para todos [...] falha"[109].

> [...] Por que o conceito de dignidade de Kant não levou a direitos humanos para todos? A resposta estrita seria porque somente aqueles seres humanos que são moralmente auto-legislativos, que podem distinguir o que é moralmente correto do que é moralmente errado, têm dignidade e, portanto, indiretamente têm direitos humanos. Esse raciocínio excluiria um grande número de seres humanos do reino relevante, crianças pequenas, para começar, mas, ao extremo, todos que estão dormindo.[110]

Schroeder afirma que a concepção de dignidade humana de Kant nos conduz a um "beco sem saída" (*cul-de-sac*), pois nos conduz a um paradoxo difícil de escapar. Schroeder coloca o problema da seguinte forma:

> Isso nos leva ao beco sem saída kantiano. Por um lado, aqueles seres que são sujeitos de uma razão moralmente prática são exaltados acima de qualquer preço e possuem um valor interno absoluto, ou seja, dignidade. Como resultado, eles têm direitos. Enquanto se pode assim justificar os direitos humanos através da dignidade secular kantiana, perde-se a atribuição de dignidade a todos os seres humanos. Afirmando simplesmente que o conceito de dignidade de Kant é uma base adequada para o direitos e ignorar esse problema de atribuição seria colocar a cabeça na areia.[111]

---

[109] SCHROEDER, 2012, p.331.
[110] Ibid., p.330.
[111] Ibid., p.331

A conclusão mais enfática de Schroeder é que a concepção de dignidade de Kant não pode fundamentar a universalização dos direitos humanos, e que tais conceitos seriam melhor compreendidos separadamente[112]. Schroeder estaria correta quanto a essa conclusão? Estaríamos de acordo com essa interpretação de Kant? Deveríamos, portanto, abandonar a concepção de dignidade kantiana como uma possível opção de fundamento dos direitos humanos?

Como responder a estas complicações teóricas e conceituais do ponto do ponto de vista kantiano? Há uma saída para a concepção de dignidade de Kant? Mas afinal, em que consiste propriamente a dignidade na visão kantiana? Em que sentido a autonomia é o seu fundamento? Em que consiste a agência racional e autônoma segundo a visão kantiana? A noção de "pessoa" em Kant é indissociável da noção de "racionalidade" ou de "natureza racional"? É possível atribuir dignidade a seres humanos sob a ótica kantiana sem considerá-los, no entanto, pessoas no sentido técnico da terminologia kantiana? Afinal de contas, qual o *status* moral que seres humanos não racionais tem na ética kantiana?

As respostas a estas questões exigem uma compreensão mais detalhada do vínculo entre os conceitos de dignidade, autonomia e personalidade moral na filosofia moral de Kant. Para tal, é necessário compreender alguns traços mais gerais concepção de moralidade de Kant e sua construção conceitual. O próximo capítulo pretende se debruçar sobre alguns aspectos da teoria moral de Kant e tentar daí inferir de que maneira tais conceitos se relacionam e o quanto estão imbricados.

---

[112] Ibid., p.333.

3. MORALIDADE, AUTONOMIA E DIGNIDADE

Este capítulo tem como objetivo investigar de que maneira autonomia e dignidade se relacionam e se articulam dentro da filosofia moral kantiana. Para isso, começarei caracterizando alguns aspectos mais gerais da filosofia moral kantiana, para então esboçar alguns dos principais elementos da concepção de autonomia de Kant, bem como traçar algumas diferenças com relação a outras concepções de autonomia. Depois tratarei da concepção de dignidade de Kant, explorando também outros conceitos fundamentais da filosofia prática de Kant como pessoa, personalidade, humanidade entre outros, procurando compreender de que modo eles estão relacionados com os de dignidade e autonomia.

3.1 UM OLHAR SOBRE A FILOSOFIA MORAL KANTIANA

3.1.1 A MORALIDADE COMO AUTONOMIA

A filosofia moral kantiana permanece sendo uma das principais teorias morais presentes nos debates éticos contemporâneos, apesar de ser também alvo de críticas. Basicamente a noção que temos de que a moralidade não pode se constituir meramente pela simples obediência irrestrita de regras ou deveres impostos por outras pessoas ou instituições, mas que precisam ter origem na consciência moral de cada um, tem certamente influência kantiana. Como diz Schneewind: "Kant inventou uma nova maneira de compreender a moralidade e a nós mesmos como agentes morais"[113].

De acordo Schneewind, Kant revolucionou histórica e filosoficamente o modo de abordar as questões morais ao compreender moralidade como autonomia. A abordagem de Kant à moralidade foi revolucionária porque, segundo Schneewind, antes dele nenhum outro filósofo havia encarado a moralidade do modo como Kant a encarou, isto é, enquanto autonomia e em um sentido radicalmente novo[114]. A investigação sobre a construção da filosofia moral kantiana feita por Schneewind, que culminou com sua obra monumental *A invenção da autonomia*, o levou a situar Kant como sendo o ápice de um caminho histórico percorrido por inúmeros filósofos, desde os medievais aos modernos, cujas raízes estão ancoradas em um debate moral de cunho teológico entre duas visões antagônicas sobre a interferência divina na moralidade: o *voluntarismo* e o *intelectualismo*[115]. De um lado, os filósofos *voluntaristas* defendiam que em última instância as leis

---

[113] SCHNEEWIND, 2009, p. 369.

[114] Segundo Schneewind, Kant "defendia que somos autogovernados porque somos autônomos. Com isso, queria dizer que nós mesmos legislamos a lei moral. Só por causa da ação legislativa da nossa própria vontade estamos subordinados à lei moral; e a mesma ação é que sempre permite que todo mundo esteja sujeito à lei. Kant foi o primeiro a defender a autonomia nesse sentido forte. Sua teoria tem, evidentemente, um interesse mais que histórico. Está mais plenamente envolvida na ética filosófica atual do que a obra de qualquer outro pensador do início da era moderna [...]" (SCHNEEWIND, 2005, p. 32)

[115] Schneewind afirma que "a reivindicação de que o principal esforço da filosofia moral do século XVIII foi secularizar a moralidade [...]" não foi um processo simples e deu origem a um "esforço para limitar o controle de Deus sobre a vida terrena, embora mantendo-o essencial à moralidade". Tais esforços acabaram por desenvolver "duas abordagens básicas para manter Deus essencial à moralidade", o voluntarismo e o intelectualismo. "Os voluntaristas sustentam que Deus criou a moralidade e a impôs a nós por um decreto arbitrário da Sua vontade. Por isso, ele é essencial a moralidade; porque Ele criou, e em princípio, pode sempre alterá-la [...] Na outra abordagem, em geral chamada de 'intelectualismo', Deus não criou a moralidade. Quando Ele nos apresenta os mandamentos morais, Sua vontade é guiada por Seu conhecimento intelectual dos padrões eternos. Não obstante, Ele é essencial à moralidade por que Sua supervisão providencial assegura que vivemos em mundo moralmente ordenado" (SCHNEEWIND, 2005, p. 34-35.)

morais decorriam da vontade divina, enquanto que os *intelectualistas* defendiam que a moralidade precedia a vontade divina[116].

Ao longo da história moderna, um longo caminho de discussões filosóficas e elaborações teóricas levaram filósofos que precederam Kant a construir sistemas morais como autogoverno[117], mas segundo Schneewind, foi Kant quem deu um salto qualitativo compreendendo a moralidade enquanto autonomia, como um tipo muito específico de moralidade como autogoverno[118]. Dessa forma, Kant teria inventado[119] a noção de autonomia como princípio

---

[116] Para os intelectualistas, as leis morais não surgem da arbitrariedade da vontade divina, mas fazem parte de uma ordem cósmica racional. A moralidade precede à vontade divina no sentido de Deus não é efetivamente sua causa. Para o intelectualismo, Deus conhece a lei moral e por ela ser inteligível e racional, ele a torna um comando para ser seguida. A crítica dos voluntaristas é que isso limita a onipotência divina e em última instância o exclui da moralidade enquanto criador da mesma. (Schneewind expõe de modo mais detalhado o debate entre intelectualismo e voluntarismo no capítulo 2 [p. 43-62] de *A invenção da autonomia*, começando pelas origens da Lei Natural em Tomás de Aquino e seguindo as teorizações posteriores de Lutero e Calvino. Contudo, durante todo o período histórico que antecedeu Kant, essa tensão entre intelectualismo e voluntarismo esteve presente, como analisa Schneewind nos capítulos posteriores, culminando com a visão de vontade geral de Rousseau, que influenciará diretamente a filosofia de Kant.)

[117] A moralidade como autogoverno se opõe a um tipo de moralidade como obediência e tem estreita relação com a discussão a respeito entre as relações entre moral e religião, como explica Schneewind: "As concepções da moralidade como autogoverno rejeitam a desigualdade da qualidade moral entre os humanos, que era parte padronizada das concepções da moralidade como obediência. Qual o papel de Deus nessas duas ordens de concepções? Qual o esteio moral da desigualdade entre Deus e os seres humanos? Se a superioridade de Deus não é aceitável, deverão ser cortados todos os laços entre a moralidade e religião?" (SCHNEEWIND, 2005, p. 32)

[118] Cf. SCHNEEWIND, 2005, p. 32.

[119] Schneewind explica logo, na introdução de *A invenção da autonomia*, que usa a o conceito de "invenção" no mesmo sentido de que Kant usou em um comentário sobre o conceito de *"monada adormecida"* de Leibniz, ao dizer que ele não explicou tal conceito, apenas inventou-a tendo sido criada por ele. Nesse sentido Schneewind defende que a concepção de autonomia de Kant não foi uma descoberta e sim um invenção (cf. Schneewind, 2005, p. 29). Logicamente, a invenção da autonomia não aconteceu a partir do nada e só possível à luz de discussões e elaborações teóricas que precederam Kant. Houve um longo

fundamental da moralidade, na qual agentes morais são capazes de impor a si mesmos a lei moral. No entanto, como também deixa claro Onora O'Neill, Kant não se enquadra nem como um voluntarista nem como um intelectualista[120]. Na verdade, a filosofia moral de Kant combinada a sua concepção de autonomia é uma resposta justamente a este antagonismo entre voluntarismo e intelectualismo. Poderíamos dizer que da mesma forma como Kant revolucionou a filosofia no campo da metafísica e epistemologia, propondo com seu criticismo uma síntese entre o racionalismo e o empirismo moderno, sua filosofia moral enquanto autonomia, seria a síntese entre o voluntarismo e o intelectualismo moral.

"No centro da teoria ética de Kant", afirma Schneewind, "está a afirmação de que adultos normais são capazes de se autogovernar completamente em assuntos morais. Na terminologia de Kant,

---

caminho histórico até que Kant pudesse elaborar sua concepção de autonomia. Tais discussões passam pela tensão entre uma moralidade baseada na obediência e a moralidade como autogoverno, bem como as soluções dadas pelo voluntarismo e intelectualismo. A concepção de autonomia de Kant seria uma elaboração que procura dar resposta as aporias geradas pelas elaborações teóricas de todos os filósofos anteriores. Não é à toa que na *Fundamentação* Kant recusa todo e qualquer sistema moral que procure fundamentar a moralidade em uma obediência externa ao sujeito e a sua vontade, pois todo sistema moral desse tipo se caracterizaria como uma moralidade como heteronomia e não como autonomia. (Ver FMC Ak 441, p. 287)

[120] Em *Autonomia, pluralidade e razão pública*, O'Neill, seguindo os passos de Schneewind, diz que: "A inflexão especificamente kantiana de autogoverno o identifica com a autonomia, isto é, com o pensamento de que 'nós mesmos legislamos a lei moral' ou de que 'é somente por causa da ação legislativa de nossa própria vontade que estamos submetidos à lei moral'. A autonomia ou a autolegislação é a concepção mais completa de autogoverno. Escritores anteriores caminharam em direção a uma compreensão da moralidade como autogoverno, mas não articularam a ideia completamente; eles ainda viam Deus e a obediência à lei de Deus como indispensáveis para a moralidade. Os voluntaristas haviam considerado a moralidade como criação de Deus, o decreto arbitrário da Sua vontade; os intelectualistas a haviam considerado como refletindo verdades eternas que eram espelhadas tanto no intelecto divino como no intelecto humano (de maneira mais confusa). Kant recusa decisivamente tanto o voluntarismo quanto o intelectualismo e propõe uma concepção de moralidade como autonomia" (O'NEILL, 2014, p. 16).

somos 'autônomos'."[121] Mas o que significa sermos autônomos? Em que consiste a autonomia? Schneewind caracteriza a autonomia kantiana da seguinte forma:

> A autonomia tem dois componentes. O primeiro é que nenhuma autoridade externa a nós é necessária para constituir ou nos informar das demandas da moralidade. Cada um de nós sabe, sem que seja dito, o que deveríamos fazer porque as exigências morais são exigências que nos impomos a nós mesmos. O segundo é que no autogoverno podemos efetivamente nos controlar a nós mesmos. As obrigações que impomos a nós mesmos passam por cima de todos os outros chamados à ação e frequentemente vão contra nossos desejos. Apesar disso, sempre temos um motivo suficiente para agir conforme deveríamos. Por conseguinte, nenhuma fonte externa de motivação é necessária para que nossa autolegislação seja eficiente em controlar nosso comportamento.[122]

Em síntese, por um lado a autonomia se constitui como a possibilidade de agir independentemente de uma autoridade externa a nós e ao mesmo tempo se configura como a capacidade que temos de autolegislação da lei moral. A autonomia é o que possibilita a genuína liberdade pois a lei moral é autoimposta. Por isso, todo sistema heterônomo, cuja autoridade esteja externa aos sujeitos, necessariamente mina a liberdade humana e a capacidade de autolegislação da vontade, sendo descartada por Kant como fundamento ilegítimo para a moralidade[123]. Assim, cada indivíduo racional tem a capacidade de pensar por conta própria e chegar aos mesmos princípios morais e racionalmente compreender a lei moral, que é universalmente válida para todos agentes racionais.

---

[121] SCHNEEWIND, p. 2009, 369

[122] Ibid., p. 370-371.

[123] Segundo Kant uma fundamentação moral tendo como base a heteronomia da vontade é "a fonte de todos os princípios espúrios da moralidade" (FMC Ak. 441, p. 287).

Não é preciso uma imposição externa ao sujeito para que este compreenda o que deve fazer ou como deve agir. O dever moral encontra-se na consciência de cada um, na lei moral circunscrita no interior de cada ser humano[124]. Viver sob a tutela de outrem ou agir apenas em virtude do comando alheio, seja um outro indivíduo ou uma instituição, torna-se uma afronta a capacidade de autogoverno que cada um possui[125] Por isso, Schneewind observa que Kant "sempre sustentou que a necessidade moral da nossa autonomia era incompatível com certos tipos de regulação social"[126].

> Não há espaço para que os outros nos digam o que a moralidade exige, nem pessoa alguma tem autoridade para isso – nem nossos próximos nem os magistrados e suas leis, nem mesmo aqueles que falam em nome de Deus. Porque somos autônomos, a cada um de nós deve ser permitido um espaço social dentro do qual podemos livremente determinar nossa própria ação. Essa liberdade não pode ser limitada aos membros de uma classe privilegiada. A estrutura da sociedade deve refletir e expressar a capacidade moral comum e igual de seus membros.[127]

Por outro lado, a autonomia também consiste nessa capacidade de agir de forma independente de uma influência externa à própria vontade, que é racionalmente direcionada pela lei moral. Apesar de sermos influenciados constantemente por desejos, que Kant chamou de inclinações[128], temos a capacidade de nos elevarmos

---

[124] A célebre conclusão da *Crítica da Razão Prática* na qual Kant afirma que "duas coisas enchem o ânimo de admiração e reverência", a saber, "o céu estrelado acima de mim e a lei moral em mim", não é uma expressão apenas poética da construção moral de Kant, mas caracteriza de modo muito claro que os seres humanos carregam *em si,* em sua personalidade, a lei moral (CRPr, 162, A289, p. 203).

[125] Ver também o texto de Kant *Resposta à pergunta: Que é "Esclarecimento" (Aufklärung),* p. 63-71.

[126] SCHNEEWIND, 2009, p. 371.

[127] Ibid.

[128] Kant define a inclinação (*Neigung*) como "a dependência da faculdade apetitiva de sensações [...]e esta prova, sempre, pois uma *necessidade*", diferenciando-a

acima de nossas necessidades básicas e nos perguntarmos de que forma deveríamos agir dado nossa natureza racional. Essa capacidade de autodeterminação e de identificar a rota de ação à luz daquilo que a razão demanda, constitui a autonomia.

3.1.2 VONTADE E AGÊNCIA RACIONAL

Para Kant os seres humanos são seres dotados de desejos mas também de uma vontade. Assim, Kant vê a vontade como uma faculdade separada da faculdade de desejar. Como Schneewind observa, Kant vê a vontade como uma faculdade capaz de dar início a ação, "respondendo aos desejos"[129], já que estes não seriam racionais. Os desejos "surgem em nós porque somos seres finitos, com necessidade corporais e outras. Se deve haver alguma racionalidade na ação, a vontade deve ser sua fonte", por isso Kant "equaciona a vontade com a razão prática"[130]. Na *Fundamentação,* Kant afirma:

> Toda coisa da natureza atua segundo leis. Só um ser racional tem a faculdade de agir *segundo a representação das leis,* isto é, segundo princípios, ou uma *vontade.* Visto que se exige

do *interesse* que seria "a dependência [...] de uma vontade contingente determinável de princípios da razão" (FCM AK 413, p. 187, em nota). Segundo Caygill, toda "a filosofia moral de Kant está estruturada em torno da oposição entre dever e inclinação. [...] Na filosofia prática de Kant, a inclinação é chamada a representar os aspectos subjetivos, materialmente baseados e parciais da experiência moral humana, os quais são contrariados pelo objetivo, formal e universal imperativo categórico. [...] para Kant, possuir uma vontade determinada exclusivamente por inclinação é ser desprovido de espontaneidade, reagir meramente a estímulos, uma condição que Kant descreve como 'escolha animal' (*arbítrium brutum*) [...] A escolha humana pode ser afetada mas não determinada por inclinação, a qual, para Kant só serve para debilitar a liberdade da vontade. A inclinação é, portanto, fonte para heteronomia da vontade, ou seja, a sua determinação por objetos fora da vontade [...]." (CAYGILL, 2000, p. 195-196)

[129] SCHNEEWIND, 2009, p. 380.

[130] Ibid.

> a razão para derivar de leis as ações, a vontade nada mais é do que razão prática.[131]

Kant inaugura aqui um sentido novo para a noção de vontade. Ter uma vontade significa ter uma faculdade capaz de iniciar uma cadeia de ações segundo leis que são dadas pela razão. E ainda mais especificamente, segundo "representação" destas leis. Tudo o que existe no mundo opera segundo leis, e todos os seres vivos que são agentes executam ações de acordo com certas leis da natureza. Mas apenas seres racionais teriam a faculdade da vontade, que dá condições para que ajam segundo leis que representam e impõe a si mesmos. Dessa forma, entender a vontade como "razão prática" significa, por um lado, assumir a vontade como uma faculdade racional, mas também compreender que a razão possui uma dimensão prática que determina a ação. Höffe chega a afirmar que a vontade é mais do que racional "mas a própria razão com respeito a ação"[132]. É claro que desse modo a vontade, para Kant, tem um sentido bastante específico. Como explica Höffe:

> É verdade que às vezes entendemos a expressão 'vontade' mais amplamente e pensamos em todo impulso de origem interna como diferente de uma coerção externa. Então também simples entes naturais têm uma vontade, na medida que seguem seus próprios impulsos e necessidades. Mas Kant com boas razões entende a vontade de modo mais estrito. Pois em entes naturais os impulsos e as necessidades têm o significado de legalidades, de acordo com as quais se age com necessidade. Visto que o seu impulso interno é uma coerção interna, os meros entes naturais tem no máximo uma vontade num sentido metafórico. Eles, na verdade, seguem impulsos de ação próprios, mas não uma vontade própria e sim a "vontade da natureza". Só a capacidade de agir de acordo com leis representadas por

---

[131] FMC, Ak 412, p. 183.
[132] HÖFFE, 2005, p. 188.

> si mesmo funda uma vontade própria. A vontade designa a capacidade de, em verdade, não extinguir os impulsos naturais e sim distanciar-se deles e de suspendê-los como fundamento determinante último.[133]

Ao definir a vontade como uma "faculdade de se determinar a si mesmo e agir *em conformidade com a representação de leis*"[134], Kant coloca o ser humano em um patamar diferente na ordem natural, pois tal faculdade "só pode ser encontrada em seres racionais"[135]. Uma vez que o homem é um ser dotado de razão, ele possui uma vontade. Somente seres racionais possuem uma vontade nesse sentido que Kant emprega o termo. Se todos os seres naturais atuam sob o comando de leis, evidentemente mesmo seres não racionais – como os animais não humanos, por exemplo –, também agem o comando de leis, mas eles não seriam capazes de agir sob a *representação* dessas leis. Somente seres racionais possuem essa capacidade, ou seja, uma vontade. Como explica Höffe:

> A vontade não é nada de irracional, nenhuma "força obscura desde a profundidade oculta", mas algo racional [*Rationales*], a razão [*Vernunft*] com respeito à ação. Pela vontade um ente dotado de razão como o homem distingue-se de simples entes naturais como os animais, que agem somente segundo leis dadas naturalmente, e não também segundo leis representadas.[136]

Somente seres racionais são agentes que compreendem a lei e agem não apenas em obediência à lei, mas como legisladores da própria lei. É nessa capacidade de autolegislação que consiste, fundamentalmente, a liberdade dos agentes racionais. Seres irracionais agem determinados por leis naturais, mas só podem

---

133 Ibid., p. 188-9.
134 FMC, Ak 427, p. 237.
135 FMC, Ak 427, p. 237.
136 HÖFFE, 2005, p. 188.

obedecê-las, não sendo capazes nem de agir de modo diferente e muito menos impor a si mesmos estas leis. Por isso, só um ser racional é livre.

Ao longo da *Fundamentação,* Kant usa o homem como exemplo de um ser racional e que possui uma vontade, pois ele é o único ser sobre a Terra que conhecemos que possui razão. Contudo, a racionalidade não é redutível à humanidade[137]. Tal consideração leva Kant a diferenciar *seres racionais infinitos* de *seres racionais finitos*[138]. Um ser racional infinito seria aquele cuja agência é plenamente racional e completamente livre de determinações contingentes. Se houver seres racionais infinitos eles terão uma vontade *santa,* pois ela se iguala ao "querer" da razão, ou seja, da lei moral[139]. Essa vontade *santa* não é de modo algum afetada pelas inclinações. Um ser racional finito, por outro lado, está em uma posição intermediária, pois possui uma vontade "sensivelmente afetada"[140] pelos objetos sensíveis.

Segundo Kant, sendo o homem um ser racional finito, concebe a si mesmo como pertencendo a dois mundos, um mundo sensível e um mundo inteligível[141]. Enquanto ser do mundo sensível, em sua animalidade, ele é dotado de desejos e inclinações. Se o homem

---

[137] O ser humano é o único ser racional finito que conhecemos, mas poderiam haver outros seres racionais que não são humanos. Se houvesse outra espécie humana sobre a Terra dotada de razão, ela certamente teria a capacidade de autolegislação, vide que isso é intrínseco à natureza racional, estando, pois, ambos, submetidos à mesma lei moral. Se houver vida racional em qualquer outra parte do universo o mesmo raciocínio se segue - as obrigações morais seriam as mesmas. Todos estes seres racionais estariam vinculados no mesmo "reino dos fins", sendo, pois legisladores da lei moral.

[138] "Kant admite que pode haver seres racionais cuja natureza está em perfeita conformidade com o dever e que, portanto, não têm de ser comandados a respeitar o dever" (SEDGWICK, 2017, p. 27). Quanto a seres racionais infinitos, possivelmente neste ponto, Kant pode estar pensando em anjos ou mesmo em Deus.

[139] "[...] para a vontade *divina* e, em geral, para uma vontade *santa* não valem quaisquer imperativos; o <verbo> dever está aqui no lugar errado, porque o querer já é por si mesmo necessariamente concordante com a lei." (FMC Ak 414, p. 189).

[140] Cf. FMC Ak 460, p. 397.

[141] Cf. FMC Ak 451, p.365; FMCAk 452, p. 369.

fosse um ser puramente natural, que pertencesse apenas ao mundo sensível, ele seria governado apenas pelos instintos e suas ações seriam determinadas completamente pelas inclinações sensíveis. Se o homem fosse um ser puramente racional, isto é, se ele pertencesse apenas a um mundo inteligível, como é o caso de um ser racional infinito, suas ações seriam plenamente governadas por leis da razão e sua vontade não seria afetada por inclinações sensíveis. Como ser racional finito, o homem, vive entre dois mundos, um natural afetado pelas leis mecânicas e um mundo inteligível que é regido sob leis da liberdade[142]. E sendo assim, vive um conflito entre dever e inclinação[143]. Por isso Kant afirma: "[...] a vontade é uma faculdade de escolher *só aquilo* que a razão independentemente da inclinação, reconhece como praticamente necessário, isto é, como bom"[144].

A vontade livre, portanto, é aquela que age *por dever*. É a vontade que possui a capacidade de autodeterminação, que possui a propriedade de autolegislação e de ser causa de si mesma. A vontade, quando livre de toda determinação das inclinações é uma "espécie de causalidade"[145], ou seja, uma "vontade pura". Essa vontade tem a propriedade de ser livre na medida em que ela é uma forma de causalidade[146]. Apesar dessa capacidade da vontade humana de ser livre autônoma, ela também pode sofrer influência das inclinações, dada a natureza falível do homem. Assim, temos uma vontade heterônoma, quando não é ela própria que dá a si mesma a lei moral.

---

[142] Segundo Höffe (2005, p. 198) "o imperativo categórico não é senão o conceito de moralidade (S) sob as condições de entes racionais finitos. No imperativo categórico Kant aplica sua tese fundamental metaética a entes do tipo do homem".

[143] Sobre esse aspecto, escreve Allen Wood (2008a, p. 158): "O contraste básico entre 'dever' e 'inclinação' e entre o princípio da moralidade a priori ou 'formal' e os princípios 'materiais', baseados em nossos desejos naturais, depende não só da fundamentação a priori da teoria kantiana, mas também de sua teoria da natureza humana".

[144] FMC, Ak 412, p. 183; 185.

[145] FMC Ak 446, p. 347.

[146] Cf. FCM Ak 446, p. 347.

3.1.3 A LEI MORAL E O DEVER

A visão de moralidade de Kant está associada necessariamente com a ideia da existência da lei moral. Para Kant, todo o universo é regido por leis, sejam elas físicas ou morais, leis da natureza ou leis da liberdade[147]. Contudo, a diferença entre a lei da natureza e a lei moral é que a primeira não deixa espaço algum para a liberdade, enquanto a segunda, justamente se caracteriza enquanto leis da liberdade, onde apenas seres dotados de razão são capazes de compreender e agir segundo sua representação, ou seja, por meio de uma vontade[148].

> Aquilo que se destaca na visão kantiana da moralidade por meio da qual governamos a nós mesmos é que há algumas ações que simplesmente temos que fazer. Impomos a nós mesmos uma lei moral, e essa lei produz a obrigação, uma necessidade de agir de certas maneiras. Kant não vê a moralidade nascer de disposições virtuosas que nos fazem a querer ajudar os outros. Ele a vê sempre como uma luta. A própria virtude é definida em termos de luta [...]. A lei é anterior a virtude, e deve controlar os desejos de ajudar os outros, assim como os desejos de causar dano.[149]

A virtude[150], como chama atenção Schneewind, embora tenha um papel importante na teoria moral de Kant, é precedida pela lei

---

[147] "A discussão entre leis da liberdade na filosofia prática está baseada na premissa da capacidade da razão pura para ser prática. [...] Uma vez que as máximas humanas não obedecem automaticamente às condições para serem leis universais, a lei é prescrita como um imperativo ou mandamento. [...] A lei fundamentada da moralidade e fonte da obrigação moral é uma só e está enunciada no princípio autonomamente fundado do imperativo categórico" (CAYGILL, 2000, p. 215).

[148] Cf. FMC Ak 412, p. 183;185.

[149] SCHNEEWIND, 2009, p. 372

[150] Na *Doutrina da Virtude,* Kant diz que "virtude é a firmeza moral da vontade de um ser humano no cumprimento de seu dever" (MC 405, p. 258)

moral que regula a ação humana e serve como critério máximo de deliberação. A virtude é luta, porque um homem virtuoso, nessa acepção kantiana, é aquele que age muitas vezes mesmo contra seus impulsos naturais, a fim de que sua ação se enquadre aos mandamentos da razão, universalmente válidos e necessários a todos agentes racionais[151].

Desse modo, agir segundo a lei moral significa agir necessariamente *por dever*. O dever moral se enquadra como uma obrigação que é derivada da própria razão. Conforme define Kant: "o dever é a necessidade de uma ação por respeito à lei"[152]. O critério da universalidade pela qual nos perguntamos se as máximas que orientam uma dada ação poderiam ser admitidas como leis universais por todos agentes racionais define a métrica pela qual o dever é reconhecido[153]. O dever expressa o mandamento da razão, a lei moral que deve ser seguida, mas não como obrigação externa ao sujeito – algo que nos sentimos obrigados agir apenas porque alguém ou algo nos impôs, seja por medo de punição, seja pela possibilidade de atingir determinados fins, pois não é nas consequências ou em finalidades externas ao próprio dever que se encontra sua legitimidade –, mas justamente em estar motivado a agir *exclusivamente* por *respeito*[154] à própria lei moral.

Na *Fundamentação*, Kant faz uma diferenciação entre agir *por dever* e agir *em conformidade com o dever*[155]. Agir *por dever*

---

[151] Wood (2008a, p. 181) explica que "a virtude é necessária precisamente na medida em que a boa conduta é difícil para nós, visto que ela consiste na força de que necessitamos para realizar uma tarefa difícil." A virtude é justamente "uma qualidade do caráter [...] e não do temperamento", que traz a força necessária para irmos contra as inclinações que se opõe ao dever, exatamente por isso "não pode haver realização do dever sem virtude". A virtude tem um papel importante na filosofia kantiana, mas ela sempre está de algum modo associada ao dever. A virtude é justamente essa "força moral" que impulsiona o homem a cumprir o dever (cf. MC, 405, p. 258).

[152] FMC Ak 400, p. 127.

[153] Cf. FCM AK 402, p. 133.

[154] Kant define *respeito* como "a determinação imediata da vontade pela lei e a consciência da mesma" (FMC Ak 401, p. 131, nota).

[155] Cf. FMC AK 398, p.117 (em diante).

significa que a minha motivação é exclusivamente o respeito pelo dever *em si*. Significa que não preciso de nenhuma outra motivação para agir senão o próprio dever. Se possuo um dever ele é suficiente para ser a origem da motivação de minha ação. Agir *em conformidade com o dever*, por sua vez, seria agir de modo tal que embora minha ação esteja de acordo com aquilo que o dever demanda, a minha motivação para agir encontra-se em outros fatores que não o dever moral, exclusivamente[156].

Para Höffe, Kant identifica três formas de cumprir o dever moral: por interesse próprio, por inclinação *em conformidade* com o dever, ou exclusivamente "*por dever*"[157]. Agir por "interesse próprio", ao qual Höffe se refere, corresponde aquilo que Sedgwick chama de "agir em conformidade ao dever mas não por inclinação imediata"[158]. Sedgwick, identifica que há duas formas diferentes de agir *em conformidade* com o dever[159], a saber:

a) agir em conformidade ao dever, mas *não por inclinação imediata*;
b) Agir em conformidade ao dever e *por inclinação imediata*.

O primeiro tipo se refere àquelas ações que embora não tenhamos interesse ou inclinação para agir por dever, acabamos agindo em conformidade com ele, em virtude de outras inclinações, visando objetivos que estão fora do dever. O segundo tipo de ação são aquelas em que o sujeito tem uma inclinação que está de acordo com o dever moral, ou seja, ele deseja agir exatamente

---

[156] Nas palavras de Kant: "[...] uma ação *por dever* deve pôr à parte toda influência da inclinação e com ela todo objeto da vontade, logo nada resta para a vontade que possa determina-la senão, objetivamente, a *lei* e, subjetivamente, *puro respeito* por essa lei prática, por conseguinte a máxima de dar cumprimento a uma tal lei mesmo com derrogação de todas as minhas inclinações" (FMC Ak 400;401, p. 127;129).

[157] Ver HÖFFE, 2005, p.193-194.

[158] SEDGWICK, 2017, p.97.

[159] Ibid., p. 97-100.

da forma como o dever obriga, mas não é o dever, em última instância, que motiva a ação, e sim a inclinação do sujeito.

Nesse primeiro caso, o exemplo dado por Kant é o do comerciante[160] que age de forma honesta com seus clientes mas não por respeito ao dever e sim "por receio de perder seus clientes"[161]. Tal ação não é moral já que sua motivação encontra-se em sua atitude interessada em preservar o retorno de sua clientela. Tal atitude é motivada pelas possíveis consequências danosas que não tratar honestamente seus clientes poderiam lhe trazer ou pelos benefícios que tratá-los honestamente poderiam lhe garantir. "Portanto, a ação não acontecera nem por dever, nem por inclinação imediata, mas visando apenas o proveito próprio"[162], afirma Kant.

Agir em conformidade com o dever e por uma inclinação imediata, por sua vez, significa agir de maneira tal que a minha inclinação natural se identifica imediatamente com aquilo que o dever demanda. O exemplo clássico é ação caridosa ou solidária[163]. Agir por simpatia ou compaixão em relação a alguém necessitado não constitui verdadeiro valor moral[164], porque a motivação continua não sendo o dever, exclusivamente, mas o sentimento, que por uma contingência, coincide com o dever. A questão que devemos colocar é: se tal sujeito não tivesse esse sentimento de solidariedade ou de benevolência, ainda assim agiria dessa forma? É exatamente por isso que tal modo de agir não tem o valor moral que uma ação *por dever* tem.

Kant chega a mudar o exemplo dizendo que se por ventura tal sujeito que antes considerávamos benevolente, por agir conforme ao dever mas motivado por suas inclinações filantrópicas, agora estivesse sem tal sentimento de benevolência, mas ainda assim

---

[160] Cf. FCM Ak 397, p. 117.
[161] HÖFFE, 2005, p.193.
[162] FMC Ak 397, p. 117.
[163] Cf. FMC Ak 398, p. 119; 121.
[164] Kant diz que tal gesto solidário, cuja inclinação à caridade provoque alegria e deleite, apesar de ser uma ação conforme ao dever e até "digno de honra", merecendo "louvor e incentivo, mas não alta estima" pois lhe falta "o teor moral" (FMC Ak 398, p. 119).

decidisse em sua consciência que deveria agir do mesmo modo, porque é seu dever, estaria ele agindo verdadeiramente *por dever*, e não apenas *em conformidade* com ele. Sua ação seria desinteressada com relação a interesses pessoais e não seria motivada por uma inclinação particular, mas apenas e tão somente por respeito ao dever. Sua ação teria, pois, genuinamente um valor moral.[165]

Agir *por dever*, portanto, é quando a ação tem sua motivação apenas no respeito incondicional à lei moral. É quando o agente age apenas motivado por cumprir a lei independentemente de suas inclinações contingentes e muitas vezes até em oposição a elas. Aliás, quando há um conflito entre o dever e inclinação, ou seja, quando a inclinação aponta em uma direção diferente do dever, é que sabemos que agimos verdadeiramente *por dever*. Nesse caso temos certeza de que não estamos agindo por inclinação, já que estamos agindo contra ela, restando apenas como motivação da ação o *sentimento de dever* e o respeito pela lei moral.

Sedgwick observa que Kant decide passar por cima daquelas ações que seriam contrárias ao dever moral, obviamente porque elas designam ações cujo valor não é genuinamente moral, já que são contrárias à lei moral. O exame de Kant diz respeito àquelas ações que *parecem* ser ações morais por aparentemente "cumprirem" o dever moral, ao menos do ponto de vista externo, mas do ponto de vista interno (isto é, nos móbiles da consciência ou na intencionalidade do sujeito), não se enquadram como ações morais, já que o valor moral não está especificamente na ação mas em sua intenção[166]. Exatamente por esse motivo, a ética kantiana se difere de uma ética das consequências ou consequencialismo ético[167].

---

165 Cf. FMC Ak 398-399, p. 121.

166 Cf. FCM Ak 407, p. 163.

167 O consequencialismo é compreendido como "uma teoria que estabelece que para determinar se um agente teve razão de fazer tal escolha em particular, convém examinar as consequências dessa decisão no mundo. Dirigindo nossa atenção para as consequências, essa teoria adota uma orientação teleológica" em oposição a "perspectiva deontológica" da ética. "Enquanto o consequencialismo avalia uma escolha examinando suas consequências, um método deontológico

Ademais, o conceito de dever e boa vontade estão vinculados. Segundo Kant, o conceito de dever "contém o de uma boa vontade"[168], na medida que a única ação exclusivamente boa é aquela realizada por dever. A boa vontade, a única coisa boa por si mesmo[169] segundo Kant, se iguala àquela vontade que age tão somente pelo dever. Uma vontade *santa* é aquela que age sempre desse modo, que não é corruptível às inclinações sensíveis[170]. O homem, contudo, possui apenas uma vontade falível incapaz de agir em todas as circunstâncias de acordo com a *boa vontade*. É exatamente por isso que ele precisa do dever que vincula a lei moral como obrigação. Como explica Höffe:

> O dever é a *Sittlichkeit* [moralidade] na forma do mandamento, do desafio, do imperativo. Essa forma imperativa só tem um sentido para aqueles sujeitos cuja vontade não é de antemão e necessariamente boa. Ela carece de objeto em entes racionais puros, cuja vontade não é de antemão necessariamente boa. Ela carece de objeto em entes racionais puros, cuja vontade é como em Deus, por natureza constantemente e exclusivamente boa. Só se pode falar em dever onde há, ao lado de um apetite racional, ainda impulsos concorrentes das inclinações naturais, onde há, ao lado de um querer bom, ainda um querer ruim ou mau. Esta circunstância é o caso em todo ente racional que é dependente também de fundamentos determinantes sensíveis. Tal ente racional sensível ou finito é o homem.[171]

---

avaliaria geralmente essa escolha determinando em que medida ela satisfaz as obrigações que incumbem um agente" (PETTIT, 2003, p. 327).

[168] FCM Ak 397, p. 115.

[169] Cf. FMC Ak 393, p.101.

[170] Cf. FMC Ak 414, p. 189.

[171] HÖFFE, 2005, p. 193.

O dever moral está no coração da filosofia kantiana, portanto. É exatamente por isso que a concepção moral de Kant é classificada como uma deontologia[172]. Segundo Höffe, Kant se vale do conceito de dever não apenas para elucidar sua concepção de moralidade mas também na medida em que "ele persegue o interesse de compreender o homem como ente moral"[173]. O homem é, pois, um ser moral na medida em que é capaz de agir *por dever*. Em contrapartida, temos a tendência de agir conforme nossas inclinações naturais. Por isso o conflito entre dever e inclinação está presente a todo tempo e é parte constituinte da consciência moral humana.

---

[172] A deontologia moral (do grego, *déon*, dever; *logos*, ciência) ou ética deontológica diz respeito a teorias morais que são baseadas em deveres morais. "Em geral se entende por ética deontológica uma ética que afirma que certos atos são moralmente obrigatórios ou proibidos, sem levar em consideração suas consequências no mundo" (BERTEN, 2003, p. 407). Segundo Berten "o primeiro filósofo que defendeu explicitamente uma ética deontológica foi Kant: um ato é moralmente bom se e somente se ele é efetuado 'por dever' ou por 'respeito pela lei'" (ibdem). Frankena, por sua vez, classifica a teoria de Kant como um "monismo normo-deontológico" (Cf. FRANKENA, 1975, p. 26-49). Frankena distingue entre teorias *ato-deontológicas* e *teorias normo-deontológicas*. Esse último tipo de teoria ética procura fundamentar a moralidade em certas normas ou deveres primitivamente à deliberação (Ver: FRANKENA, 1975, p. 45). Uma teoria ética "monística" normo-deontológica é aquela em que se pretende fundar todas as normas ou deveres em um único princípio básico (Cf. FRANKENA, 1975, p. 45), como é o caso de Kant, ao estabelecer o Imperativo Categórico como "princípio supremo da moralidade", do qual derivam todos os deveres morais. Höffe, contudo, afirma que a filosofia moral kantiana é melhor compreendida como uma "ética das máximas" e não como uma ética de regras ou normas, dada a relevância das máximas para a ética kantiana. As máximas teriam uma centralidade na teoria moral kantiana, pois elas são o elemento subjetivo que permite que a lei moral seja auto-imposta e não imposta externamente. Ou seja, é apenas em virtude das máximas que podemos falar em autonomia moral, ou em uma autonomia da vontade, em suma, em uma moralidade como autonomia (cf. HÖFFE, 2005, p. 205). Apesar da ressalva de Höffe, majoritariamente a teoria ética de Kant é interpretada como uma teoria deontológica.

[173] HÖFFE, 2005, p. 193.

3.1.4 A LIBERDADE

Uma das preocupações centrais de Kant, que está presente em toda a sua obra, é o tema da liberdade. Segundo Allison, há um consenso com relação a "centralidade do conceito de liberdade da filosofia 'crítica' de Kant"[174]. Contudo, o conceito de liberdade de Kant também é um dos mais difíceis de interpretar. Os intérpretes de Kant, segundo Allison, discordam de muitos aspectos com relação à noção de liberdade kantiana e é possível encontrar vários sentidos em atribuídos ao termo[175]. Allison afirma que "a liberdade envolve um componente transcendental ou não-empírico"[176], como uma forma de causalidade distinta da causalidade natural. Para Alison essa noção de liberdade transcendental é sem dúvida o elemento mais controverso da concepção de liberdade de Kant. Mas é justamente no terreno da liberdade transcendental que está a base de toda a fundamentação kantiana da liberdade e por consequência da moralidade[177].

Com relação à liberdade, Kant sustenta que não poderíamos decidir à luz da razão pura especulativa se a liberdade existe ou não. Enquanto objeto não empírico, a liberdade necessariamente pertenceria a um mundo *numênico*, não sendo, portanto, objeto de conhecimento. Contudo, a liberdade, apesar de não poder ser conhecida, pode ser pensada enquanto ideia da razão prática. A tentativa de demonstrar a legitimidade em postular a liberdade como condição de possibilidade da moralidade será algo que Kant se debruçará na terceira seção da *Fundamentação*, assim como na *Crítica da Razão Prática*.

Como explica Sedgwick[178], Kant sempre esteve preocupado com o problema que o determinismo oferece à liberdade. Kant era um newtoniano e acreditava que as leis físicas regiam o universo

---

[174] Cf. ALLISON, 1995, p. 01.

[175] Ibid.

[176] ALLISON, 2012, p. 137.

[177] Cf. ALLISON, 1995, p. 11.

[178] SEDGWICK, 2017, p. 42.

natural. Todos os objetos do mundo natural são determinados por leis físicas. Em última instância, não haveria espaço para a liberdade no mundo natural. Esse problema já está presente na discussão da Terceira Antinomia da *Crítica da Razão Pura*.[179]

Segundo Sedgwick[180], Kant rejeita uma concepção compatibilista entre liberdade e determinismo. Aceitar uma visão compatibilista seria aceitar uma liberdade apenas em termos de ausência de coação externa. Seria aceitar apenas a liberdade em sua dimensão negativa. A liberdade enquanto ausência de coação é um sentido fraco de liberdade. Kant pretende, na verdade, sustentar a tese de uma liberdade positiva, interpretada como uma forma de causalidade independente das leis naturais. No entanto, a liberdade nessas duas instâncias se relacionam.

Como salienta Sedgwick:

> Kant nunca hesitou em sua adesão à tese do determinismo universal. Ao mesmo tempo, contudo, ele estava profundamente preocupado com suas aplicações para a liberdade humana. Ele estava consciente de que a verdade do determinismo implicava que o comportamento humano não fosse em nada diferente do de uma máquina biológica. Ele estava convencido de que, segundo essa concepção do comportamento humano, não havia como defender a ideia de que temos genuinamente um arbítrio. Por Kant estar comprometido tanto com a tese da liberdade humana como a do determinismo universal, ele procurou provar que as duas posições podiam ser verdadeiras.[181]

Mas segundo Sedgwick[182], do fato de Kant abraçar o determinismo e a liberdade não faz dele um compatibilista tradicional. Uma forma de compatibilismo seria defender que determinismo e liberdade podem coexistir num mesmo plano de causalidade.

---

179 CRP, B 472-479, p.377-383.

180 SEDGWICK, 2017, p. 42.

181 Ibid..

182 Ibid., p. 43-44.

Para um compatibilista tradicional o determinismo não afeta radicalmente a liberdade. Mas, em última instância, o compatibilista desse tipo só consegue defender uma visão fraca de liberdade, restringindo-a a um conceito negativo, ou seja, a ausência de coerção ou impedimento externo. No entanto, um compatibilista terá dificuldade de defender uma noção mais robusta de liberdade, como é a noção positiva, que Kant procura sustentar.

A solução kantiana é a de que o domínio da liberdade não pode ser o mesmo domínio da causalidade natural. Logo, se a liberdade existir ela não pode pertencer a ordem natural dos fenômenos. A liberdade, se existir, pertence a ordem *numênica*. Exatamente por isso, essa liberdade tem um aspecto transcendental, necessariamente metafísico e impossível de ser provada do ponto de vista da razão especulativa. No entanto, a liberdade precisa ser pressuposta se quisermos garantir a moralidade. O argumento de Kant, então, parte da noção de que nós seres humanos, enquanto seres racionais e dotados de inteligência, nos concebemos como seres livres. A partir dessa percepção somos autorizados a postular a existência da liberdade do ponto de vista da razão prática. A liberdade então é postulada como um segundo tipo de causalidade, que permite agir independente das causas naturais e de maneira autodeterminada. Essa forma de causalidade, que é a liberdade, é justamente a qualidade que a razão prática possui. Essa qualidade é autonomia da vontade.

Allison identifica a liberdade negativa como espontaneidade, enquanto que a liberdade em sentido positivo, seria precisamente a autonomia[183]. Para Allison a liberdade negativa, como independência (ou espontaneidade) prepara e dá condições para a liberdade positiva, enquanto autonomia. De fato, Kant afirma que da noção de liberdade negativa "promana um conceito positivo da mesma, que é tanto mais rico e fecundo"[184]. Sobre esses dois aspectos da liberdade, Schneewind observa:

---

183 ALISSON, 2003, p.137; ALISSON, 1995, p. 95.

184 FCM Ak 446, p. 347.

> A liberdade tem um aspecto negativo: se somos livres, não somos determinados unicamente pelos desejos e necessidades. Mas a liberdade é mais do que a ausência de determinação. Uma vontade completamente indeterminada seria aleatória e caótica. Ela não deixaria espaço para a responsabilidade, por conseguinte, nem para o louvor e nem para a culpa. A única maneira viável de se pensar uma vontade boa, segundo Kant, é concebendo-a como uma vontade cujas escolhas são determinadas por uma lei que é interna à sua natureza. Tal vontade é determinada por si mesma, sendo, portanto, livre. Mas já vimos, que a as únicas ações autodeterminadas são ações feitas por causa da possibilidade de universalização da máxima do agente. Então, se fosse possível mostrar que uma vontade racional tem de ser livre, ter-se-á mostrado que uma vontade racional age somente segundo máximas universalizáveis. Teríamos provado o primeiro princípio da moralidade.[185]

Assim, a vontade é o conceito chave para compreender como a liberdade humana é possível. A liberdade em sentido forte, no sentido positivo, como autodeterminação, só possível se a vontade tiver a capacidade da autolegislação, ou seja, a capacidade de impor a si mesma a lei moral. É nesse sentido que Kant fala em autonomia da vontade.

3.1.5 O IMPERATIVO CATEGÓRICO

Na Seção II da *Fundamentação,* Kant diferencia entre duas formas pelas quais a razão pode direcionar uma ação racional. Ou a razão ordena *hipoteticamente* ou *categoricamente*[186]. Dessa operacionalização da razão, decorrem dois tipos de imperativos que podem direcionar a ação racional. Ao primeiro tipo chamamos

---

[185] SCHNEEWIND, 2009, p.399-400.

[186] Cf. FMC Ak 414, p. 189.

imperativo hipotético, ao segundo tipo, *imperativo categórico*. Kant afirma que imperativos hipotéticos são "aqueles que representam a necessidade prática de uma ação como meio para conseguir outra coisa que se quer (ou pelo menos que é possível que se queira"[187]. Já o imperativo categórico "seria aquele que representaria uma ação como objetivamente necessária por si mesma, sem referência a outro fim"[188]. Logo, a seguir Kant afirma:

> Visto que toda lei prática representa uma ação possível como boa e, por isso, como necessária para um sujeito determinável praticamente pela razão, todos os imperativos são fórmulas da determinação da ação que é necessária segundo o princípio de uma vontade boa de uma maneira qualquer. Agora, se a ação é boa meramente para outra coisa, enquanto meio, o imperativo é hipotético; se ela é representada como boa em si, por conseguinte como necessária numa vontade em si conforme à razão enquanto princípio da mesma <vontade> então ele é categórico. [189]

Os imperativos hipotéticos são aqueles que podemos expressar pela fórmula "se queres X, faça Y"[190]. Ou seja, diz respeito a um uso instrumental da razão. A razão determina meios para alcançar determinados fins. Já na operação categórica da razão, o imperativo demanda que se aja de modo necessário, cujo fim não está fora do próprio mandamento da razão, mas apenas e tão somente no seu cumprimento[191]. A fórmula do imperativo categórico pode

---

[187] FMC, Ak 414, p. 189.
[188] FMC, Ak 414, p. 189.
[189] FMC, Ak 414, p. 191.
[190] Cf. HÖFFE, 2005, p. 201.
[191] Wood explica que um imperativo hipotético "é chamado de 'imperativo' porque é um comando da razão que exige que o agente faça alguma coisa; é 'hipotético' porque o comando rege nossa ação somente sob a condição de que o fim em questão seja o nosso. Em contraste, um imperativo que não possui tal condição seria chamado de 'imperativo categórico'." (WOOD, 2008b, p. 67)

ser expressa simplesmente por "Faça X". Não se trata de agir de um modo tal a alcançar um determinado fim[192].

Os *imperativos hipotéticos* ainda podem ser divididos em dois tipos, os imperativos técnicos e os imperativos pragmáticos[193]. O primeiros representam regras de habilidade e os segundos conselhos de prudência[194]. Já o imperativo categórico é classificado como imperativo moral por excelência, pois possibilita os "mandamentos (leis) da moralidade", já que "só a lei traz consigo o conceito de uma necessidade incondicional e, na verdade, objetiva e, por conseguinte, universalmente válida"[195]. Somente o imperativo categórico pode, então, expressar a lei moral. Por isso Kant identifica o imperativo categórico como "imperativo da moralidade"[196].

Para Kant, a moralidade só é possível se ela estiver fundada no imperativo categórico. Os imperativos hipotéticos não podem fundar a moralidade pois eles fazem uso apenas instrumental da razão. Se a moralidade fosse fundamentada em juízos apenas hipotéticos, a moralidade não teria sua validade universal, já que imperativos hipotéticos não expressam leis incondicionais, em sentido estrito, necessárias e universalmente válidas. Toda

---

[192] "Um imperativo é qualquer princípio através do qual um agente racional obriga-se a agir com base em fundamentos objetivos ou razões. Um imperativo é hipotético se a obrigação racional é condicionada à adoção de um fim opcional pelo agente e é categórico se a obrigação não é condicional desse modo. Na medida em que alguns sustentaram que toda racionalidade é 'somente instrumental', é controverso se há (ou pode haver) algum imperativo categórico. O procedimento de Kant na fundamentação é assumir provisoriamente que tais imperativos existem e pesquisar na segunda seção qual deveria ser esse princípio. Então, na terceira seção, Kant tenta defender que, como seres racionais, nós temos de pressupor que tais imperativos existem e que, consequentemente, estabelecem a validade das fórmulas derivadas provisoriamente na segunda seção." (WOOD, 2008a, p. 166)

[193] Cf. FMC, Ak 416;417, p. 199.

[194] Cf. FMC, Ak 416, p. 197.

[195] FMC Ak 416, p. 197.

[196] FCM Ak 416, p. 197.

moralidade, necessariamente seria ou relativa ou se constituiria em meramente uma "ética da prudência"[197].

Como atenta Höffe, Kant dá à pergunta "o que devo fazer?" 3 classes de respostas que correspondem a três graus de razão prática ou a racionalidade do agir[198]. O primeiro e o segundo graus de racionalidade dizem respeito aos imperativos hipotéticos, cuja expressão é "Se eu quero X, então tenho de fazer Y". No primeiro grau de racionalidade estão os imperativos técnicos da habilidade, ordenam meios para atingir objetivos quaisquer, como enriquecer, por exemplo. No segundo grau de racionalidade estão os imperativos pragmáticos da prudência que prescrevem ações para alcançar a felicidade. No terceiro grau de racionalidade está o imperativo categórico, que demanda "obrigações válidas sem reserva". É nesse terceiro, grau de racionalidade, nesse nível de operacionalização da razão prática que encontramos os mandamentos incondicionais da razão, o seja as leis da moralidade.

Ao identificar o Imperativo Categórico (IC) como *imperativo da moralidade*, Kant se dedica a exprimir como ele pode se manifestar. Segundo Kant, há um único Imperativo Categórico entretanto ele pode ser expresso de maneiras distintas, mas que fundamentalmente "cada uma por si mesma reúne em si as outras"[199]. Os intérpretes de Kant não estão de acordo com relação à quantidade de fórmulas existentes do Imperativo Categórico, mas a grande maioria admite a existência de três fórmulas principais

---

[197] De fato a crítica kantiana é que uma moralidade baseada em imperativos hipotéticos de habilidade, conduziria necessariamente a uma ética de cunho consequencialista ou utilitarista, que visa fins e encara a racionalidade apenas como meio efetivo para atingir objetivos fora dela. Esses objetivos, pensa Kant, se não são racionais ou são arbitrários ou correspondem a interesses não justificáveis moralmente. Se a moralidade for fundamentada em imperativos hipotéticos pragmáticos o fim perseguido passa a ser a felicidade. De fato, muitas éticas *eudaimonistas*, inclusive a ética aristotélica, tinha esse cunho "prudencial", mas para Kant, ao colocar felicidade como fim último, como *télos* da moralidade, tais sistemas acabam por não fundamentar a moralidade no imperativo categórico, portanto, não seriam sistemas morais universais.

[198] HÖFFE, 2005, p. 200.

[199] Cf. FMC Ak 436, p. 269.

pelas quais Kant considera que o imperativo categórico possa ser expresso. Allen Wood considera que as três fórmulas básicas são: a Fórmula da Lei Universal (FLU), a Fórmula da Humanidade (FH) e a Fórmula da Autonomia (FA). As demais formulações, como a Fórmula da Lei da Natureza (FLN) e a Fórmula do Reino dos Fins (FRF), seriam variações destas três primeiras (sendo FLN variante de FLU e FRF variante de FA)[200].

A Fórmula da Lei Universal (FLU), a primeira apresentada por Kant, é assim expressa: "Age apenas segundo a máxima pela qual possas ao mesmo tempo querer que ela se torne uma lei universal"[201]. Logo em seguida, Kant apresenta a Fórmula da Lei da Natureza (FLN): "Age como se a máxima de tua ação se devesse tornar pela tua vontade uma lei universal da natureza"[202]. Segundo Wood, FLN é uma variação de FLU[203]. Tanto FLU quanto FLN carregam consigo o critério da universalidade das máximas[204]. Kant usa quatro exemplos para realizar o teste de universalidade das máximas[205]. Uma ação é moral se ela cumpre a lei moral ou seja, se está de acordo com o imperativo da moralidade. Para tal, o agente deve perguntar-se a si mesmo se a *máxima* pela qual sua ação

---

[200] Cf. WOOD, 2008a, p. 165; WOOD, 2008b, p. 66.

[201] FMC Ak 421, p. 215.

[202] FMC Ak 421, p. 215.

[203] WOOD, 2008a, p. 165.

[204] Kant afirma: "É preciso poder querer que uma máxima de nossa ação se torne uma lei universal: esse é o cânon do ajuizamento moral da mesma em geral. Algumas ações são tais que não se pode sequer pensar sem contradição a sua máxima como lei universal da natureza, quanto mais ainda querer que ela devesse se tornar tal coisa. No caso de outras, é verdade, não se pode encontrar essa possibilidade interna, mas é, no entanto, impossível querer que sua máxima seja erguida à universalidade de uma lei, porque tal vontade se contradiria a si mesma." (FCM Ak 424, p. 225)

[205] Os exemplos ou casos que Kant analisa brevemente na Seção II da Fundamentação, a partir de Ak 421 (p. 217), que correspondem a divisão dos deveres em "deveres para conosco mesmos e para com outros homens, <e> em perfeitos e imperfeitos" (FMC Ak 421, p. 215;217). O primeiro exemplo é o do suicídio (FMC Ak 421;422, p. 217;219), o segundo o da falsa promessa (FMC Ak 422, p 219;221), o terceiro o dever de aperfeiçoar os próprios talentos (FCM Ak 423, p. 221) e o último referente ao dever de benevolência (cf. FMC Ak, 423, p. 223).

é orientada poderia ser pensada como uma lei universal. A FLU expressa de maneira mais genérica o critério de universalidade, enquanto que a FLN vai um pouco mais além e expressa a noção de que uma máxima deve ser considerada universalizável não ao bel prazer do agente[206], mas deve a lei universal deve ser pensada no mesmo enquadramento de uma lei da natureza, ou seja, como uma lei incondicional e racional.

A segunda formulação do Imperativo Categórico (IC), a Fórmula da Humanidade (FH), é expressa assim: "Age de tal maneira que tomes a humanidade, tanto em tua pessoa, quanto na pessoa de qualquer outro, sempre ao mesmo tempo como fim, nunca meramente como meio"[207]. Essa formulação do Imperativo Categórico demanda que tratemos as outras pessoas sempre como um fim e nunca como um meio. Frequentemente FH é associada com a noção de dignidade humana, uma vez que tratar as outras pessoas como fins e nunca como meios seria o mesmo que respeitar

---

206 Alguém poderia afirmar que do ponto de vista de um *serial killer*, por exemplo, dado sua condição de psicopatia, poderia querer que o ato de matar outras pessoas fosse universalizável, contudo FLN não permite tal conclusão, já que não é racional sob o ponto de vista de uma lei da natureza querer que uma lei moral como "devo matar pessoas inocentes" pudesse ser racionalmente querida como lei universal da natureza, uma vez que se isso fosse possível, estaríamos moralmente obrigados a "matar pessoas inocentes", o que é logicamente absurdo. Alasdair MacIntyre, em *Depois da Virtude* (*After Virtue*), fez uma crítica ao imperativo categórico kantiano dizendo que o princípio de universalidade não seria um critério que necessariamente conduziriam os agentes a ações morais uma vez que poderíamos imaginar um mundo de pessoas egoístas que poderiam facilmente aceitar a universalização de suas práticas egoístas (MACINTYRE, 2001, p. 89-90). Segundo MacIntyre, esse exemplo colocaria em cheque a universalização como critério basilar da moralidade. Contudo, se a FLN for complementar a FLU, essa interpretação de MacIntyre seria equivocada. FLN impede a universalização do querer egoísta porque do ponto de vista de uma lei moral pensada como lei natural, ela seria impossível de ser efetivada como lei prática. Uma lei moral que demandasse agir apenas por interesses egoístas até poderia ser desejada individualmente como lei universal enquanto inclinação subjetiva, mas nunca como lei prática objetiva, pois enquanto lei objetiva ela não poderia ser *querida* de um ponto de vista racional absolutamente desinteressado.

207 FMC Ak 439, p. 243;245.

sua dignidade. Por isso às vezes FH também é identificada como *Fórmula da Dignidade*[208].

E terceira formulação do Imperativo Categórico (IC) é a Fórmula da Autonomia (FA), que se caracteriza pelo princípio: "não fazer nenhuma ação a não ser segundo uma máxima possível de ser uma lei universal, e, portanto, de tal sorte que a vontade possa, mediante sua máxima, se considerar ao mesmo tempo a si mesma como legislando universalmente"[209]. Desse modo a FA diz respeito a capacidade do agente impor a si mesmo a lei moral. FA também, segundo Wood (p. 165), tem uma variante, que é a *Fórmula do Reino dos Fins* (FRF): "Age segundo máximas de um membro universalmente legislador de um reino dos fins meramente possível"[210].

Certamente a discussão sobre a unidade das fórmulas do IC é motivo de debate entre os intérpretes de Kant, mas seguindo Wood, podemos considerar que cada formulação visa apresentar um aspecto distinto do mesmo imperativo, quanto a forma (FLU e FLN), quanto a matéria (FH) e quanto a sua determinação completa (FA e FRF). Como diz Wood: "FLU (FLN) considera o princípio da moralidade apenas sob o ponto de vista de sua forma, enquanto FH considera-o sob o ponto de vista do valor que racionalmente motiva nossa obediência a ele e FA (e FRF) considera-o sob o ponto de vista de sua autoridade"[211]. Assim, para Wood, a FA é a fórmula mais completa do Imperativo Categórico e se identifica com o princípio supremo da moralidade[212]. Segundo Wood, FA contém a explicação mais completa do imperativo categórico, por reunir o conteúdo das demais fórmulas:

---

[208] Roger J. Sullivan (1994, p.30) chama a segunda fórmula do imperativo categórico de "*Fórmula do Respeito pela Dignidade das Pessoas*" (*Formula of Respect of the Dignity of Persons*).

[209] FMC Ak 434, p. 263.

[210] FMC Ak 439, p. 279.

[211] WOOD, 2008a, p. 165.

[212] WOOD, 2008b, p. 66.

> Kant afirma que as três fórmulas também constituem uma progressão de desenvolvimento. Isto sugere fortemente, primeiro, que precisamos de todas as fórmulas para ter uma explicação completa do conteúdo do princípio supremo, e, segundo, que as fórmulas posteriores FH e acima de tudo FA e FRF devem ser consideradas declarações mais completas e adequadas da lei do que a FLU e a FLN.[213]

Se pudermos considerar a interpretação de Wood como correta, ou pelo menos plausível, então podemos dizer que a autonomia se constitui de fato como a expressão definitiva do imperativo categórico e como o princípio supremo da moralidade, ao qual Kant procurou estabelecer na *Fundamentação.* Isso significa que agir moralmente é agir de acordo com máximas que possam ser universalizadas (FLU) e tomadas como se fossem leis universais da natureza (FLN), ao mesmo tempo que consideramos como fim absoluto, ou seja, em sua dignidade, a *humanidade em cada pessoa* (FH), na medida em que tais máximas tenham sua sede e origem na vontade autonomamente legisladora da lei moral (FA) em uma comunidade de seres racionais e autônomos (FRF).

3.2 A CONCEPÇÃO KANTIANA DE AUTONOMIA

Na segunda seção da *Fundamentação da Metafísica dos Costumes,* a autonomia é definida por Kant como "a qualidade da vontade pela qual ela é uma lei para si mesma"[214]. Ao mesmo tempo, na mesma página, Kant também identifica a autonomia como o princípio supremo da moralidade[215]. Inicialmente parece haver certa ambiguidade na concepção de autonomia de Kant, como bem chama atenção Henry Alisson em *Kant's Theory of Freedom*[216].

---

[213] WOOD, 2008b, p. 69.
[214] FMC, Ak 440, p. 285.
[215] Cf. FMC, Ak 440, p. 285.
[216] 1995, p. 94-95.

Allison afirma que tal ambiguidade pode consistir em um problema para a compreensão do que Kant designa por autonomia:

> Parte do problema decorre do fato de que o termo é usado para se referir tanto a um propriedade ou caráter (*Beschaffenheit*) da vontade e a um princípio moral. Além disso, o relato da autonomia como princípio é em si ambíguo, uma vez que Kant trata tanto como a condição suprema da possibilidade do categórico imperativo e como em si uma fórmula para este imperativo.[217]

Naturalmente podemos interrogar se Kant está falando sobre uma mesma autonomia ou se são duas formas de autonomia diferentes e nesse caso se há unidade entre elas. Apesar de haver interpretações diversas sobre a concepção de autonomia de Kant, pode-se entender que Kant se refere a dois aspectos diferentes da autonomia. Como Allison defende, a autonomia enquanto princípio da moralidade só é possível se ela for antes concebida como uma propriedade da vontade[218], entendida como uma forma de causalidade[219] de um ser racional dotado de liberdade.

Embora, na *Fundamentação*, a autonomia apareça antes como uma fórmula do imperativo categórico, segundo Allison, é necessário compreender primeiro em que sentido a autonomia é uma propriedade (*Beschaffenheit*) da vontade (*Wille*). Seguirei a sugestão de Alisson e abordarei primeiro esse aspecto da autonomia.

3.2.1 AUTONOMIA COMO PROPRIEDADE DA VONTADE

Na segunda seção da *Fundamentação*, Kant traz a seguinte definição de autonomia da vontade: "A autonomia da vontade (*Autonomie des Willes*) é a qualidade (*Beschaffenheit*) da vontade *(Wille)*

---

217 ALLISON, 1995, p. 94-95.

218 "[...]a análise de autonomia como propriedade da vontade é claramente a base da análise dela como um princípio." (ALLISON, 1995, p. 95)

219 Cf. FMC Ak 446, p. 347.

pela qual ela é uma lei para si mesma (independentemente de toda a qualidade dos objetos do querer)"[220]. Mas o que isso quer dizer? O que significa dizer que a vontade é uma qualidade (ou propriedade)[221] da autonomia? De certa forma, podemos dizer que se a autonomia é uma qualidade característica da vontade, pela qual ela é capaz de ser uma lei para si mesma, ou seja, é capaz de autolegislação. A vontade teria essa capacidade de autodeterminação, independente de causas externas à própria vontade. Segundo Allison, "a ideia de tal capacidade de autodeterminação é uma característica inerente a autonomia concebida como propriedade da vontade."[222] Allison afirma que

> [...] atribuir a propriedade da autonomia à vontade é atribuir-lhe a capacidade de ser movida para a ação por uma regra de ação (princípio prático) que não faz referência às necessidades de um agente ou interesses como um ser sensível.[223]

Em outras palavras, a autonomia é a propriedade da vontade que lhe dá a capacidade de impor a lei moral. Para Allison, a autonomia da vontade cumpre a função de motivar ação moral à luz do imperativo categórico[224]. Essa função, no entanto, é melhor compreendida em contraste com a heteronomia da vontade. Logo após apresentar a definição de autonomia como propriedade da vontade, Kant se refere à heteronomia da vontade:

---

220 FMC, AK 440, p. 285.

221 O termo alemão *Beschaffenheit* pode ser traduzido tanto como "natureza", "constituição", "qualidade", entre outras. No inglês, por vezes se traduz como "caracter" ou "propriety". Guido Antônio de Almeida traduz *Beschaffenheit* por "qualidade", mas em algumas traduções encontramos o termo "propriedade". Allison usa mais frequentemente o termo "property", mas também "caracter". Apesar de poder haver diferenças entre os termos, utilizarei os temos "propriedade", "qualidade" ou "característica" como termos sinônimos.

222 ALLISON, 2003, p. 136.

223 ALLISON, 1995, p. 98.

224 Cf. ALLISON, 2003, p. 135.

> Se a vontade busca a lei que deve determiná-la em qualquer outro lugar que não seja na aptidão de suas máximas para uma legislação universal própria, por conseguinte, se indo além de si mesma, vai buscá-la na qualidade de qualquer um de seus objetos, o resultado será sempre heteronomia. Não é a vontade ela mesma que se dá, então, a lei, mas é o objetivo que dá a lei à vontade por sua relação com esta. Essa relação quer se baseie na inclinação, quer em representações da razão, faz com que só sejam possíveis imperativos hipotéticos: devo fazer algo, porque quero alguma outra coisa. Ao contrário, o imperativo moral, logo categórico, diz: devo agir de qualquer modo, mesmo que eu não queira uma outra coisa.[225]

A heteronomia da vontade, segundo a caracterização de Kant, diz respeito a esse condicionamento da vontade a ser determinada por algo que está "além de si mesma", ou seja, pelos objetos de um querer desejante. Quando decidimos agir, a ação visa um estado de coisas, mas este estado de coisas não pode ser, em última instância, a origem ou causa determinante da vontade para que ela seja autônoma, a menos que este estado de coisas seja o cumprimento do dever *per si*. Isso porque se o objetivo de minha ação for a realização deste estado de coisas então estaria agindo sob o comando de imperativos hipotéticos e não categóricos. Por isso Kant associa a ação segundo imperativos hipotéticos à heteronomia da vontade. É nesse sentido que Kant fala, na passagem acima referida, que uma vontade baseada em "representações da razão" não é suficiente para preservar sua autonomia. Se a vontade é determinada por inclinações ela não pode ser categórica, já que a motivação não é o respeito pelo dever em si.

Allison afirma que "Kant considera entre a autonomia e a heteronomia uma disjunção inteiramente inclusiva e mutuamente

---

[225] FMC Ak 441, p. 287-289.

exclusiva"[226], o que significa que ou uma vontade é autônoma ou heterônoma, não há meio termo. Allison explica:

> Trata-se mais precisamente de uma disjunção de modelos ou de concepções de vontade. Ou consideramos que a vontade dá a si mesma a sua lei (independentemente de todos os interesses oriundos de um indivíduo considerado como ser sensível), caso em que a vontade é autônoma, ou então consideramos que é necessário que a vontade seja condicionada por algum interesse ou objeto anterior, que lhe impõe uma lei, caso em que a vontade é heterônoma. A estratégia de Kant consiste em afirmar que toda a ação fundada sobre o imperativo categórico só é possível pela autonomia da vontade, e não pela heteronomia. Supondo que a moralidade exige que a ação seja fundada sobre o imperativo categórico, a autonomia é o princípio supremo da moralidade, no sentido de que é a condição necessária para tornar a moralidade possível.[227]

Em última instância, quando a vontade tem em si mesma o seu princípio de determinação, quando ela não é determinada pelas inclinações sensíveis e nenhum outro tipo de estímulo ou princípio externo a ela mesma, quando ela encontra apenas em seu interior a origem da ação, ela é autônoma. Mas quando a vontade se deixa afetar por razões externas e não é mais o princípio causal da ação, ela se vê como uma vontade heterônoma. Desse modo "ao contrário da maioria concepções atuais de autonomia, a de Kant é uma questão de tudo ou nada: ou a vontade tem ou não tem."[228] Isso significa que a concepção de autonomia da vontade de Kant não admite um meio termo entre autonomia e heteronomia. Não há uma possibilidade de uma concepção híbrida que unisse autonomia e heteronomia, portanto, segundo a interpretação

---

[226] ALLISON, 2003, p. 135.
[227] Ibid.
[228] ALLISON, 2012, p. 146.

de Allison. A visão contemporânea de autonomia admite que podemos agir de modo parcialmente autônomo, mas parece que a concepção de Kant não permite que isso ocorra.

Para Allison, é a concepção de liberdade negativa, como ausência de determinação alheia (liberdade como *espontaneidade*) que permitiria "brotar" a liberdade positiva como autonomia da vontade[229]. Desse modo a liberdade negativa prepara as condições para a liberdade positiva, ou seja, para a autonomia[230]. Ora, se a liberdade positiva é uma forma de causalidade independente do mundo natural, e se causalidade diz respeito a agir segundo leis, então necessariamente precisamos admitir a existência das leis da liberdade. Ora, essas são as leis morais. Liberdade e moralidade aqui são conceitos recíprocos. Ser um agente autônomo, portanto, pressupõe essa capacidade de se autodeterminar a partir das leis da liberdade, que por sua vez se identificam com leis da razão. Um ser dotado de razão prática, ou seja, de uma vontade, age segundo a representação de leis da razão como forma de autodeterminação. É exatamente por isso que um ser autônomo precisa equacionar sua vontade com o dever moral.

Essa vontade livre é a vontade autônoma, portanto. A autonomia é uma propriedade da vontade na medida em que ela possibilita a autolegislação. Uma vontade heterônoma por sua vez, é uma vontade que se submete às inclinações. Contudo, de acordo com Allison:

> [...] a característica definidora da autonomia não é a independência da determinação causal pelas necessidades de alguém como um ser sensível (uma vez que tal independência pertence

---

229 Cf. ALLISON, 1995, p. 95.

230 Segundo Thomas Hill Jr (2013, p. 17), a noção de "autonomia da vontade é inseparável da liberdade concebida negativamente", sendo este inclusive "um aspecto de nossa auto-concepção" ao nos colocarmos a pergunta "o que devo fazer"? Segundo Hill: "Kant argumenta novamente que qualquer vontade racional com autonomia tem a lei moral como sua base fundamental padrão e que esta liberdade positiva é inseparável da liberdade concebida negativamente, mas agora a necessidade de conceber a nós mesmos como livre é inferido a partir de nossa consciência de obrigação moral" (HILL, 2013, p. 17)

> ao próprio conceito de um *arbitro liberum*). Nem é uma liberdade total dessas necessidades (uma vez que apenas uma vontade divina ou santa é considerada livre dessas necessidades). É antes uma independência motivacional, isto é, uma capacidade de autodeterminação independente e até contrária a essas necessidades. Positivamente expressa, uma vontade com a propriedade da autonomia é aquela para a qual existem (ou podem existir) razões para agir que são logicamente independentes das necessidades do agente como um ser sensível.[231]

Ou seja, o que define a autonomia da vontade não é simplesmente a independência da causalidade natural, o que configuraria a liberdade negativa (a espontaneidade) como autonomia. Mas é a liberdade positiva que caracteriza a autonomia da vontade. A cláusula colocada por Kant de que uma vontade autônoma é aquela que dá a si mesma a lei "independentemente de toda a qualidade dos objetos do querer", diz respeito, segundo Allison, à "independência motivacional", o que significa que agir de modo autônomo é agir independentemente de nossas inclinações, ou seja, "independentes das necessidades do agente como um ser sensível".

3.2.2 AUTONOMIA COMO PRINCÍPIO DA MORALIDADE

Como Alisson sugere, Kant compreende a autonomia como propriedade da vontade - a capacidade de dar-se a si mesma a lei moral -, mas também encara a autonomia como princípio da moralidade. "O princípio da autonomia é, portanto: não escolher de outro modo senão de tal modo que as máximas de sua vontade também estejam compreendidas ao mesmo tempo como lei universal no mesmo querer"[232], enfatiza Kant. Encarar a autonomia como princípio significa ao mesmo tempo concebê-la como a base

---

[231] ALLISON, 1995, p. 97.
[232] FMC Ak 440 p. 285.

da moralidade, pela qual ela é possível, como também vincular a vontade autônoma à lei universal.

Como observa Allison: "Kant considera a autonomia como o princípio de moralidade não apenas no sentido de ser condição necessária de sua possibilidade mas também no sentido de ser uma das fórmulas do imperativo categórico"[233]. Assim não poderíamos compreender completamente a autonomia sem associá-la ao imperativo categórico. Por isso a autonomia precisa ser compreendida "como um princípio ético de primeira ordem"[234], ou seja, autonomia é a condição de possibilidade última de qualquer outro princípio da moralidade. Se a autonomia da vontade não for possível, o imperativo categórico também não é possível.

De acordo com Allison:

> Kant concretiza essa concepção abstrata de autonomia e vincula-a diretamente ao imperativo categórico, pondo-a em relação com a ideia de uma vontade universalmente legisladora (que lembra a vontade geral de Rousseau). Já que estabelecer uma lei universal por sua própria vontade é adotar máximas que são válidas para nós apenas por que elas o são para todos os outros agentes racionais, é evidente que tal capacidade pressupõe a autonomia. É assim que Kant vai assimilar o princípio da autonomia a uma das formas do imperativo categórico.[235]

A autonomia está intimamente ligada ao Imperativo Categórico, na medida em que ela é condição de possibilidade para a existência do mesmo, já que sem a possibilidade da vontade dar-se a si mesma a lei moral só seria possível um imperativo hipotético e toda moralidade se reduziria à heteronomia. Segundo Allison, a tese que Kant procura defender é a de que somente uma vontade com autonomia seria capaz de agir com base no Imperativo

233 Ibid., p. 105.
234 ALLISON, 1995, p. 98.
235 Ibid., p. 136.

Categórico. Uma "vontade" que não tivesse a propriedade da autonomia não poderia agir com base no IC, pois não seria capaz de impor a si mesma a lei moral e agir de forma autodeterminada.

Um agente autônomo, portanto, é aquele que possui uma vontade e age segundo máximas que passam no escrutínio do imperativo categórico. Por isso Kant define o princípio da autonomia como "não escolher de outro modo senão de tal modo que as máximas de sua vontade também estejam compreendidas ao mesmo tempo como lei universal no mesmo querer"[236]. Em suma, agir de maneira plenamente autônoma é agir segundo o Imperativo Categórico.

Ademais, como chama atenção Allison, Kant também expressa a autonomia como uma fórmula do imperativo categórico, a Fórmula da Autonomia (FA). Assim, segundo Allison, a autonomia é condição da possibilidade do imperativo, mas também o conteúdo do que é comandado. Tal ambiguidade poderia parecer uma confusão da parte de Kant, mas, para Alisson não se trata disso:

> [...] a autonomia é o princípio da moralidade não apenas no sentido de que é a condição de possibilidade do imperativo categórico, mas também no sentido de que ela é comandada por esse imperativo (sob uma de suas formas). Contudo, tal resultado não é realmente surpreendente e não indica nenhuma confusão da parte de Kant, já que o imperativo não exige outra coisa senão a capacidade de agir de uma maneira madura à luz da ideia, segundo a qual a vontade é uma lei por ela mesma.[237]

A Fórmula da Autonomia expressa, portanto, o comando que a própria vontade dá a si mesma. A autonomia é um princípio da moralidade na medida em que possibilita a moralidade mas também por expressar aquilo que é de mais valioso no imperativo categórico, a saber, a capacidade de legislar a si mesma. Allison sintetiza autonomia da seguinte forma:

---

236 FMC Ak 440 p. 285.

237 ALLISON, 2003, p. 136.

> O ponto essencial é simplesmente que a autonomia é uma propriedade da vontade que deve ser pressuposta, para que seja possível conceber uma ação com base em um imperativo categórico e uma expressão do que esse imperativo exige. Isto porque o que esse imperativo exige é apenas agir de maneira reflexiva à luz da propriedade que a vontade tem de ser uma lei para si mesma. Além disso, é precisamente a concepção da vontade como impondo a lei universal através de suas máximas que a traz à tona e, portanto, deixa claro por que a autonomia como propriedade é necessária. Assim, não é surpreendente nem inapropriado que Kant introduza sua concepção revolucionária de autonomia como propriedade da vontade por meio dessa fórmula.[238]

Parece que necessariamente a autonomia como a propriedade da vontade automaticamente se institui também como princípio da moralidade e, como consequência, se expressa como fórmula do imperativo categórico. É exatamente por essa razão que a autonomia é o princípio supremo da moralidade[239]. Por isso Kant, na *Crítica da Razão Prática,* afirma de forma contundente: "A autonomia da vontade é o único princípio de todas as leis morais

---

[238] ALLISON, 1995, p. 105-106.

[239] Para Wood a FA é a que expressa melhor o imperativo categórico trazendo tanto a forma da lei, quanto sua matéria, além da determinação total. Wood considera que a autonomia é o princípio supremo da moralidade (Cf. Wood, 2008b, p. 66), divergindo assim de outros intérpretes que consideram a FLU (ou FLN) do IC como sua expressão máxima. Esse parece ser o caso de Höffe e Schneewind, ao identificarem a FLU como a expressão mais básica do IC. Höffe (2003) não menciona a autonomia como uma fórmula do IC, mas apenas como o condicionante do IC. De modo semelhante, Schneewind parece sugerir que Kant defende FLU é a formulação mais básica do IC e que as demais fórmulas não trazem nenhum conteúdo diferente da primeira (Cf. Schneewind, 2009, p. 387-388). Wood defende que FLU (e sua variante FLN) é apenas uma formulação provisória do IC e que Kant progride nas formulações até chegar na FA (e FRF), no qual sugere que esta é formulação completa do IC. Allison defende que FA "não acrescenta nada a outras fórmulas por meio da especificação adicional dos critérios da ação obediente, mas caracteriza a ideia reguladora sob a qual os agentes racionais devem agir" (ALLISON, 1995, p. 106).

e dos deveres conforme a elas."[240] Em contrapartida, a heteronomia como princípio "não só não funda obrigação alguma, mas antes, contraria o princípio da mesma e da moralidade da vontade"[241].

3.2.3 AUTONOMIA ANTES E DEPOIS DE KANT

Etimologicamente a palavra autonomia significa *lei para si mesma* (do grego, *auto* = si mesmo, *nomos* = lei). A palavra autonomia era utilizada no contexto político na Grécia antiga "para significar a independência ou autodeterminação de um Estado"[242]. No contexto da modernidade, antes de Kant, a palavra *autonomia* ainda tinha predominantemente uma conotação política. Kant teria transformado a noção de autonomia em sentido político, especialmente aquele utilizado por Rousseau, para um sentido moral, incorporando-o em sua concepção de moralidade[243]. Embora Rousseau não tenha utilizado especificamente o termo "autonomia", o sentido que ele dá para a liberdade política é semelhante àquele que Kant atribui à liberdade no contexto moral. Para Rousseau os sujeitos são livres, politicamente, na medida em que obedecem a lei que eles mesmos impuseram a si mesmos[244]. Obedecer uma lei que nós mesmos legislamos é o que significa ser livre. Enquanto obedecemos a lei somos súditos, mas na medida que nós mesmos decidimos livremente pela lei, somos soberanos[245].

Esse sentido de liberdade como uma obediência de uma lei autoimposta foi incorporado por Kant em sua teoria ética e transformado na noção de autonomia moral. Como já foi mencionado, Schneewind enfatiza que houve um longo caminho histórico de

---

240 CRPr A 59, p. 53.
241 CRPr A 59, p. 53.
242 ALLISON, 2003, p.134.
243 Cf. ALLISON, p. 2003, 135; HILL, 2013, p. 21; SCHNEEWIND, 2009. p. 377-378;379.
244 Cf. ROUSSEAU, *Do contrato social*, I, VIII, 1999, p.26.
245 Cf. Ibid., I, VI, p. 22-23.

desenvolvimento de ideias filosóficas até chegar na concepção kantiana da autonomia moral[246]. Embora Kant não seja o único filósofo moderno a influenciar as concepções de autonomia contemporânea, normalmente ele é creditado como uma das principais influências, junto de John Stuart Mill.[247]

Na filosofia contemporânea, aos poucos a noção de autonomia foi tomando forma e sendo incorporada tanto na filosofia moral quanto na filosofia política.[248] Entretanto, conforme aponta Thomas Hill[249], há diferenças importantes entre a concepção de autonomia de Kant e as ideias contemporâneas de autonomia. Na filosofia contemporânea a noção de autonomia frequentemente aparece como "um direito moral de tomar as próprias decisões ou como um ideal psicológico de pensamento independente e autocontrole racional"[250]. A autonomia kantiana, por sua vez é, antes disso, vista como uma "pressuposição necessária de toda a moralidade"[251]. Segundo Thomas Hill, a autonomia kantiana é "abstrata, fundacional, normativa e uma chave para a racionalidade e o compromisso moral"[252]

Hill identifica três concepções comuns de autonomia utilizadas frequentemente nas discussões contemporâneas, principalmente em ética aplicada. A primeira delas consiste em identificar a autonomia

[246] Schneewind (2005, p. 527) afirma que a noção de autonomia de maneira rudimentar pode ser rastreada pelo menos até os escritos de São Paulo.

[247] Em *On Liberty*, Mill (2003, p. 81,) afirma que "no aspecto que diz respeito apenas a si mesmo, sua independência é, por direito, absoluta. Sobre si mesmo, seu próprio corpo e sua mente, o indivíduo é soberano". Embora Mill não tenha usado a expressão "autonomia" nessa obra, sua visão de liberdade e de individualidade influenciou consideravelmente a visão liberal e o que entendemos por autonomia hoje (Cf. CHRISTMAN, 2018; BEAUCHAMP e CHILDRES, 2013, p. 143).

[248] Para uma exposição mais detalhada acerca das diferentes visões de autonomia, ver: DWORKIN, Gerald. *The Theory and Practice of Autonomy*, 1988. Ver também: FEINBERG, Joel. *Harm to Self: The moral limits of the criminal law.* 1986, p. 27-51; ou ainda: CHRISTMAN, *Autonomy in Moral and Political Philosophy*, 2018.

[249] HILL, 2013, p. 15-31.

[250] Ibid., p. 15.

[251] Ibid.

[252] Ibid.

como um *direito* de tomada de decisões[253]. A autonomia seria um direito no sentido de ser uma reivindicação que os sujeitos que são considerados capazes da autonomia possuem ao tomar decisões sem a interferência de terceiros. Esse é um sentido bastante difundido e presente nas discussões contemporâneas em ética prática, bioética e teoria política.

O segundo sentido é a interpretação da autonomia como uma "*capacidade e disposição*" de tomar decisões refletidas a independentes sobre a própria vida[254]. Esse é evidentemente um sentido mais amplo de autonomia, mas frequentemente é visto como algo valioso, uma capacidade que deve ser respeitada incondicionalmente. É válido mencionar que há uma conexão importante entre esses dois sentidos de autonomia e o princípio de autonomia de consentimento em bioética.

O terceiro sentido de autonomia está ligado com ter *controle* sobre a própria vida.[255] Ter autonomia significaria estar no controle da própria existência e isso envolveria uma "gama de substancial de atividades e relações com os outros"[256]. Ter esse tipo de autonomia envolveria estar no controle de uma área específica da vida e não simplesmente numa capacidade subjetiva de tomar decisões. Dizemos que um sujeito é autônomo, nesse sentido, quando ele é capaz de gerir sua própria vida, seja em um quesito específico, como o profissional por exemplo, ou na sua vida como um todo.

No entanto, nenhum desses sentidos engloba completamente a visão de autonomia kantiana. Para Hill:

> [...] é importante distinguir essas concepções práticas (ou aspectos) de autonomia da autonomia kantiana. No projeto fundacional de Kant, argumentos *a priori* devem estabelecer que a autonomia, como propriedade concebida abstratamente,

---

253 HILL, 2013, p. 24.
254 Ibid.
255 Ibid.
256 Ibid.

> deve ser necessariamente atribuída à vontade de todo agente moral, porque é uma condição prévia da obrigação moral. [...] A autonomia kantiana também não é um *direito*, mas uma característica da ação moral pressuposta por todos os deveres de direito e virtude. A autonomia, portanto, é distinta de todas as concepções comuns identificadas anteriormente - um direito moral de tomar suas próprias decisões, uma capacidade e disposição (em vários graus) de pensar e decidir por si mesmo, e um grau significativo de poder para controlar eventos na vida de alguém.[257]

Ou seja, segundo Hill, a visão de autonomia kantiana não é completamente redutível meramente a uma concepção não moral de autonomia. Em outras palavras, a autonomia kantiana não é equivalente à uma visão de autonomia moralmente neutra ou imoral (ao menos em relação à normatividade do imperativo categórico).

Outra diferença importante a observar, de acordo com Onora O'Neill[258], é que embora grande parte das teorias morais e políticas contemporâneas considerem a autonomia um elemento importante e seus teóricos se digam seguidores de Kant, para ela, a maioria possui uma concepção de autonomia divergente daquela elaborada por Kant. A começar pelo fato de que grande parte das teorias da ação contemporâneas que dão sustentação para as filosofias políticas e morais desses autores, são teorias amplamente empíricas[259]. O empirismo subjacente dessas teorias já seria uma razão inicial para detectar algumas discordâncias em relação à visão de Kant. Mesmo alguns filósofos que se consideram kantianos não estariam dispostos a aceitar alguns pressupostos metafísicos da concepção de autonomia e de agência kantianas.

---

257 HILL, 2013, p. 26.

258 O'NEILL, 1989, p. 66.

259 Por isso, O'NEILL (1989, p. 66) considera que é Mill e não Kant a principal fonte da maioria das concepções contemporâneas de autonomia.

Além disso, para O'Neill, em grande parte das teorias contemporâneas, a concepção de autonomia está ligada à noção de agir conforme desejos ou preferências pessoais. Tais desejos e preferências, nessa concepção de agência, teriam o caráter "intrinsecamente arbitrário"[260], na medida em que sua fonte básica é claramente a subjetividade do agente. Além disso, a agência autônoma nesse tipo de teoria não implica agência moral, necessariamente. Podemos considerar que um indivíduo é autônomo mesmo que suas escolhas não sejam morais ou dentro de um padrão moral. Aliás, o uso do termo autonomia em muitos contextos não morais é frequente, e de acordo com tais concepções contemporâneas, perfeitamente cabível.[261] Além disso, nessas teorias está em jogo um tipo de racionalidade prática predominantemente *instrumental*[262]. Desse modo, agentes autônomos seriam aqueles que são capazes de articular a razão em busca dos fins desejados. A razão é utilizada apenas para definir os meios, mas os fins são definidos de acordo com os desejos e preferências do agente. "Autonomia é vista como uma disposição ou capacidade de buscar preferências"[263], afirma O'Neill. Mas o uso instrumental da razão apenas pode fundamentar imperativos hipotéticos, que são a base da heteronomia moral e não imperativos categóricos, que são a base da autonomia moral. Essa instrumentalidade da razão não é equivalente ao uso *puro* da razão que fundamenta a moralidade e a agência autônoma na perspectiva kantiana. Na moralidade kantiana a razão determina tanto os meios quanto os fins da ação.

Portanto, há diferenças importantes entre a autonomia kantiana e a autonomia individual contemporânea. Longe de tentar apresentar todas as diferenças da abordagem da autonomia kantiana

---

[260] Ibid.

[261] Um exemplo bastante comum é a autonomia de consentimento. Consideramos que estamos respeitando a autonomia de um paciente se agimos de acordo com seus desejos ou preferências.

[262] Cf. O'NEILL, p. 1989.

[263] O'NEILL, 1989, p. 66.

com outras concepções de autonomia, podemos elencar algumas características marcantes.

A autonomia contemporânea tende a se concentrar no indivíduo e possui uma inspiração empirista e não está necessariamente vinculada à moralidade. A autonomia contemporânea se concentra na sua capacidade de agir de acordo com suas preferências ou desejos, sem levar necessariamente em conta obrigações morais[264]. A autonomia kantiana, entretanto, está por deveras vinculada à prática moral.

A concepção de autonomia de Kant, como salienta Hill, não pode ser reduzida simplesmente a um direito, uma capacidade de tomar decisões arbitrárias (em sentido não moral) ou uma capacidade psicológica de autocontrole. Esses são sentidos mais amplos de autonomia e são "moralmente neutros"[265]. O que significa

---

264 Essa afirmação é passível de objeção, uma vez que há teorias da ação moral que possuem uma interpretação de inspiração empirista – ou não kantiana – de autonomia que estão vinculadas à um tipo de compreensão da moralidade, ainda que não necessariamente equivalentes a concepção de moralidade kantiana. Um exemplo é a visão de autonomia de Harry Frankfurt. Para Frankfurt, um agente é livre e autônomo se ele possui o que ele chamou de *vontade de segunda ordem* e se suas ações estão de acordo com ela. Agir de acordo com preferências ou desejos de primeira ordem, ou seja, desejos imediatos (o que eu efetivamente *quero*) não implica necessariamente em uma ação autônoma ou livre. Mas submeter tais desejos à sua vontade de segunda ordem (o que eu *"quero querer"*) implica em ser livre e autônomo. A vontade de segunda ordem se identifica ou tem origem nos valores que um indivíduo possui ou aspira. Esses valores podem ser morais, como princípios de justiça, solidariedade, compaixão, etc. Nesse caso, quando um indivíduo age de acordo com desejos que se opõem aos seus valores, ele age contra sua vontade de segunda ordem (isto é, ele faz o que *quer*, mas não faz aquilo que *"quer querer"* fazer). Portanto, há uma relação entre ser autônomo e ter valores morais na teoria de Frankfurt. (Ver: Frankfurt, 1971, *Freedom of the will and the concept of a person*, p. 5-20.) Assim, talvez seja equivocado generalizar que todas as concepções contemporâneas não possuam vínculo estreito entre autonomia e moralidade. O que se quer afirmar aqui é que a autonomia nessas teorias não tem o mesmo vínculo com o tipo de moralidade deontológica baseado nos procedimentos do imperativo categórico kantiano.

265 A afirmação "moralmente neutros" exige uma explicação. Certamente em algumas concepções de autonomia não se pode afirmar tal neutralidade. Além disso, outras concepções de autonomia não necessariamente compartilham a visão moral kantiana. Uma visão de autonomia inspirada no utilitarismo de Mill pode muito bem compartilhar a visão utilitarista da moralidade. Nesse caso,

que numa visão mais ampla e menos rígida de autonomia, como parece ser comum em algumas concepções contemporâneas, um agente é autônomo se ele é capaz de tomar decisões de acordo com suas preferências ou desejos, mesmo que elas impliquem em ações que não estão de acordo com o que a moralidade requer – ou, na linguagem kantiana, conforme aquilo que o Imperativo Categórico exige. Na perspectiva kantiana, contudo, a autonomia implica necessariamente uma ação que se enquadre com o dever moral segundo o IC. Portanto, uma autonomia baseada em preferências pessoais não está de acordo com a visão kantiana, como também salienta O'Neill.

Mas se a autonomia kantiana é uma questão de "tudo ou nada"[266], como afirma Allison – isto é, se ela implica em uma disjunção em relação à heteronomia – então, segue-se que ou um agente age autonomamente ou age heteronomamente[267]. Em

---

em uma perspectiva utilitarista, agir autonomamente de acordo com interesses e preferências não se enquadra como uma ação moralmente neutra, desde que seus efeitos promovam o bem estar comum. (Vide também a nota anterior sobre a concepção de autonomia de Frankfurt). Entretanto, quando me refiro ao "moralmente neutro" remeto-me à perspectiva kantiana da moralidade, para quem há uma relação entre ser autônomo e agir moralmente. Além disso pode ser problemático o uso dos termos "neutro" e "neutralidade". Será que podemos falar em ações moralmente neutras? Em todo caso, para Kant há certas ações que não possuem valor moral e ações que não estão dentro do escopo da moralidade (ações amorais). Embora esse seja um ponto controverso, mantenho o uso do termo "neutro" para me referir à uma visão de autonomia que não tem um compromisso vinculativo profundo com a exigência de agir moralmente. Em outras palavras, me refiro às concepções de autonomia em que agir moralmente (seja qual for a concepção de moralidade) não seria uma condição necessária para ser considerado um agente autônomo.

266 ALLISSON, 2012, p. 146.

267 Nesse caso não quer necessariamente dizer que um agente que age heteronomamente age de maneira necessariamente imoral. Na verdade, um agente pode agir em conformidade com a lei moral, mas sua ação não tem *valor moral*, segundo Kant (FMC Ak 406-407, p.161;163). Nesse caso, a sua ação se enquadra externamente com as exigências da moralidade, mas subjetivamente o agente não aderiu ao dever *por respeito* à lei. Esse é o núcleo da distinção kantiana entre moralidade e legalidade (CRPr, A127, p. 102; MC 214, p. 20). Assim, uma ação heterônoma pode ser *amoral*, se não houver *valor moral* algum, ou pode ser *imoral*, caso um agente decida agir de maneira contrária ao dever. Na perspectiva

concepções mais largas de autonomia, um agente pode fazer escolhas e decidir "autonomamente" – ou seja, sem interferência de terceiros e conforme suas preferências e desejos pessoais –, agindo racionalmente de maneira *instrumental* (ou até *prudencial*), isto é, conforme imperativos hipotéticos (faço x para alcançar y). A ação de tal sujeito, nessa concepção mais larga (e não kantiana) de autonomia (e moralmente "neutra"), não deixa de ser racional e não é vista como heterônoma porque a origem da motivação da ação está no sujeito que age. A diferença em relação à perspectiva kantiana é que para Kant não basta que a origem da motivação esteja no sujeito – isto é, não basta que seja uma ação motivada por um desejo identificado como "meu" (originado no "eu" do sujeito) mesmo que sejam dadas "justificativas" para as ações, por mais que sejam "instrumentalmente" racionais –, mas ela (a ação) precisa ter origem na própria lei moral que é escolhida *desinteressadamente* (em relação aos seus desejos, preferências ou inclinações) pelo sujeito, simplesmente por *respeito* a ela (lei). Isso significa que para Kant uma ação autônoma é aquela que é *causada* pela própria lei moral através do sentimento de respeito ao dever que é impresso na consciência moral do agente[268]. É por isso que a visão de autonomia de Kant é mais exigente do que as demais concepções de autonomia.

Sendo assim, podemos assumir que a visão de autonomia kantiana é mais restrita e mais rígida (ou mais robusta) do que concepções de autonomia que se baseiam apenas em preferências do sujeito. A autonomia kantiana exigiria um enquadramento moral segundo os preceitos da moralidade. Se isso está correto, que implicações essa diferença tem sobre quais agentes possuem autonomia? Parece correto concluir que se a autonomia kantiana

---

kantiana, a heteronomia diz respeito mais a origem da motivação moral que é externa à vontade como tal (isto é, encontra sua determinação fora de si mesma), do que propriamente ao cumprimento efetivo de um dever externamente.

[268] Ver a longa argumentação de Kant no terceiro capítulo do primeiro livro da *Crítica da Razão Prática*, cujo título é *"Dos móbiles da razão prática pura"* (CRPr, A127-A191, p.102-141).

exige moralmente mais dos agentes do que outras concepções menos rígidas, então na visão de Kant ter racionalidade é ainda mais indispensável para ser autônomo. Se isso está correto, então é ainda mais difícil concluir que todos seres humanos podem ser tomados como agentes autônomos. Uma vez que há um vínculo entre autonomia e dignidade, parece que a noção robusta de autonomia de Kant seria menos inclusiva do que outras concepções de autonomia contemporâneas baseadas em preferências dos sujeitos. Qual a implicação dessa conclusão para a visão de status moral e dignidade para a ética kantiana?

* * *

Antes de tentarmos dar uma resposta a este problema é importante compreender o que Kant entende por dignidade e qual seu vínculo com a autonomia e a personalidade moral. É o que a próxima seção tratará.

3.3 A DIGNIDADE KANTIANA ENTRE A PERSONALIDADE E A HUMANIDADE

O conceito de dignidade está presente em muitos escritos de Kant.[269] Além da *Fundamentação,* onde aparecem 17 vezes, a palavra dignidade é usada com destaque na *Religião nos Limites da Simples Razão* (11 vezes) e em *Sobre a Pedagogia* (10 vezes), mas principalmente na Doutrina da Virtude da *Metafísica dos Costumes* (21 vezes).[270] Mesmo em outros escritos não éticos, como na *Crítica da Razão Pura,* encontramos o termo "dignidade", embora não exatamente com a mesma conotação.

---

[269] De acordo com Sensen (2009, p. 318), Kant usou 111 vezes a palavra dignidade em 18 escritos diferentes.

[270] Cf. SENSEN, 2009, p. 318.

As diversas ocorrências do termo "dignidade" já indicam que o conceito tem uma importância considerável na filosofia kantiana, especialmente em seus escritos morais e antropológicos. Contudo, nem sempre a palavra "dignidade" ou "digno" aparece com o mesmo sentido ou significado. Em alguns momentos Kant usa a palavra dignidade para se referir a um comportamento socialmente considerado digno, ou a um atributo político. Mas em que sentido a autonomia fundamenta a dignidade?

Para compreender que tipo de vínculo há entre dignidade e autonomia é necessário compreender qual é a visão de dignidade de Kant. Passaremos a examinar algumas passagens importantes dos escritos éticos de Kant, procurando interpretar como ele concebe a dignidade e como isso está diretamente ligado com a sua concepção de autonomia e moralidade.

3.3.1 A DIGNIDADE COMO VALOR INCONDICIONAL E INCOMPARÁVEL

Na filosofia moral kantiana, a concepção de dignidade assume um papel central[271] e está ligada a muitos outros conceitos que Kant desenvolve ao longo de sua obra. Um destes conceitos é o de *valor*. A palavra 'dignidade' deriva do latim *dignitas* (no inglês, *dignity*) e tem sua correspondente no alemão, *Würde*. O termo *Würde*, segundo Michael Rosen "guarda estreita relação com etimológica com *Wert*, vocábulo empregado para designar 'mérito' ou 'valor'"[272]. Além disso, a forma adjetiva de *Würde* é *Würdig* e "tanto pode significar 'valioso' ou 'merecedor' – como em 'merecedor de recompensas' – quanto 'digno'"[273].

---

271 Cf. HILL, 2014, p. 215.
272 ROSEN, 2015, p.38.
273 Ibid.

Na *Fundamentação,* o conceito de dignidade (*Würde*) está estreitamente relacionado com a ideia de valor (*Wert*)[274]. "A filosofia do valor de Kant está estruturada em torno de uma distinção entre valor absoluto e relativo, a qual, por sua vez, é determinada por outra distinção entre fins e meios"[275]. Isso significa que se algo tem valor relativo é em virtude de ser um *meio* pelo qual atingimos outro *fim*, ou seja, não tem valor em si mesmo. Uma coisa que depende de outra para que possamos atribuir seu valor, é um meio para um fim diferente dela mesma. Por isso seu valor é relativo. Tudo aquilo que de algum modo pode ser útil, serve como um meio e, portanto, tem um valor relativo. Por sua vez, o valor absoluto diz respeito a tudo aquilo que pode ser um fim em si mesmo, ou seja, algo que não depende de nada para constituir o seu valor[276]. O valor absoluto é também um "valor incondicional, incomparável"[277] e intrínseco.

---

[274] Conforme Rosen (2015, p. 38), Kant emprega 16 vezes o termo *Würde* (dignidade) ao longo da *Fundamentação*. Segundo Rosen, há um diferença entre três empregos que Kant faz dessa palavra, sendo um sentido mais forte "como um valor 'íntimo' e 'incondicional'", algo que é atribuído apenas à moralidade propriamente dita (e só secundariamente, por correspondência atribuídas à seres racionais em virtude de serem capazes da moralidade), um sentido que está relacionado com o conceito estético de "sublimidade" e um terceiro sentido mais fraco como atributo do "comportamento digno' (cf. Rosen, 2015, p. 39-46). Certamente o sentido mais forte é o mais importante nesse primeiro momento para tentar se aproximar da concepção de Kant de dignidade, embora demais sentidos possam lançar luz sobre o sentido de "valor incondicional" como é estabelecido na *Fundamentação*.

[275] Cf. CAYGILL, 2000, p. 315.

[276] Segundo Caygill (2000, p. 316): "Qualquer coisa ou ação que seja um meio para um fim possui um valor relativo a esse fim; assim, por exemplo, as virtudes tradicionais como coragem, determinação e perseverança só recebem seu valor a respeito dos fins a que servem. Se o fim é bom, então os meios são bons em relação a ele; se os fins são maus, então os meios são maus. As únicas coisas que são boas em si mesmas e, portanto, de valor absoluto, são uma vontade boa e uma pessoa." De fato, o valor absoluto da boa vontade é afirmado já no início da *Fundamentação*: "Não há nada em lugar algum, no mundo e até mesmo fora dele, que se possa pensar como sendo irrestritamente bom, a não ser tão somente uma boa vontade." (FMC, Ak 393, p. 101).

[277] FMC Ak 436, p. 269.

Ora, essa noção de valor absoluto identifica-se com o conceito de dignidade. Uma das passagens mais conhecidas da *Fundamentação*, que retrata esse aspecto da dignidade (*Würde*) é a seguinte:

> No reino dos fins tudo tem ou bem um *preço* ou um bem uma *dignidade*. O que tem preço, em seu lugar também se pode pôr outra coisa, enquanto *equivalente*; mas o que se eleva acima de todo o preço, não permitindo, por conseguinte, qualquer equivalente, tem uma dignidade.[278]

De acordo com essa passagem, o valor relativo está associado a um bem enquanto um "preço", o que significa que algo pode ser posto no seu lugar, por isso o valor relativo de um dado objeto é "equivalente" ao valor de outro na medida em que possamos substituí-lo ou equacionar seu valor enquanto troca. Para exemplificar, pensemos em um objeto qualquer como uma xícara. Esse objeto tem seu valor relativo em virtude do seu uso, de sua utilidade, de estar a serviço de um outro fim, que é ser utilizada para servir chá ou café. Se por acaso a xícara quebrar, ela pode simplesmente ser substituída por outra de valor "equivalente". Por isso ela tem um "preço". No entanto, algo que tem um valor absoluto, ou seja, intrínseco, não pode ser substituído, pois não há nada que se possa colocar em seu lugar. Um ser com dignidade tem um valor intrínseco e nada pode substituí-lo. Não há como medir seu valor em virtude de sua dignidade[279].

---

[278] FMC, AK 434, p. 265.

[279] Não resta dúvida que há um valor histórico imenso em relação a esta abordagem kantiana, em relacionar a ideia de um valor absoluto incondicional com a ideia de dignidade associada a todos seres humanos, uma vez que na história não nos faltam exemplos de barbárie e selvageria contra a vida humana e a violação de direitos fundamentais. Como explica Michael Rosen (2015), a noção de dignidade humana de Kant tem uma relação estreita com a noção de igualdade, mas não meramente em termos político e sociológico, como *status* social hierarquicamente constituído numa dada sociedade, mas constitui um argumento sólido para um discurso de igualdade em uma ordem metafísica e moral da natureza humana. Nas palavras de Rosen (2015, p. 44): "Nesse sentido a ideia kantiana de reconhecimento da dignidade inerente à moral serve de esteio a uma

Logo a seguir, na mesma passagem, Kant continua sua explanação:

> O que relaciona com as inclinações e necessidades humanas em geral têm um *preço de mercado*: o que, mesmo sem pressupor uma necessidade, é conforme a um certo gosto, isto é, um comprazimento com mero jogo sem frisar fins das forças de nosso ânimo, um *preço afetivo*; mas o que constitui a condição sob a qual apenas algo pode ser um fim em si não tem meramente um valor relativo, isto é, um preço, mas um valor intrínseco, isto é, uma *dignidade*.[280]

Nesta passagem então, Kant estabelece a dignidade como esse "valor intrínseco"[281], ou seja, "não tem meramente um valor relativo, isto é, um preço" pois "constitui a condição sob a qual apenas algo pode ser um fim em si"[282]. Dito de outro modo, a dignidade é o valor máximo que algo pode ter e que por sua vez serve de condição de possibilidade para todo e qualquer valor. Todo valor está de alguma maneira submetido a um valor último, que é a dignidade. Aquilo que tem dignidade, portanto, é o que, em última instância confere valor relativo às demais coisas. E segundo Kant, a única coisa que de fato tem esse valor absoluto, essa dignidade, portanto, é a própria moralidade e a humanidade capaz da moralidade[283]. Atentemos às palavras do próprio Kant:

> Ora, a moralidade é a única condição sob a qual um ser racional pode ser um fim em si mesmo: porque só através dela é possível ser um membro legislante no reino dos fins. Portanto,

---

concepção igualitária – burguesa, se preferir – da honra como algo que devemos a todos (inclusive a nós próprios) em igual medida, concepção essa inteiramente distinta da noção aristocrática que tem na honra um componente de hierarquia de status social que separa indivíduos superiores e inferiores."

[280] FMC Ak 434;435, p. 265.

[281] Cf. FMC Ak 435, p. 267.

[282] FCM Ak 435, p.265.

[283] FMC Ak, 435, p. 265.

> a moralidade e a humanidade, na medida em que ela é capaz da mesma, é a única coisa que tem dignidade.[284]

Nessa passagem fica claro que é a moralidade que possui dignidade e é condição de possibilidade da dignidade de um ser racional. Um ser racional possui dignidade em virtude da moralidade nele presente ou na sua capacidade de tornar a moralidade efetiva no mundo. É por isso que há uma conexão estreita entre ser racional e ter a capacidade de ser um "membro legislante do reino dos fins". Ser um legislador significa participar ativamente como agente na construção de um "reino moral".

É interessante notar ainda que nessa passagem Kant afirma que "a única coisa que tem dignidade" *é* "a moralidade e a humanidade", no singular. Ele não diz que "*as únicas coisas* que tem dignidade *são* a moralidade e a humanidade", no plural, mas afirma, no singular, que "a única" coisa que tem dignidade "é" "a moralidade e a humanidade". Ou seja, parece que moralidade e humanidade, num certo sentido, são a mesma coisa. Parece haver uma correlatividade e reciprocidade entre os conceitos. Se isto puder ser encarado como algo relevante e não como mero artifício retórico, pode-se inferir que há um vínculo profundamente significativo entre a moralidade e a humanidade. Contudo, é preciso notar também que Kant afirma que a dignidade se dá "na medida em que ela é capaz da mesma". Ou seja, a dignidade da humanidade está vinculada à dignidade da moralidade e é apenas em virtude dela, que a humanidade tem seu valor intrínseco, incondicional e absoluto[285].

Ao afirmar isso, de modo tão enfático, Kant vincula a ideia de moralidade à noção de "humanidade". A humanidade está estreitamente ligada à noção de moralidade na medida em que o que caracterizaria propriamente os seres humanos *como (qua)* humanos é a capacidade de constituírem-se como seres morais, que se

---

284 FMC Ak 435, p. 265.

285 Sobre esse aspecto, afirma Rosen (2015, p. 41): "a única coisa da qual se diz comportar uma valor 'incondicional, incomparável', e essa coisa vem a ser a própria moralidade – o objeto ultimo da moralidade é a própria moralidade".

elevam acima de toda a determinação natural e acima de quaisquer normatividades socialmente estabelecidas, contingencialmente. Para Kant, é a moralidade que nos distingue dos demais seres não racionais. A dignidade humana se funda na possibilidade de pertencer ao mundo moral, ao reino dos fins, não apenas sendo efetivamente agentes morais – isto é, efetuando ações morais – mas principalmente enquanto legisladores da moralidade.

Em outras palavras, isso significa dizer que a humanidade possui dignidade, ou seja, um valor absoluto, por ser capaz de legislar no reino dos fins. Por isso, Kant afirma que "a moralidade é a única condição sob a qual um ser racional pode ser um fim em si mesmo"[286]. Esse vínculo estreito entre "humanidade" e "moralidade" carrega a ideia de que aquilo que há de digno na humanidade é o seu potencial ou capacidade de legislar moralmente e criar propriamente o mundo moral, ou seja, o reino dos fins.

Kant é enfático ao dizer: "[...] a dignidade do homem consiste exatamente nessa capacidade de ser universalmente legislante"[287]. Essa "capacidade de ser universalmente legislante", própria de seres racionais, é um ponto crucial pela qual podemos compreender o vínculo entre dignidade e autonomia. A autonomia da vontade é a capacidade da vontade de se autodeterminar e somente seres racionais, segundo Kant, são capazes de agir através da representação de leis universais. Somente tais seres podem se autodeterminar, pois somente a estes podemos atribuir uma vontade. Somente seres racionais, portanto, podem agir com autonomia. Seres irracionais não são capazes de agir com autonomia, pois não podem agir segundo representação de leis universais da razão[288]. Como aponta Thomas Hill:

---

286 FCM Ak 435, p. 265.

287 FMC Ak 440, p. 285.

288 Seres irracionais são capazes de agir sendo comandados por leis da natureza, como é o caso da chuva que cai por conta de leis físicas, ou o caso dos animais que agem segundo instintos enquadrados na ordem natural (em último aspecto, agem determinados por leis físicas).

> [...] a dignidade supõe a presença de uma vontade legisladora moral (segundo os termos de Kant) ou de uma consciência (como se diria hoje). Isso significa que a dignidade exige que nos consideremos submetidos a exigências morais razoáveis para todos e internamente coercitivas, quer sirvam ou não ao interesse pessoal.[289]

A vontade legisladora é o que garante a existência da moralidade e por isso confere dignidade ao ser racional. É nesse ponto que Kant estabelece a autonomia como "fundamento da dignidade da natureza humana e de toda a natureza racional"[290]. Sendo a autonomia a propriedade da vontade que garante a autolegislação da moralidade, em última instância ela também é fundamento da dignidade da natureza humana. A passagem a seguir expressa com mais clareza a argumentação de Kant:

> Pois coisa alguma tem outro valor senão aquele que a lei determina para ela. A legislação, porém, que determina todo valor, tem de ter ela própria exatamente por isso, uma dignidade, isto é, um valor incondicional, incomparável, para o qual só a palavra respeito constitui a expressão adequada da avaliação a que um ser racional tem de proceder acerca dela. A *autonomia*, portanto, é o fundamento da dignidade da natureza humana e de toda natureza racional.[291]

---

[289] HILL, 2003, p. 442.

[290] FMC, Ak 436, p. 269. No original em alemão: *"Autonomie ist also der Grund der Würde der menschlichen und jeder vernünftigen Natur." A tradução para o inglês: "Autonomy is therefore the ground of the dignity of human nature and of every rational nature".*

[291] FCM Ak 436, p. 269. No original em alemão: "Denn es hat nichts einen Wert, als den, welchen ihm das Gesetz bestimmt. Die Gesetzgebung selbst aber, die allen Wert bestimmt, muß eben darum eine Würde, d.i. unbedingten, unvergleichbaren Wert haben, für welchen das Wort Achtung allein den ge ziemenden Ausdruck der Schätzung abgibt, die ein vernünftiges Wesen über sie anzustellen hat. Autonomie ist also der Grund der Würde der menschlichen und jeder vernünftigen Natur."

Nesta passagem, fica claro esse vínculo entre dignidade e autonomia na medida em que a autonomia é justamente a capacidade de autodeterminação da natureza racional. Um ser racional se caracteriza, justamente, por ter essa capacidade de impor a si mesmo a lei moral universalmente válida. Essa capacidade de autolegislação atribuída somente a seres racionais, e da qual os seres humanos fazem parte, é o que efetivamente podemos entender por autonomia.

Portanto, a autonomia é o fundamento da dignidade na medida em que ela possibilita a existência da moralidade, pois é o princípio supremo que condiciona e possibilita o imperativo categórico. Se a autonomia não fosse possível, a moralidade não seria possível. Como apenas a moralidade e aqueles agentes capazes dela possuem valor absoluto, é a autonomia que fundamenta a dignidade.

3.3.2 IMPERATIVO CATEGÓRICO E DIGNIDADE HUMANA

Há certamente algum tipo de relação entre o conceito de dignidade e algumas versões do imperativo categórico. Embora nem a Fórmula da Lei Universal (FLU) e nem a Fórmula da Lei da Natureza (FLN) façam referência direta à noção dignidade, é a partir da segunda e terceira fórmulas que essa associação passa a ser feita. A Fórmula da Humanidade (FH) demanda que jamais tratemos a humanidade em nossa *pessoa* ou na *pessoa de outrem* meramente como um meio mas sempre como um fim. Como há a associação entre fins e meios com a distinção entre dignidade e preço, normalmente FH é interpretada como um imperativo de respeito à dignidade humana.

Roger Sullivan, por exemplo, afirma que:

> [...] Kant ofereceu uma teoria política do povo, baseada no Princípio Universal de Justiça moral: todo mundo tem uma dignidade fundamental simplesmente como pessoa, e ninguém tem o direito moral de interferir na liberdade legal dos outros

> ou de usá-los *apenas* para seus próprios propósitos. É exatamente isso que a segunda fórmula ordena. A ênfase de Kant na segunda fórmula sobre o valor igual intrínseco de cada pessoa, de fato, enuncia um princípio moral, político e religioso fundamental pressuposto no julgamentos morais cotidianos de quase todo mundo hoje. Tem uma majestade que pode provocar tanto a sensibilidade moral de seus leitores que faz com que a segunda fórmula pareça obviamente correta e a versão mais atraente do imperativo categórico.[292]

Sullivan defende ainda que há uma conexão implícita entre FH e FLU, pois já na primeira fórmula há a presença de um "princípio de reciprocidade" que "reconhece implicitamente que todos os seres racionais têm valor objetivo e intrínseco"[293]. Todavia, Sullivan afirma que além de reforçar esse aspecto de reciprocidade a partir da segunda fórmula torna-se explícito que "temos o dever incondicional de reconhecer a dignidade de cada pessoa"[294]. Por isso ele chama a segunda fórmula do Imperativo Categórico de "Fórmula do respeito pela dignidade das pessoas"[295].

Entretanto, a relação entre a Fórmula da Humanidade e o conceito de dignidade é controverso. Alguns leitores de Kant acreditam que a conexão entre dignidade e FH não é correta ou pelo menos não imediata.[296] Na própria apresentação da FH Kant não usa o termo dignidade, mas usa o termo "fim em si mesmo". A conexão entre os conceitos parece inevitável, mas Kant só irá introduzir o conceito de dignidade vinculado à Fórmula da Autonomia (FA) e à Fórmula do Reino dos Fins (FRF).

De acordo com Wood, a Fórmula do Reino dos Fins (FRF) serve como auxiliar da Fórmula da Autonomia (FA), por isso a distinção entre preço e dignidade se dão no contexto argumentativo de

---

[292] SULLIVAN, 1994, p. 65.
[293] Ibid., p. 66.
[294] Ibid., p. 70.
[295] Ibid., pp. 29; 65.
[296] Cf. SENSEN, 2009, p. 321.

FRF e FA. É nesse contexto de argumentação que Kant vincula as noções de um "ser racional" com a de ter a capacidade de autolegislação em um possível "reino dos fins": "os seres racionais estão todos sob a lei <dizendo que cada um deles jamais deve tratar a si mesmo e a todos os outros como meros meios, mas sempre ao mesmo tempo como fim em si mesmo"[297]. Nesse ponto parece haver uma conexão mais explícita entre FH, FRF e FA. É apenas no contexto de uma possível comunidade de seres racionais que são capazes de autolegislar que a moralidade é possível, e isso implica o reconhecimento mútuo do valor intrínseco ou da dignidade dos demais membros do reino dos fins. É nesse contexto também que Kant afirma que a autonomia é fundamento da dignidade.

Sobre esse ponto, Rawls comenta:

> [...] o fundamento da dignidade é a capacidade de fazer a lei universal e de agir segundo o princípio de autonomia. Essa autonomia reflete a autonomia (ou supremacia) da razão prática pura. É, pois, em virtude da capacidade de uma boa vontade que cada pessoa tem dignidade. A isso não equivale dizer que todas as pessoas têm o mesmo valor e que portanto são, nesse sentido iguais, pois não existe medida da dignidade. Antes, todas elas têm dignidade, e esse fato tem o poder de incluir todas as pessoas como membros de um possível reino dos fins. Além disso, impede que o valor das pessoas esteja sujeito a qualquer comparação com os valores relativos e subordinados das coisas [...].[298]

Ao afirmar que é "em virtude da capacidade de ter uma boa vontade que cada pessoa tem dignidade", Rawls retoma a noção de *boa vontade* que Kant toma como pressuposto no início da *Fundamentação*. Por isso Rawls afirma: "A capacidade de uma

---

297 FMC, pp. 259;261, Ak 433.

298 RAWLS, 2005, p. 242.

boa vontade define a aristocracia de todos"[299]. No entanto, ter uma boa vontade é ser capaz de agir *por* dever e não apenas *em conformidade* com o dever. Colocado dessa forma, parece que a dignidade estaria condicionada a ter não apenas uma vontade mas uma *boa vontade*. Isso significa que se a noção de dignidade está vinculada com a de *boa vontade* então ter dignidade estaria condicionada a ter um comportamento moralmente digno (seguido da boa vontade), sendo, portanto, uma questão de mérito. Mas dignidade não é um valor incondicional independente do comportamento moral ou dos méritos de um agente?

O sentido de dignidade como mérito também está presente em Kant. Na segunda parte da *Crítica da Razão Pura*, na *Doutrina Transcendental do Método*, Kant já havia mencionado de maneira sutil a associação entre dignidade e moralidade.[300] Kant afirma, ainda de modo apenas especulativo, que se a moralidade for possível então ela se refere não a como podemos ser felizes mas ao modo "como devemos nos comportar para nos tornarmos dignos da felicidade"[301]. Esse aspecto é retomado em outros momentos, como na *Crítica da Razão Prática* quando Kant afirma que "a moral [...] não é propriamente a doutrina sobre como nós nos fazemos felizes, mas sobre como nós devemos nos tornar dignos de felicidade"[302].

Nesse contexto, a ideia de dignidade tem uma conotação diferente e carrega o sentido de *mérito*. Somos dignos da felicidade se formos merecedores dela por viver uma vida moralmente correta. Fala-se, portanto, em uma conduta digna. Por isso, na *Crítica da Razão Prática*, Kant afirma que "toda a dignidade depende da conduta moral"[303]. Evidentemente aqui o sentido de dignidade

---

299 Ibid., pp. 242-243.
300 Atentar especialmente para as passagens da CRP, B834, p. 585; B839, p. 588; B841-843, p. 589-590.
301 CRP, B834, p. 585.
302 CRPr A234, p. 168.
303 CRPr A235, p. 169.

é distinto daquele que independe do mérito. Portanto, parece que Kant nem sempre usa o termo dignidade com a mesma conotação.

Rosen já havia chamado a atenção para o fato de que em alguns momentos Kant se refere à dignidade como "um atributo do comportamento digno"[304], isto é "como uma qualidade manifesta do caráter ou do comportamento"[305] que é visto como moralmente digno. No entanto esse seria "um aspecto menor do uso kantiano do termo 'dignidade'"[306]. Portanto, a conexão entre o valor intrínseco da humanidade e a noção de comportamento digno, isto é, agir de acordo com a *boa vontade* pode não levar em consideração esses sentidos diversos de dignidade.

Por isso Rosen afirma que "a ideia kantiana de reconhecimento da dignidade inerente à moral serve de esteio a uma concepção fortemente igualitária [...] da honra como algo que devemos a todos (inclusive a nós próprios) em igual medida [...]"[307]. A ideia de um comportamento digno está relacionada ao modo como deveríamos nos comportar moralmente em virtude de sermos portadores da lei moral. Em respeito à lei moral, devemos respeito às pessoas.

Thomas Hill acentua que na visão de Kant

> [...] a dignidade é independente não só do cargo, da classe social e cidadania, mas também de herança étnica, afiliação religiosa, gênero, raça, orientação sexual e qualquer outro fator, exceto as capacidades humanas básicas e disposições necessárias para ser uma pessoa racional e autônoma.[308]

Isso significa que a dignidade é não é um valor condicional que depende de circunstâncias contingentes ou externas, nem tão somente do comportamento moralmente digno, mas sua incondicionalidade depende de um caráter intrínseco da própria

---

304 ROSEN, 2015, p. 46.
305 Ibid.
306 Ibid.
307 Ibid., p. 44.
308 HILL, 2014, p. 216.

humanidade presente em cada ser humano de ser capaz de ser racional e agir com autonomia.

Ainda na segunda *Crítica*, Kant faz alusão à Fórmula da Humanidade, em algumas passagens, enfatizando que o homem não pode ser tomado meramente como um meio.[309] Já a noção de que a dignidade é um valor absoluto intrínseco à natureza humana é apoiada em grande parte também por outras passagens de outros escritos, como esta da *Metafísica dos Costumes*:

> Somente o homem considerado como pessoa, isto é, como sujeito de uma razão prático-moral eleva-se acima de qualquer preço; pois como tal (*homo noumenon*) tem de ser avaliado não meramente como meio para outros fins, nem mesmo para seus próprios fins, mas como fim em si mesmo, isto é, ele possui uma dignidade (um valor interno absoluto), pela qual ele constrange todos os outros seres racionais do mundo a ter respeito por ele e pode medir-se com qualquer outro dessa espécie e avaliado em pé de igualdade.[310]

Nessa passagem, como fica bastante evidente, Kant associa de modo mais incisivo a noção de dignidade com a de ser "sujeito de uma razão prático-moral". Essa passagem também reforça a ideia de que a dignidade é um "valor interno absoluto" (fazendo referência direta à *Fundamentação)*, e que é fonte do respeito que devemos para com outras pessoas. Esse seria um aspecto comum a todos uma vez que nos coloca no mesmo "pé de igualdade". A noção de uma igualdade elementar, um *status* ou posição moral equivalente, parece estar completamente vinculada à ideia de uma dignidade compartilhada por todos.

Passagens como essa, podem reforçar a interpretação de que a noção de dignidade de Kant se estende a todos os indivíduos humanos. No entanto, a própria passagem referida abre espaço

---

309 Ver CRPr A156, p. 119; A237, p. 170.
310 MC 434-435, §11, p.247.

também para a interpretação de que apenas "o homem *considerado como pessoa*" é que possui o atributo da dignidade. Se nem todo homem puder ser considerado como pessoa, então nem todo ser humano teria dignidade. Se a personalidade moral é condição para dignidade e ela é definida em termos de agência racional e autonomia, então a dignidade pode não ser coextensiva a todos

A ideia de que a própria humanidade carrega a dignidade é também reforçada nessa outra passagem da *Doutrina da Virtude*:

> A humanidade é ela própria uma dignidade, pois o homem não pode ser usado por nenhum homem (nem pelos outros nem sequer por si mesmo) apenas como meio, mas tem sempre de ser ao mesmo tempo usado como fim, e nisto (a personalidade) consiste propriamente sua dignidade, por meio da qual ele se eleva sobre todos os outros seres do mundo que não são homens e que podem certamente ser usados; e eleva-se, portanto, sobre todas as coisas. Logo, assim como ele não pode alienar-se a si próprio por preço algum (o que seria contrário ao dever de autoestima), do mesmo modo ele não pode agir contra a autoestima igualmente necessária dos outros enquanto homens, isto é, o homem é obrigado a reconhecer praticamente a dignidade da humanidade em todos os outros homens, portanto, radica nele um dever que se refere ao respeito que se tem necessariamente de mostrar por todo outro homem.[311]

A passagem acima está diretamente vinculada à Fórmula da Humanidade do Imperativo Categórico. O dever de respeito que cada homem deve a outro homem parece estar correlacionado com a noção de que "a humanidade é ela própria uma dignidade". Se devemos respeitar a cada ser humano como um fim e não

[311] MC 462, §38, p.277.

apenas como um meio, parece ser natural concluir que todo ser humano tem igual dignidade.[312]

Contudo, essa e outras passagens também abrem margem para discussões acerca do que Kant entende por "humanidade". Além disso, o conceito de "personalidade" aparece aqui imediatamente após a afirmação de que homem algum deveria ser usado como meio e não como fim em si mesmo. Essa noção de que o homem em *virtude de sua personalidade* é que tem valor como fim último da ação é constantemente retomado por Kant. Na *Crítica da Razão Prática*, por exemplo, Kant é bastante enfático e explícito ao dizer que é a ideia da personalidade "que desperta o respeito e coloca diante de nossos olhos a sublimidade de nossa natureza"[313]. Passagens como essa reforçam a ideia de que a dignidade humana estaria vinculada à personalidade moral. Por outro lado, ao afirmar que "a humanidade é em si uma dignidade" e que "o homem é obrigado a reconhecer praticamente a dignidade da humanidade em todos os outros homens", parece tornar ambíguo o uso desses termos por Kant.[314]

---

312 Por isso Sullivan (1999, p. 66) afirma que "A segunda fórmula [...] explicitamente reconhece que, como pessoas, nós humanos não somos apenas seres racionais, mas também seres físicos com emoções, que acrescentam uma dimensão especial à moralidade humana". Essa ideia reforça a lógica de que a dignidade se estende a todos seres humanos, pois este não seria meramente um reconhecimento explícito da natureza racional de maneira abstrata mas que o dever que se segue de FH seria dirigido mais concretamente à entes empiricamente identificáveis e especificamente humanos.

313 CRPr, A156, p.119.

314 Sullivan parece entender que Kant toma os termos "humanidade" e "personalidade" (pelo menos em certos momentos) como sinônimos. Sullivan afirma (1999, p.68): "As pessoas são fins 'auto-existentes', tendo valor simplesmente porque existem. O que nos dá esse valor, escreveu Kant, é nossa 'humanidade', isto é, nossa personalidade moral, nos tornando muito superiores aos meros animais." Thomas Hill, por sua vez afirma que a "humanidade" – "quando entendida como a nossa natureza de seres racionais com autonomia da vontade" (2014, p. 217), deve ser o conceito chave para compreender a dignidade, e nesse caso incluiria o que Kant chama de personalidade (cf. nota 5.). Esse tema também é retomado por outros comentadores de Kant.

Há uma dificuldade de estabelecermos se o que confere dignidade ao ser humano é a sua humanidade ou a sua personalidade, ou ambas (admitindo que estas são coisas distintas). Afinal, é apenas a personalidade que possui dignidade ou a humanidade também?

Esse ponto nos leva a indagar o que Kant entende por "personalidade" e por "humanidade". Na próxima seção examinaremos a distinção que Kant faz entre pessoas e coisas e suas implicações para a discussão acerca de quem possui dignidade. Na seguinte, atentaremos para a compreensão de Kant acerca das predisposições originais da natureza humana.

3.3.2 PESSOAS E COISAS

Na segunda seção da *Fundamentação*, Kant faz uma clássica distinção entre *pessoas* e *coisas*[315]. Ao distinguir entre fins e meios, Kant associa *pessoas* como seres que são tomados como fins em si mesmos e *coisas* como sendo tomados meramente como meios. Pessoas teriam um valor absoluto, uma dignidade (*Würde*) portanto, enquanto coisas teriam um valor relativo, ou seja, um preço. A passagem, a seguir, é emblemática:

> Os seres cuja existência não se baseia, é verdade, em nossa vontade, mas na natureza, enquanto meios, e por isso chamam-se coisas, ao contrário, os seres racionais denominam-se pessoas, porque sua natureza já os assinala como fins em si mesmos, isto é, como algo que não pode ser usado meramente como meio, por conseguinte <como algo que> restringe nessa medida todo arbítrio (e é um objeto de respeito).[316]

[315] FMC Ak 428, p.241.
[316] FMC Ak 428, p.241.

Nessa passagem[317], claramente Kant vincula a noção de "pessoa" à "natureza racional" ou identifica "seres racionais" como "pessoas". Os seres racionais são pessoas "porque sua natureza já os assinala como fins em si mesmos", ou seja, Kant vincula a *personalidade* ao fim e ao valor mais elevado, à dignidade, portanto. Kant aqui não vincula necessariamente "pessoa" a "ser humano", uma vez que estes não são conceitos indissociáveis. Se o que caracteriza uma pessoa é a sua "natureza racional" então a personalidade não seria uma característica exclusivamente humana. Todo ser que possui natureza racional é uma pessoa. Então, se existirem outros seres racionais não humanos eles podem ser considerados pessoas.

O que se segue então é justamente que nem todo ser humano é, em ato, uma pessoa. Se possuir uma "natureza racional" é condição necessária para que um determinado ente seja considerado uma pessoa, então, teríamos de admitir que nem todos os seres humanos são pessoas, uma vez que nem todos seres humanos são racionais. Uma criança não seria *ainda* uma pessoa, embora carregue em si a disposição à personalidade. Da mesma forma, um ser humano idoso com Alzheimer, por exemplo, que perdeu suas capacidades racionais, não poderia mais ser considerado uma pessoa.

Apesar disso, Kant afirma de modo bastante enfático que "o homem, porém, não é uma coisa, por conseguinte não é algo que possa ser tomado como mero meio, mas, em todas as suas ações, tem de ser considerado sempre como fim em si mesmo"[318]. Ou seja,

---

317 Wood (1999, p. 124) considera que essa passagem não representa uma boa e plausível argumentação de Kant, mas parece sugerir que ela ainda está em uma fase inicial da argumentação kantiana na *Fundamentação*. Conforme explica Wood (1999, p. 124): "A distinção comumente aceita entre "coisas" e "pessoas" pode mostrar que tendemos a considerar os seres não racionais como de menor valor que os seres racionais. Não mostra que todos que aceitam essa distinção estão comprometidos em considerar os seres não racionais como tendo valor apenas como meio. É evidente que nem todos estão preparados para aceitar a distinção se tiverem essas implicações. Mais uma vez, a reivindicação excludente de Kant pode ser feita apenas como um corolário de seu argumento positivo de que os seres racionais devem ser considerados como fins em si mesmos."

318 FMC Ak 429, p. 245.

o homem, tomado como um ser racional, possui valor absoluto e não relativo, por isso não pode ser tratado como meio. Ora, se o homem não é uma *coisa*, então necessariamente ele pertence à categoria de *pessoa*, justamente devido a sua natureza racional. Mas se lhe falta a "natureza racional" a um ser humano, ele deixa de ser considerado pessoa (ou mesmo humano) e se configura como coisa? É nesse ponto que a concepção de pessoa de Kant parece entrar em uma aporia. Se nem todos seres humanos são racionais e não são pessoas, portanto, então nem todos deveriam ser tratados como fins?

Sobre esse problema escreve Wood:

> A ideia parece conceder *status* moral fundamental somente às pessoas - isto é, aos seres racionais que são capazes de razão instrumental, de prudência, e acima de tudo da razão moral, e que são moralmente responsáveis pelo que fazem. (Vamos chamar tais seres de pessoas *no sentido estrito.*) Pode-se pensar que outros seres, como crianças que ainda não são pessoas no sentido estrito, ou mesmo animais não racionais, também têm status moral, uma reivindicação de preocupação moral, mesmo certos direitos. As crianças não têm os mesmos direitos à vida e à mesma preocupação que os adultos? Não temos motivos morais para nos preocuparmos com o bem-estar de seres não racionais, como animais? Esse status não pode ter algum valor independente da natureza racional das pessoas?[319]

O problema, em especial, parece que por um lado Kant não concede o mesmo *status* moral a animais e humanos. Embora Kant admita que possamos ter certos deveres indiretos para com os animais não humanos[320], eles não podem ser considerados agentes morais, uma vez que são seres irracionais, incapazes de

---

[319] WOOD, 2008b, p. 95.

[320] Ver *Metafísica dos Costumes*, 442 §16 e 443 §17. Ver também: KORSGAARD, C. Fellow Creatures: Kantian Ethics and Our Duties to Animals, 2004.

autonomia. Mas em que medida seres humanos, como crianças, que ainda não possuem a racionalidade desenvolvida podem ser diferentes dos animais?

Wood explica que uma saída seria apelar para a noção de "unidade da pessoa"[321], ou seja, a ideia de que um certo indivíduo é numericamente o mesmo durante toda a sua vida, logo, se um ser humano possui a disposição à personalidade, ou seja, a capacidade de se tornar uma pessoa (mesmo que potencialmente), então ele deveria ser considerado uma pessoa durante toda sua existência. Ora, se alguém é o mesmo durante toda sua vida e se ele é uma pessoa, então ele sempre foi e sempre será uma pessoa enquanto existir. Em linhas gerais, esse é o raciocínio que estrutura o argumento da "unidade da pessoa". Evidentemente esse argumento enfrenta dificuldades relacionadas a problemas de identidade pessoal. Além disso, Wood[322] afirma que essa argumentação é problemática, uma vez que ela negligencia o aspecto moral da personalidade.

Na *Fundamentação,* Kant não chega a apresentar propriamente uma definição de pessoa ou de personalidade, embora esteja implícito o vínculo entre ser pessoa e ser capaz da moralidade. Mas na *Metafísica dos Costumes* encontramos a seguinte definição de pessoa:

> Pessoa é aquele sujeito cujas ações são suscetíveis de *imputação.* A personalidade *moral,* portanto, é tão somente a liberdade de um ser racional submetido a leis morais (a psicológica não passando, porém, da capacidade de tornar-se a si mesmo consciente da identidade de sua existência nos seus diferentes estados), donde se segue que uma pessoa não está submetida a nenhuma outra lei além daquelas que se dá a si mesma (seja sozinha ou, ao menos, juntamente com outras). Coisa é aquilo que não é suscetível de imputação. Todo objeto do livre-arbítrio, carente ele mesmo de liberdade, chama-se por isso coisa (*res corporalis*).[323]

---

[321] WOOD, 2008b, p. 96.
[322] Ibid.
[323] MC 223, pp. 29-30.

Como se pode notar, o conceito de pessoa e o de *imputabilidade* estão intimamente ligados. Ser uma pessoa, ou ter personalidade moral, significa ser um sujeito que responde moralmente pelos seus atos[324]. Nesse sentido, a noção de "unidade da pessoa", mencionada por Wood, de fato parece problemática. Ser uma pessoa está diretamente ligada com a capacidade de agência moral, que pressupõe agir com liberdade (autonomia) e submeter-se a leis morais. A personalidade psicológica, mencionada por Kant, parece ser decorrente da personalidade moral, no sentido de que aquele que se reconhece como pessoa, reconhece a si mesmo como ser moral dotado de liberdade.

Além disso, fica claro que a noção de "coisa", também na *Metafísica dos Costumes*, está ligada a corporeidade (*res corporalis*). Animais não humanos, por exemplo, são considerados coisas justamente porque sua existência se resume a seguir as leis naturais que condicionam e sua existência corporal. Seres humanos se elevariam acima da condição natural, em virtude de suas faculdades racionais, de sua racionalidade prática, porque é em virtude da razão (teórica e prática) que o homem é capaz de não sucumbir às inclinações próprias do corpo e da causalidade natural. É por ser capaz de impor a si a lei moral, racionalmente, que Kant considera o homem um fim em si mesmo, constituindo nisso a sua dignidade (*Würde*).

Mas se somente pessoas são fins em si mesmos, de que modo se enquadrariam seres humanos não racionais? Tentando resolver esse impasse, Wood sugere uma distinção entre pessoas *em sentido estrito* (*person in the stricto sense*) e pessoas em *sentido extensivo* (*person in the extended sense*)[325]. Pessoas em sentido estrito são justamente aquelas capazes da agência racional autônoma. São seres racionais e moralmente responsáveis por suas ações. Basicamente,

---

[324] Essa característica da concepção de pessoa de Kant é enfatizado por Hacker (2007, p. 289): "Nenhum filósofo deu mais ênfase ao caráter ético do conceito de pessoa e à sua ligação essencial com o conceito de liberdade (portanto, *razão*) e *responsabilidade* e teve maior influência na atribuição de tal papel axial ao conceito de pessoa assim concebido na caracterização de nosso esquema conceitual."

[325] WOOD, 2008b, p. 96-97.

podemos designar como pessoas *em sentido estrito*, seres humanos adultos cujas faculdades racionais estão em pleno estado. Os demais seres humanos, como crianças, por exemplo, que ainda não adquiriram plenamente suas faculdades racionais e ainda não podem ser admitidos como agentes morais autônomos, podem ser considerados pessoas em *sentido extensivo*. Isso significa que elas devem ser respeitadas como pessoas da mesma forma que os adultos, embora não possamos exigir delas o mesmo *status* moral atribuindo a elas o mesmo tipo de responsabilidade moral. Desse modo, o conceito de *pessoa em sentido estrito*, está vinculado à moralidade, e é primitivo em relação ao conceito *extensivo* de pessoa. Nessa visão, o conceito de pessoa, portanto, se estende a todos seres humanos mesmo aqueles que não são exatamente racionais, seja porque ainda não desenvolveram a racionalidade ou porque já não possuem suas faculdades racionais operando plenamente.

Como Wood observa, Kant não deu atenção a estas questões tanto quanto deveria e não desenvolveu tais distinções[326], mas somos necessariamente confrontados com questões desse tipo e precisamos interpretar a teoria kantiana à luz das dificuldades presentes. A solução de Wood, ao diferenciar pessoa em sentido estrito e pessoa em sentido estendido[327], pode parecer resolver alguns impasses, mas pode criar outros. A distinção feita por Wood permanece problemática porque continua havendo uma clara diferença de *status* moral (e eu diria até ontológico) entre pessoas em sentido estrito e pessoas em sentido extensivo. Pessoas em sentido estrito seriam pessoas *de fato*, e as demais seriam aquelas que são tratadas *como se fossem* pessoas. Além disso, uma outra objeção seria que tal distinção seria meramente arbitrária, tendo como pano de fundo apenas nossas crenças e nosso incômodo em não aceitar que nem todos os seres humanos são pessoas, em sentido estrito. Apesar de tais complicações da solução proposta por Wood, talvez não tenhamos alternativa mais promissora.

---

[326] Ibid., p. 99.

[327] Ibid., p. 96-97.

3.3.3 AS PREDISPOSIÇÕES ORIGINAIS: ANIMALIDADE, HUMANIDADE E PERSONALIDADE

De acordo com a Fórmula da Humanidade (FH) devemos sempre agir de modo a nunca tomarmos a humanidade, nem na nossa própria pessoa ou na pessoa de outrem, simplesmente como meio. Na *Fundamentação* Kant afirma que somente a moralidade e a humanidade capaz dela possuem dignidade. Para compreendermos se personalidade e humanidade possuem ambas dignidade devemos tentar compreender como Kant usa esses conceitos. Embora, tais conceitos possam parecer ambíguos ou imprecisos na *Fundamentação* e mesmo na *Crítica da Razão Prática*, podemos encontrar pistas em escritos posteriores.

Em *A Religião nos Limites da Simples Razão*[328], Kant afirma que o homem tem três *disposições originais*[329], a saber: "a disposição

[328] Originalmente a obra *A religião nos limites da simples razão* (*Die Religion innerhalb der Grenzen der bloßen Vernunft*) foi publicada entre 1793 e 1794. A tradução aqui utilizada, da edição portuguesa feita por Arthur Morão (Edições 70) não possui indicação do ano de publicação.

[329] A expressão original em alemão é "*ursprünglichen Anlagen*". Na edição portuguesa, feita por Arthur Morão, foi traduzida a palavra *Anlage* por "disposição" mas nas traduções para o inglês usa-se, normalmente, a palavra "predisposition", que pode ser traduzida por "predisposição". Na tradução de Clália Aparecida Martins da *Antropologia de um ponto de vista pragmático* (Editora Iliminuras, 2009) é também utilizada a palavra "disposição", da mesma forma que é utilizada na tradução da *Metafísica dos Costumes* (Editora Vozes, 2013), feitas também por Martins *et al.* Embora possa haver diferenças entre usar ou não o prefixo "pre", utilizarei de modo indistinto os termos "disposição" ou "*pre*disposição", ou seja, como sinônimos. Procurarei manter a palavra "disposição" quando fizer citações diretas do texto de Kant conforme a tradução de Morão e Martins e utilizarei "predisposição" quando estiver traduzindo o termo em inglês "predisposition" (como é o caso das citações de Wood). Contudo, no decorrer do texto ou em citações indiretas procurarei dar maior ênfase ao termo "predisposição" pois este parece preservar mais o sentido original de *Anlage*, conforme o contexto argumentativo de Kant, pelo menos quanto ao uso na língua portuguesa no Brasil. O termo predisposição carrega mais o sentido de algo que já é inerente ou que algum ente possui de antemão. A palavra "disposição" pode causar maus entendidos se for associada com a ideia de "estar *disposto* a fazer algo". Não parece ser esse sentido utilizado por Kant nesse contexto.

para animalidade", a "disposição para a humanidade" e a "disposição à personalidade"[330]. A disposição para a animalidade diz respeito ao "homem como ser vivo". A disposição para a humanidade diz respeito ao homem "enquanto ser vivo e racional" enquanto que a disposição do homem para a personalidade diz respeito ao homem "como ser racional e, simultaneamente suscetível de imputação"[331].

A animalidade, como disposição, portanto, é a base da natureza humana. "A disposição para a animalidade no homem pode pôr-se sob o título geral de amor a si mesmo físico e simplesmente mecânico, de um amor a si mesmo para o qual não se requer a razão"[332] escreve Kant. Ele se refere aqui a dimensão corpórea, física, do ser humano. Enquanto animalidade, o homem possui o instinto de "conservação de si próprio", "a propagação da espécie" e a predisposição à vida social ou, como Kant chama, "o impulso à sociedade"[333]. Sobre essa disposição à animalidade escreve Allen Wood:

> A animalidade nos pertence apenas como seres vivos, e é a base de nossos impulsos instintivos fundamentais visando a autopreservação (os impulsos para a alimentação, o bem-estar corporal e assim por diante), a propagação da espécie (o instinto sexual) e comunidade com outros membros de nossa espécie (o instinto social). Essas pulsões fornecem o que Kant chama de "auto-amor mecânico" [...]. Elas nos dão (como fazem animais não racionais) um desejo instintivo de fazer o que é necessário para nossa própria sobrevivência e a da espécie. Mas eles operam em um nível inteiramente pré-racional, na medida em que não envolvem nenhuma representação consciente desses fins naturais e nenhuma deliberação sobre como eles devem ser alcançados.[334]

---

330 KANT, R, p. 32.

331 Ibid.

332 Ibid..

333 Ibid..

334 WOOD, 1999, p. 118.

Quanto à *disposição para a personalidade* Kant a define como "a susceptibilidade da reverência pela lei moral como de um móbil, por si mesmo suficiente, do arbítrio"[335]. A referência à moralidade é direta e faz eco ao que Kant escreve na *Metafísica dos Costumes*: "Pessoa é aquele sujeito cujas ações são suscetíveis de *imputação*. A personalidade *moral*, portanto, é tão somente a liberdade de um ser racional submetido a leis morais"[336]. Podemos assim interpretar que quando Kant afirma, na *Fundamentação,* que a humanidade é capaz da moralidade[337], ele se refere a essa disposição que o homem carrega em sua humanidade de ser racional e um agente moral *em potencial.*

Em relação à *disposição à humanidade,* Kant parece se referir a um aspecto intermediário entre a animalidade e a personalidade, já que se refere a ela (humanidade) como dimensão do homem "enquanto ser vivo e racional"[338]. A humanidade seria a disposição que especificamente capacita o homem a ser um ente racional. Sobre *a predisposição à humanidade,* Wood escreve:

> A predisposição para a humanidade está entre as predisposições para a animalidade e personalidade. Ela abrange todas as nossas capacidades racionais, não tendo nenhuma referência específica à moralidade. Colocando de maneira mais geral a capacidade da humanidade de pôr fim à razão.[339]

Nesse sentido a humanidade não diz respeito especificamente à dimensão moral, mas carrega a predisposição à racionalidade, que é condição para a *personalidade como* predisposição à moralidade.

---

335 KANT, R., p. 33.
336 KANT, MC, 222.
337 FMC AK 435, p. 265.
338 KANT, R., p. 32.
339 WOOD, 1999, p. 118-119.

Wood explica[340] que, na *Antropologia de um ponto de vista pragmático,* Kant subdivide ainda mais a predisposição à humanidade em "predisposição técnica" e "predisposição pragmática"[341]. Na *Antropologia* lemos:

> Entre os *habitantes* vivos *da Terra,* o ser humano é notoriamente diferente de todos os demais seres naturais por sua disposição *técnica* (mecânica, vinculada à consciência) para o manejo das coisas, por sua disposição *pragmática* (de utilizar habilmente outros homens em prol de suas intenções) e pela disposição *moral* em seu ser (de agir consigo mesmo e com os demais segundo o princípio da liberdade sob leis), e por si só cada um desses três níveis já pode diferenciar caracteristicamente o ser humano dos demais habitantes da terra.[342]

Segundo a interpretação de Wood, a chamada *disposição técnica* "inclui nossas capacidades conscientes e racionais de manipular as coisas como meios para nossos fins arbitrários", ou seja "todas as habilidades, artes e habilidades deliberativas que caem sob imperativos técnicos", enquanto que a *disposição pragmática* "nos permite não apenas estabelecer fins, mas comparar os fins que estabelecemos e organizá-los em um sistema"[343]. Segundo Wood, "Kant considera a predisposição pragmática como o aspecto superior de nossa humanidade"[344], sendo que esse "aspecto pragmático da humanidade é a base do que Kant chama de 'prudência'". Wood explica:

> A capacidade de estabelecer fins através da razão mantém juntos o conjunto de capacidades que constituem nossa humanidade. É somente essa capacidade que ocasiona a seleção de

---

340 Ibid., p. 119.

341 KANT, A, 322-324, p. 216-218.

342 Ibid., 322, p. 216.

343 WOOD, 1999, p. 119.

344 Ibid.

> meios e, portanto, o desenvolvimento racional de habilidades técnicas. É também essa capacidade que possibilita a comparação e a sistematização de diferentes fins em um todo. Quando submeto minhas ações à orientação racional por um fim, a humanidade nesse sentido também envolve um senso ativo de minha identidade e uma estima por mim mesmo [...].[345]

Ora, se a racionalidade se constitui por essa capacidade de estabelecer fins e a disposição à humanidade permite essa capacidade de agir de maneira prudencial, embora não moral, então, a expressão "natureza racional" para Kant não estaria necessariamente vinculada à noção de autonomia e de personalidade. O respeito pela humanidade, que a *Fórmula da Humanidade* exige, poderia estar se referindo à natureza racional de modo mais abrangente que o aspecto moral, categórico. Agentes racionais heterônomos, poderiam ser inclusos nesse cômputo, abrindo espaço para que possamos atribuir dignidade inclusive àqueles que não poderiam ser admitidos *strito senso* como agentes morais ou pessoas.

O fio que separa as disposições à humanidade e à personalidade é tênue, mas há de se admitir que para ser pessoa, enquanto ser racional e moral, não é necessário ter "humanidade"[346], já que Kant

---

345 WOOD, 1999, p. 119.

346 Embora seja controverso o que podemos de fato interpretar pelo termo "humanidade", Wood sustenta que o sentido usado por Kant é meramente técnico, no sentido de atribuir à faculdade de dispor da razão prática de modo racionalmente abrangente, não especificamente moral. Logo, nessa interpretação, mesmo seres não humanos que fossem racionais e agentes capazes da moralidade -*pessoas em sentido estrito*, portanto, isto é, seres que tivessem personalidade moral – teriam necessariamente que possuir a *predisposição à humanidade* também, já que ela seria condição necessária à personalidade. Portanto, "humanidade" seria um termo apenas para designar a capacidade racional mais ampla. O uso do termo "humanidade" causa confusão e ambiguidade uma vez que ele não se refere nem à espécie humana (ou a comunidade de seres humanos que habitam a Terra) ou mesmo um atributo ou qualidade moral. Entretanto, essa perspectiva interpretativa de Wood não é necessariamente hegemônica, uma vez que em certas passagens da *Metafísica dos Costumes* principalmente, Kant dá entender que a humanidade tem uma conotação de qualidade moral.

admite a possibilidade de existirem seres racionais não humanos, mas no caso dos seres humanos o que possibilita a personalidade moral é a humanidade, ou seja, essa disposição intermediária que resguarda a racionalidade do homem. É exatamente por isso que Kant concebe o homem como um ser entre dois mundos, um mundo sensível, dado às determinações físicas, e outro mundo inteligível, enquanto inteligência e moralidade (o reino dos fins). Dessa forma, a humanidade em cada um, de certa forma carrega tanto a animalidade quanto a personalidade.

John Rawls também parece interpretar que a "humanidade" designa uma condição intermediária entre animalidade e personalidade. A interpretação de Rawls para o que Kant se refere ao usar o termo humanidade é a seguinte:

> Ora, o que Kant designa por humanidade são aquelas nossas faculdades e capacidades que nos caracterizam como pessoas razoáveis e racionais que pertencem ao mundo natural. Termos humanidade significa tanto o fato de sermos *vernünftig* quanto de animarmos um corpo humano: pessoas razoáveis e racionais situadas na natureza com outros animais. Essas faculdades são, primeiramente, a da personalidade moral, que possibilita que tenhamos uma boa vontade e um bom caráter moral; e, em segundo lugar, as capacidades e habilidades que se desenvolvem pela cultura: pelas artes, ciências e afins.[347]

Rawls interpreta que Kant chama de humanidade as faculdades e capacidades que nos possibilitam sermos pessoas "razoáveis e racionais". A perspectiva de Rawls, no entanto é eminentemente racionalista. Ele considera que a visão kantiana associa a humanidade às "faculdades racionais" que permitem o ser humano agir racionalmente e se conceber como uma pessoa "razoável e racional". A interpretação de Rawls parecer ser a de que ter humanidade significa termos tanto a condição de uma personalidade quanto

---

347 RAWLS, 2005, p. 217

sermos dotados de animalidade. Se a personalidade é a qualidade moral mais elevada, a humanidade condiciona a personalidade, na medida que ela garante a racionalidade, por meio das "faculdades racionais" dos seres humanos.

Não obstante, Wood parece compreender a visão de racionalidade ou de razão, em Kant, de modo um pouco mais abrangente, como podemos atentar através dessa passagem:

> Para Kant, a razão é até mesmo nossa mais alta capacidade, no sentido de que é a única capaz de dirigir e criticar todas as nossas faculdades, inclusive a si mesma. Razão é a capacidade qualificada de pensar e agir, porque é a capacidade de pensar e agir de acordo com as normas. Uma razão, no sentido mais amplo do termo, é o que quer que seja considerado normativo para seres com a capacidade de se dar normas e seguir as normas válidas que eles reconhecem. O pensamento e a ação racional são essencialmente o que são, porque a explicação correta deles sempre faz referência ao que é normativo. Esta explicação envolve seguir as normas relevantes ou não segui-las. Um ser racional é qualquer ser que tenha a capacidade de pensar e agir por razões. Isso muitas vezes envolve também a possibilidade de não pensar e agir como tem razão para fazer. Em geral, porém, falamos de "fracasso" somente quando há alguma capacidade de sucesso. Nesse sentido, ninguém, a não ser seres racionais, podem se comportar irracionalmente.[348]

Se Wood estiver correto, então é inclusive paradoxal dizer que animais irracionais agem de forma irracional, já que eles não podem agir, estritamente falando, por razões. Somente os seres racionais podem agir racionalmente, ou seja, de forma normativa. Mas agir racionalmente não implica necessariamente agir moralmente, ou seja, agir segundo o imperativo categórico. Desse modo agir racionalmente não está associado necessariamente com agir

---

348 WOOD, 2008b, p. 16.

autonomamente. Podemos dizer que na perspectiva kantiana toda ação autônoma é racional, mas nem toda ação racional é autônoma, na medida que uma ação heterônoma também pode ser racional. Agir conforme imperativos hipotéticos, por exemplo, também é agir por razões. Portanto, um ser humano, em sua *humanidade,* pode agir de maneira heterônoma, impondo a si mesmo imperativos hipotéticos. Pode agir, portanto, de modo *prudencial* (sob preceitos ou conselhos de prudência).

Se esse raciocínio estiver certo, então a *disposição para humanidade* pode ser uma chave conceitual para compreender de que maneira poderíamos atribuir a dignidade à seres humanos que não poderiam agir com autonomia em sentido estrito, embora pudessem agir de maneira heterônoma. Poderíamos estar autorizados a atribuir agência a seres humanos capazes da heteronomia e capazes de agir pelo menos *em conformidade* com o dever moral? Se a resposta for sim, talvez essa seja a brecha para atribuir dignidade indivíduos não racionais e não autônomos.

* * *

O próximo capítulo tentará explorar algumas alternativas para lidar com o problema de entender que tipo de status moral possuem seres humanos que não são efetivamente autônomos ou que não são capazes de agir racionalmente.

4. DIGNIDADE E *STATUS* MORAL NA ÉTICA DE KANT

Este último capítulo pretende se debruçar sobre a questão central desse trabalho, a saber: a filosofia moral kantiana permite que possamos atribuir dignidade a indivíduos humanos não racionais e não autônomos? Afinal, que *status* moral seres humanos incapazes de autonomia e agência racional têm na filosofia moral de Kant?

É inegável que a autonomia, em sentido kantiano principalmente, pressupõe certas capacidades cognitivas sofisticadas, como já foi explorado em seções anteriores. Existem razões para crer que tais capacidades não estão presentes em outros entes como em animais não humanos. É plausível aceitar que alguns seres humanos possuem tais capacidades mas é duvidoso que todos as possuam, pelo menos nos mesmos níveis. Seres humanos com certas deficiências cognitivas possuem restrições relativas a pensar e agir de acordo com as exigências para a autonomia kantiana. Da mesma forma, crianças pequenas e alguns idosos que já tenham suas capacidades mentais debilitadas pela idade ou por alguma doença degenerativa, por exemplo, enquadram-se de modo similar entre aqueles que possuem restrições relativas à agência racional e autonomia em sentido kantiano. Se levarmos em consideração que a autonomia kantiana é ainda mais exigente em relação a ter racionalidade moral do que outras concepções contemporâneas de autonomia, como já foi discutido em seções anteriores, parece crucial se perguntar acerca do estatuto moral desses indivíduos.

Se o valor moral mais elevado – a dignidade –, é correspondente àqueles seres capazes da moralidade, ou seja, capazes de agência racional autônoma, então a conclusão que se segue disso parece ser a de que seres humanos que não possuem tal capacidade situam-se em uma zona moral abaixo daquela em que seres humanos racionais e autônomos se encontram. Essa conclusão é aceitável? Mas antes ainda, ela está correta? Afinal, qual seria o *status* moral desses seres humanos incapazes de agência racional autônoma? Em outras palavras: *Se a autonomia é o fundamento da dignidade da natureza humana e de toda natureza racional, então qual o lugar dos entes humanos que não são agentes racionais autônomos?*

O presente capítulo tentará explorar algumas respostas a essas questões.

Esse capítulo está dividido em duas seções. A primeira seção apresentará as abordagens de três filósofos kantianos sobre as relações entre dignidade, personalidade e status moral. Examinarei as respostas de Allen Wood, Onora O'Neill e Patrick Kain em lançar luz sobre essas e outras questões correlatas. Wood e O'Neill apresentam uma discussão acerca dos deveres que devemos ter para com entes de natureza não racional, enquanto Kain procura sustentar a defesa de Kant de que a dignidade se estende a todos os seres humanos.

Na segunda seção, atentaremos a uma revisão acerca do conceito kantiano de dignidade, à luz das interpretações de Oliver Sensen, Doris Schroeder e Paul Formosa, dando ênfase ao último. Explorarei os argumentos de Sensen em negar que a noção de dignidade kantiana é um valor não-relacional do mesmo tipo presente no discurso contemporâneo sobre dignidade. Apresentarei brevemente o modo como Schroeder situa a concepção de dignidade kantiana a partir da distinção entre dignidade inviolável e dignidade aspiracional para então a tratar da abordagem de Formosa em compreender a ética kantiana como uma ética da dignidade. Depois explorarei a tese de Formosa sobre qual é a melhor visão acerca da dignidade kantiana, quais suas implicações para determinarmos quem tem ou não dignidade e como podemos entender, finalmente, em que sentido a autonomia fundamenta a dignidade humana.

4.1 INTERPRETANDO KANT: AS POSIÇÕES DE WOOD, O'NEILL E KAIN

Nas duas próximas subseções apresentarei respectivamente a abordagem e os argumentos de Wood e O'Neill acerca do modo como a teoria kantiana lida com seres de "natureza não racional" (*nonrational nature*) e os deveres que seguem de nossa relação com eles. Apresento os argumentos de ambos autores em dois artigos que possuem o mesmo título "*Kant on Duties Regarding nonrational nature*" e foram publicados no mesmo periódico e no mesmo ano (1998). Os dois artigos visam lidar com o mesmo problema, mas assumem alguns pontos de divergência entre si. Wood apresenta uma abordagem um pouco mais crítica da ética kantiana, propondo algumas modificações significativas, enquanto O'Neill comenta as posições de Wood e reinterpreta a visão de Kant sob outros aspectos, aceitando em parte a interpretação de Wood, mas defendendo que a visão de Kant está coerente.

Os textos de Wood e O'Neill apresentam argumentos importantes e que merecem a nossa atenção, contudo, ambos autores focam mais diretamente no tipo de deveres que temos para com seres não racionais de um modo mais geral.

Na subseção seguinte, em uma tentativa de discutir mais especificamente e diretamente o *status* moral dos seres humanos, farei a exposição da argumentação de Patrick Kain em seu artigo "*Kant's Defense of Human Moral Status*". Kain argumenta que a visão de Kant é a de que todos os seres humanos necessariamente são *pessoas* e possuem o mesmo *status* moral e mesma dignidade. Essa posição de Kain não é majoritária, mas ele oferece argumentos consistentes que podem lançar luz sobre as questões que estamos discutindo aqui.

Passemos, pois, a exposição e discussão das interpretações e dos argumentos de Wood, O'Neill e Kain.

4.1.1 LOGOCENTRISMO E PRINCÍPIO DE PERSONIFICAÇÃO, SEGUNDO ALLEN WOOD

No artigo *"Kant on duties regarding nonrational nature"* (1998), Allen Wood propõe uma defesa da ética kantiana relativamente ao tratamento que devemos ter para com criaturas de *natureza não racional*. Embora Wood estabeleça criticamente essa defesa, não concordando com todos os aspectos da teoria de Kant, ele acredita que de modo geral a ética kantiana é capaz de apresentar uma concepção consistente de como devemos nos relacionar moralmente com seres de natureza não racional. Para tal é necessário um ajuste pontual na abordagem kantiana de tal forma que permita que possamos, inclusive, aceitar que a natureza racional possui valor intrínseco e não apenas extrínseco.

O ajuste proposto por Wood diz respeito à articulação de dois princípios subjacentes na teoria ética de Kant, a saber, o *princípio logocêntrico*[349] e o *princípio de personificação*[350]. Para Wood esses são dois princípios funcionam como uma espécie de engrenagem e se articulam de maneira onipresente nos textos e na argumentação de Kant, implícita e explicitamente. Contudo, segundo a compreensão de Wood, esses dois princípios em algum momento se chocam e até se contradizem, provocando um contrassenso na filosofia moral kantiana. Segundo Wood, o princípio de personificação é a causa de maiores impedimentos de Kant admitir a possibilidade de *deveres diretos*[351] para com entes de natureza

---

349 WOOD, 1998, p. 195.

350 Ibid., p. 193.

351 As expressões "dever direto" e "dever indireto", embora recorrentes em debates contemporâneos sobre a aplicação da ética kantiana, não são termos tão presentes nos escritos éticos de Kant, especialmente quando lemos a *Fundamentação* e a *Crítica da Razão Prática*, aparecendo poucas vezes na *Metafísica dos Costumes* (ver MC 401, p. 212; 457, p. 271-272). Porém, em uma passagem importante da *Doutrina da Virtude*, Kant defende que tratar com crueldade os animais é contrário ao dever que o homem tem para consigo mesmo, mas esse dever lhe pertence apenas indiretamente (ver MC 442-443, p.255-256). Desse modo, *deveres indiretos* parecem estar a serviço de *deveres diretos* que temos apenas para com pessoas. Segundo Wood (1999, p.323-325; 2008b, p. 169-181)

não racional e por conseguinte de conduzir à conclusão de que tais criaturas possuem apenas um valor relativo. Wood admite que essa é de fato a visão defendida por Kant, mas afirma que ele apenas abraçou conclusões lógicas que se seguiam por conta do princípio de personificação. Devemos, portanto, compreender esses dois princípios onipresentes na filosofia de Kant para que possamos devidamente entender como articular melhor a filosofia kantiana.

Comecemos tentando compreender o que Wood chama de *princípio logocêntrico* ou simplesmente de *logocentrismo*. Conforme observa Wood, a teoria ética de Kant é comumente interpretada como uma teoria antropocêntrica[352], no sentido de que é à natureza humana que estão dirigidos os deveres morais. A natureza humana

---

o sistema de deveres de Kant, tal como ele apresenta na *Metafísica dos Costumes*, primeiramente se dividem em *deveres jurídicos* e *deveres éticos*. Por sua vez, os deveres éticos se dividem ainda em *deveres para consigo mesmo* e *deveres para com os outros*. *Os deveres para consigo mesmo* se dividem em *deveres perfeitos e deveres imperfeitos*. Os deveres perfeitos ainda se dividem em *deveres como um ser animal* e *deveres como um ser moral*. Já os deveres imperfeitos se dividem em *deveres de perfeição natural* e *deveres de perfeição moral*. Ademais, os *deveres para com os outro*s se dividem ainda em *deveres de respeito* e *deveres de amor*. Não é tão evidente, no entanto, de que maneira deveres diretos e indiretos se relacionam com o sistema de deveres de Kant. Apesar disso, aparentemente deveres diretos são sempre deveres estritos para com outros seres racionais, portanto abrangeriam tanto *deveres para consigo mesmo* quanto *deveres para com os outros* (desde que sejam seres racionais, tais como outros seres humanos racionais). Isso significa, nessa interpretação, que deveres perfeitos e imperfeitos são ambos deveres diretos. Deveres indiretos nascem do comprometimento que temos em levar a sério deveres diretos. Em última instância, deveres indiretos, em uma interpretação literal, não são mais do que uma "anfibolia", isto é deveres aparentes ou fictícios. Eles nos serviriam apenas como deveres de suporte para que pudéssemos cumprir de maneira mais efetiva os deveres diretos. Deveres que temos para com animais não humanos, como por exemplo o dever de não maltratá-los sem motivo, é um dever indireto que se ampara no dever direto que temos de não cultivar em nós sentimentos de desprezo que acabariam por contribuir para o não cumprimento do dever que temos de cultivar nossa própria perfeição moral. Como veremos, mais adiante, Onora O'Neill (1998) parece ter uma compreensão diferente do papel que deveres indiretos cumprem na ética kantiana.

[352] WOOD, 1998, p. 189.

assume um papel central uma vez que todos os nossos deveres morais são deveres para com outros seres humanos e em virtude de seu valor incondicional, ou seja, da dignidade humana[353]. Essa interpretação antropocêntrica da teoria ética de Kant pode nos levar ao equívoco de considerar erroneamente, segundo Wood, a natureza humana como o eixo basilar de toda a moralidade. No entanto, Wood chama a atenção para o modo como esse antropocentrismo é interpretado. Se ele for interpretado simplesmente como a visão de que é a natureza humana, em virtude dela mesma, o centro irradiador de toda a moralidade, então esse antropocentrismo é por deveras equivocado. Na verdade, a natureza humana apenas possui essa centralidade na teoria ética de Kant em virtude da natureza racional nela presente[354]. É, na verdade, a natureza racional que possui o valor absoluto e incondicional e, portanto, é ela – e não a natureza humana *por si* mesma –, que deve ser tomada como o núcleo duro da ética kantiana, no qual se extraem os princípios reguladores que estruturam os fundamentos da moralidade, bem como a visão de racionalidade prática de Kant. Desse modo, não é a "humanidade" – se tomada como sinônimo da *espécie humana* –, que funciona como fonte de todos os valores e de todos os deveres, mas a natureza racional como um todo, *abstratamente*[355]. Segundo Wood, a ética de Kant é logocêntrica porque "é baseada na ideia de que a natureza racional, e somente ela, tem valor absoluto e incondicional"[356]. Wood chama de logocentrismo essa perspectiva em considerar a natureza racional a fonte da moralidade e da dignidade. Nos termos de Wood:

> Kant considera que a autoridade da lei moral se baseia no fato de que ela é legislada pela vontade racional. O fim fundamental cujo valor fundamenta a teoria é a dignidade da natureza

[353] Ibid.
[354] Ibid.
[355] Ibid.
[356] Ibid.

> racional, e seu comando é sempre tratar a humanidade como um fim em si mesma.[357]

Ou seja, a autoridade da moralidade não deriva da natureza humana especificamente, mas da natureza racional que está presente naqueles seres que possuem a vontade racional ou razão prática. A humanidade possui um fim em si mesma porque possui intrinsecamente essa natureza racional. A natureza racional faz parte da natureza humana, mas ela pode estar "distribuída" em outros seres não humanos. É nesse sentido que pertencer a espécie humana, por si só, não garantiria nenhum tipo de posição moral privilegiada. Os seres humanos possuem sua dignidade em virtude de possuírem a natureza racional e não simplesmente porque são humanos.

Wood adverte que o termo "humanidade" é tomado por Kant em um sentido *técnico* e se refere à "capacidade de estabelecer fins de acordo com a razão"[358]. Tal capacidade inclui outras duas predisposições, uma técnica e a outra pragmática. A predisposição técnica seria a capacidade que temos de definir os meios adequados para alcançar "fins arbitrários" enquanto que a predisposição pragmática é uma capacidade que permite "unir nossos fins de um modo abrangente" sob o nome de 'felicidade'[359]. Wood faz assim referência à concepção de Kant das "três predisposições originais de nossa natureza"[360], a saber, a animalidade, humanidade e personalidade[361]. Nesse sentido, "humanidade" não é tomada em um sentido de pertencer à espécie humana (ou qualquer outra espécie), mas se refere a uma capacidade racional presente na natureza

---

357 WOOD, 1998, p. 189.
358 Ibid.
359 Ibid.
360 Ibid.
361 KANT, *A Religião nos Limites da Simples Razão*, p. 32-34.

humana.[362] Por outro lado, a personalidade refere-se à capacidade autolegislativa capaz de impor-nos a lei moral.[363]

Desse modo, Wood interpreta que o comando categórico de respeitar a humanidade como fim em si mesmo é derivado da dignidade da natureza racional. O termo "humanidade" é utilizado em sentido *técnico* como essa capacidade de estabelecer fins racionais para suas ações. Devemos respeitar a dignidade daqueles seres que possuem humanidade, ou seja, aqueles seres que possuem uma capacidade racional de estabelecer fins racionais, ainda que não sejam necessariamente fins morais. Aqui, Wood já traz uma importante consideração em relação à interpretação da Fórmula da Humanidade do Imperativo Categórico. A Fórmula da Humanidade, na leitura logocêntrica, ordena o respeito à humanidade, não especificamente o respeito à personalidade. Por isso, o tratamento ético, ou melhor dizendo, nossas obrigações morais se estendem a todos os seres que possuem "humanidade" (no sentido técnico), mesmo que não possuam personalidade moral.[364]

Nessa interpretação, a dignidade está conectada à *humanidade*, ou seja, à segunda predisposição da natureza humana, e não à personalidade, a terceira predisposição. Se a dignidade estiver fundamentada na personalidade, então o conjunto de seres que possuem dignidade é mais restrito do que o conjunto de seres que possuem humanidade (em sentido *técnico*), já que a predisposição à humanidade é mais ampla do que a predisposição à personalidade. Em outros termos, se a personalidade é o critério

---

362 Uma observação aqui é importante. O termo "humanidade" tomado em um sentido técnico portanto, como uma predisposição à racionalidade prática, permitiria que outros seres que possuíssem essa predisposição tenham humanidade. Como diz Wood: "Na verdade, Kant achou bastante provável que existissem seres racionais em outros planetas; eles seriam fins em si mesmos tanto quanto os seres humanos (no sentido não *técnico*)". A implicação disso é que se houver vida inteligente em outros planetas, eles poderiam ter "humanidade" em um sentido *técnico*.

363 A personalidade seria, pois então, essa capacidade mais específica de agir conforme à razão mas tendo fins morais, ou seja, fins derivados da razão *pura* e não por interesse subjetivo de um dado agente.

364 Essa interpretação certamente não é consensual entre os intérpretes de Kant.

de dignidade então apenas *pessoas* (entendidas como agentes morais) possuem dignidade. Mas se é a humanidade o critério de dignidade, então o escopo da dignidade se amplia para abarcar seres que possuem uma racionalidade mais ampla (agir racionalmente perseguindo fins arbitrários ou prudenciais, não especificamente morais) mesmo que não sejam capazes de agir de maneira autolegistativa.

Portanto, a noção de "ser racional" seria mais larga no sentido de abranger seres que podem agir racionalmente embora não moralmente, isto é, podem ser agentes racionais mas não necessariamente são agentes morais. Em outras palavras, essa perspectiva incluiria agentes que são capazes de agir *em conformidade* com o dever moral embora não *por* dever, ou seja, seres com a agência heterônoma. Agentes capazes de agir ao menos sob imperativos hipotéticos poderiam ser classificados com seres dotados de *humanidade*. A dignidade se estenderia a estes seres. Aqui podemos incluir certamente crianças, indivíduos com Alzheimer ou com alguns tipos de deficiências intelectuais mais leves.

No entanto, essa interpretação exige um compromisso mais efetivo com o *logocentrismo* kantiano. Wood defende que se bem entendido o logocentrismo de Kant apresenta uma abordagem promissora para lidar com questões éticas em relação a entes não racionais. Aliás, se interpretamos a ética kantiana à luz do logocentrismo – ou seja, tomando a dignidade presente *amplamente* na natureza racional –, podemos lidar melhor tanto com seres de natureza racional que não são agentes morais, estritamente falando – como crianças, por exemplo –, quanto com seres de natureza não racional – como animais, por exemplo. Os *deveres indiretos* que Kant admite que temos para com seres de natureza não racional poderiam ser transformados em *deveres diretos* se o princípio logocêntrico de Kant for estendido não apenas para a natureza racional humana mas também para a natureza em geral. Para Wood, se Kant tivesse levado mais a sério o princípio logocêntrico ele teria admitido que o próprio ambiente natural (a biodiversidade, por exemplo) possui aspectos da natureza racional[365].

Contudo, segundo Wood, o que impediu Kant de chegar a esse ponto foi o princípio de personificação. Passemos a compreensão de tal princípio.

A passagem a seguir expressa o entendimento que Wood dá a esse princípio:

> Kant considera apenas seres racionais como pessoas, que devem ser tratadas como fins, considerando todos os outros seres como coisas. Até mesmo a afirmação da fórmula da humanidade como fim em si [...] envolve a ideia de que a humanidade ou a natureza racional tem uma reivindicação moral sobre nós apenas na pessoa de um ser que realmente a possui. Essa ideia é o que chamarei de princípio da personificação. [366]

O princípio de personificação na filosofia de Kant funcionaria como um tipo de especificação última do logocentrismo, uma vez que o respeito à natureza racional se dá *na pessoa* de um ente capaz de "encarnar" a natureza racional de modo mais pleno e consistente, a saber, a racionalidade moral. Ora, se a moralidade é o "grau" mais elevado de racionalidade, um ser racional que é capaz da moralidade, parece ter a natureza racional em seu grau mais elevado, do que um ente que não possui essa capacidade. Por isso, apenas *pessoas* são tomadas como seres racionais nesse sentido mais específico e mais elevado. É nesse sentido que Wood fala que esses entes são pessoas *stricto sensu*[367]. Pessoas *stricto sensu*, são seres racionais capazes de legislar e agir moralmente. Mas isso não significa que não possam haver outros seres racionais em *lato sensu*. Entretanto, como o princípio de personificação

365 Cf. WOOD, 1998, p. 202.

366 Ibid., p. 193.

367 Essa é uma distinção que Wood faz em *Kantian Ethics*, 2009, p.96-97.

se sobrepõe ao logocentrismo ele impede o respeito *direto* por entes com natureza racional, mas não especificamente moral.

Segundo Wood, a própria taxonomia dos deveres presente da *Doutrina da Virtude*, segue-se a partir do princípio de personificação. "A divisão de deveres éticos de Kant em deveres para nós mesmos e deveres para com os outros pode ser considerada um corolário do princípio da personificação"[368], afirma Wood. Isto implica duas condições para que se possa haver um dever direto: a) "O dever *d* é um dever para com *S* se e somente se *S* for um ser racional (ou mais de um)", e; b) "o requisito moral de cumprir com *d* tem de estar fundamentado no requisito moral de respeitar a humanidade *na pessoa* de S"[369]. Como podemos ver, a condição *a* deriva do logocentrismo, mas a condição *b* segue-se do princípio de personificação. Isso significa que a condição *b*, na verdade é uma cláusula que especifica e torna mais estrito o escopo dos deveres. "Seguindo o princípio da personificação, todos os deveres que não são para nós mesmos são exigidos por conta do respeito que devemos à humanidade na pessoa de *outros* seres racionais"[370]. Mas se os deveres pudessem seguir apenas a condição *a*, sendo derivados apenas do logocentrismo, poderíamos estender os deveres diretos a entes com natureza racional que não fossem necessariamente pessoas.

O princípio de personificação, entretanto, implica a impossibilidade de deveres relativos a entes não racionais. Wood[371] lembra que Kant chega a mencionar que aparentemente sentimos que temos certos deveres para com entes não racionais (como animais, por exemplo), mas estes seriam apenas uma *anfibolia* dos deveres, ou seja, uma "ilusão conceitual", pois tais deveres são devidos a

---

368 WOOD, 1998, p. 193.
369 Ibid.
370 Ibid.
371 Ibid., p.194.

nós mesmos, em virtude do dever que temos de buscar nossa própria perfeição moral, e não a tais seres especificamente.[372]

Wood advoga, portanto, que o princípio de personificação na verdade é introduzido de uma maneira que torna o logocentrismo kantiano mais estrito e menos inclusivo. As críticas dirigidas ao logocentrismo kantiano não seriam apropriadas. Não é o logocentrismo propriamente que teria levado Kant à conclusão de que os seres não racionais teriam valor apenas extrínseco. Teria sido, conforme defende Wood, a combinação do logocentrismo com o princípio de personificação que tornou a posição logocêntrica de Kant menos aberta à inclusão de seres não racionais (ou com natureza parcialmente racional) no rol dos deveres e no conjunto de seres com valor intrínseco. É por isso que o logocentrismo kantiano funcionaria melhor sem o princípio de personificação. Wood propõe então a rejeição do princípio de personificação da ética kantiana, dando espaço para o logocentrismo tomar seu devido lugar na estrutura da moralidade. Wood defende que "uma ética logocêntrica, que baseia todos os deveres no valor da humanidade ou na natureza racional, não deve ser comprometida com o princípio da personificação"[373]. Apesar de parecer estranho para alguns imaginar que na abordagem kantiana o respeito à natureza racional possa ser direcionado para além da personalidade, Wood diz que podemos derivar do logocentrismo o respeito também a fragmentos da natureza racional (ou da racionalidade) como das condições necessárias para que ela exista.

> [...] se o princípio da personificação é uma concessão a essa linha de pensamento, então é um princípio mal considerado, que Kant não deveria ter feito. Claro que devemos respeitar a natureza racional em pessoas, e isso significa respeitar as

---

372 WOOD (1998, p. 194) afirma que "praticar a bondade e a gratidão em relação aos animais cultiva atitudes de simpatia e amor em relação aos seres humanos, enquanto a insensibilidade ou crueldade em relação aos animais promove os vícios contrários e faz de nós pessoas piores".

373 WOOD, 1998, p. 197.

> próprias pessoas. Mas meu argumento principal aqui depende de dizer que devemos também respeitar a natureza racional *em abstrato*, o que implica respeitar fragmentos ou condições necessárias, mesmo quando elas não são encontradas em seres ou pessoas totalmente racionais.[374]

Nesse sentido, se animais não humanos possuem minimamente a capacidade de perseguir fins próprios de sua natureza de modo intencional, então é plausível assumir que animais possuem "fragmentos" de racionalidade. Da mesma forma crianças encaixaram-se dentro desse mesmo raciocínio, além de que elas possuem potencialmente aquelas características que são condições para desenvolver uma natureza racional completa.

Wood defende que rejeitar o princípio de personificação, ao qual Kant não foi capaz de se desvincular, significa que o respeito que devemos à natureza racional nos impõe um tipo de respeito à natureza racional *em abstrato*, não apenas na "personificação" em um ente específico como é o caso de pessoas (certos humanos que exibem personalidade), mas respeitar a natureza racional como tal significa também respeitar "fragmentos" dessa natureza, mesmo em estado incompleto (como seria o caso de animais, crianças ou outros seres humanos não plenamente racionais). Wood enfatiza:

> O ponto vital aqui não é que esses julgamentos estejam de acordo com nossas intuições morais pré-teóricas, mas que a dignidade da natureza racional, o valor que fundamenta o próprio princípio de Kant, o comprometa a rejeitar o princípio de personificação, uma vez que envolve valorizar seres *não racionais* (daí o que são, na teoria de Kant, literalmente ou tecnicamente *não-pessoas*) e até mesmo atribuir a esse valor prioridade a alguns dos fins dos seres racionais (que são literalmente pessoas).[375]

---

[374] Ibid., p. 198.

[375] WOOD, 1998, p. 199.

Ou seja, de certo modo o princípio de personificação acaba se tornando uma espécie de "corpo estranho" dentro do sistema ético de Kant. Analogamente a um organismo que rejeita um órgão que não se adapta bem ao corpo e o expulsa, parece que, se levarmos a sério o logocentrismo de Kant, encontraremos nele razões para expulsar o princípio de personificação. Desse modo, como Wood chama a atenção, abre-se espaço para uma valorização mais efetiva de entes não racionais e mesmo considerar que alguns deles (tais como crianças) possam ter prioridade em nossos julgamentos e nossas preocupações, referentes ao cuidado especialmente. Desse modo, Wood entende que:

> Rejeitar o princípio da personificação é rejeitar o princípio taxonômico mais fundamental da doutrina da virtude de Kant, o princípio que divide todos os deveres éticos exaustivamente em deveres para nós mesmos e deveres para com os outros. Mas essa rejeição abre o caminho para reconhecermos, apenas com base no princípio logocêntrico de Kant e sem introduzir qualquer valor fora daquele de natureza racional, deveres relativos a seres não racionais que não se baseiam ou derivam de quaisquer deveres *para com* seres racionais.[376]

Nota-se que há certa ousadia na proposta de Wood, pois as implicações em se rejeitar o princípio de personificação nos levaria a uma interpretação diferenciada dos deveres éticos. Portanto, a proposta de Wood não é simplesmente um pequeno ajuste na teoria de Kant. A retirada do princípio de personificação representaria um novo olhar para a ética kantiana como um todo. No entanto, para Wood essa estratégia na verdade consiste em corrigir os próprios erros de Kant e redirecionar o rumo perdido devido a introdução do princípio de personificação que transformou-se em uma espécie de camisa de força para a ética kantiana. E como Wood sugere, temos razões teóricas internas à própria

---

[376] Ibid., p. 200.

filosofia prática de Kant que nos autorizam a fazer esse movimento. Além disso, as consequências dessa correção tornam a ética kantiana mais inclusiva e menos vulnerável à crítica de que ela nos conduziria a uma visão excludente em relação ao *status* moral de seres não racionais ou ao valor meramente extrínseco dado à natureza não racional.

No entanto, a argumentação de Wood, nesse ponto, ainda precisa ser melhor esclarecida, para tornar-se mais consistente. Wood afirma que um possível valor intrínseco (em si mesmo) da natureza não racional já tinha sido timidamente admitido por Kant, mas não tornado tão explícito a fim de evitar contradições (devido à imposição do princípio de personificação). Contudo, Wood afirma que Kant entendia que a ordem natural como um todo – hoje entendida sob o nome de ecossistema –, precisa ser vista com sistema teleológico unificado[377]. Ou seja, o próprio ecossistema natural é visto dentro de uma ordem teleológica harmoniosa no qual todos os entes naturais são direcionados "racionalmente" a cumprir suas finalidades naturais. Por isso, "*entender* a natureza como um sistema de fins"[378] implica em considerar que há uma racionalidade intrínseca disposta (e dispersa) na teleologia inerente a ela.[379]

Nesse ponto, parece que o que está implícito na argumentação de Wood é que possuir uma natureza não racional não é o mesmo que possuir uma natureza *irracional* – no sentido de contrário ao que é racional. Aqui Wood compreende que assumir radicalmente uma posição logocêntrica implica em um entendimento que toda natureza existente possui um "*que*" de racional, ou seja, o mundo natural em si, uma vez que é regido por leis – que não podem ser leis "irracionais" – , possui uma "racionalidade intrínseca" (talvez até ontológica). Portanto, a ordem natural não poderia ser

---

377 Cf. WOOD, 1998, p. 203.

378 Ibid., p. 204.

379 Aqui Wood chega a referir-se a concepção teleológica de Aristóteles. Ao que parece a visão de Kant, nesse quesito é mais próxima à de Aristóteles do que comumente é interpretado.

tomada como algo "irracional", em oposição à natureza racional. O logocentrismo, assim colocado, leva-nos a concluir que não existiria uma natureza completamente "não-racional" (no sentido de uma ausência completa ou absoluta de racionalidade). O mundo natural não poderia ser completamente irracional e absurdo.

Contudo, essa perspectiva parece também implicar haver níveis dessa racionalidade, no qual a natureza humana se sobressai perante outros entes presentes em nosso mundo. O que chamamos de natureza não racional seriam seres que não possuem a predisposição para estabelecer fins racionais *intencionais*, ou seja, são seres carentes de "humanidade" no sentido técnico. Alguns animais não humanos possuiriam também sua parcela de racionalidade, pois são capazes de estabelecer fins adequados a sua natureza e mesmo que seu comportamento seja regido por leis naturais causalmente determinadas, elas não seriam leis irracionais. Animais não humanos possuem arbítrio e capacidade de escolha[380], embora suas ações não possam ser livres no sentido ao qual o ser humano seria capaz. Do mesmo modo, o ecossistema natural também é regido por leis naturais e por isso possui a natureza racional implicada nele de modo fragmentário ou incompleto. É por isso que Wood pensa que se Kant tivesse levado adiante o logocentrismo ele teria admitido explicitamente que a natureza "não racional" possuiria também (pelo menos de modo gradual) valor intrínseco e que temos deveres diretos para com seres não racionais.

---

380 Wood (1998, p. 200) afirma que animais podem ter o que Tom Regan chamou de *autonomia de preferência*, ou seja, uma capacidade mais básica de ser seletivo em suas escolhas. Essa noção de autonomia de preferência, segundo Wood é uma condição necessária para autonomia moral. Nesse caso, há traços rudimentares da autonomia moral em seres capazes de autonomia de preferência, do mesmo modo que há traços de racionalidade em seres com natureza não racional.

4.1.2 ANTROPOCENTRISMO MORAL E DEVERES INDIRETOS, SEGUNDO ONORA O'NEILL

Em *Kant on Duties Regarding Nonrational Nature*, Onora O'Neill defende que a posição ética de Kant é necessariamente antropocêntrica[381]. O antropocentrismo de Kant, no entanto, assume um sentido bastante específico que conduz ao que ela chama de "especismo contingente"[382]. Segundo O'Neill nenhuma teoria ética pode ser completamente independente de alguma forma de antropocentrismo e se isso conduz a uma posição especista então precisamos admitir o especismo não apenas de Kant mas de outras visões morais. O'Neill é cética quanto à possibilidade de uma teoria moral ser completamente imune à alguma forma de especismo[383], mas ela considera que se Kant é um especista ao menos ele não é um "chauvinista humano"[384]. A posição de Kant referente ao modo como devemos tratar animais não humanos e demais entes não racionais não implica em um descaso completo ou admissão de crueldades, mas impõe restrições ao modo como agimos em relação a eles. Evidentemente, como sabemos – e O'Neill enfatiza esse ponto[385] –, Kant admitia que temos deveres *indiretos* para com seres de natureza não racional, já que todo dever direto é sempre dirigido para seres racionais. Além disso, Kant não defendia que animais não humanos poderiam ser fins em si mesmos mas apesar disso também não defendeu que eles eram simplesmente coisas[386]. Ou seja, não podemos usá-los ao nosso bel prazer. Entretanto, a posição moral que os seres humanos assumem é diferente já que a moralidade exige a existência de agentes racionais, necessariamente[387]. Seres cuja natureza não

---

381 O'NEILL, 1998.
382 Ibid., p. 211.
383 Cf. O'NEILL, 1998, p. 211.
384 Ibid., p. 212; 227.
385 Ibid., p. 213.
386 Ibid., p. 221.
387 Ibid., p. 217.

é racional não são capazes de agência racional e por isso não podem ser *titulares de direitos*[388], segundo O'Neill.

O'Neill afirma que o ponto de partida de Kant é antropocêntrico e que isso significa que apenas humanos (ou outras naturezas racionais) podem ter obrigações[389]. A ideia de um logocentrismo kantiano, como Wood defende, é em partes admitida por O'Neill, pois se houverem outros seres com natureza racional que não são humanos eles podem ter obrigações. No entanto, O'Neill chama a atenção de que embora haja essa possibilidade, apesar de indemonstrável, o ponto de vista da moralidade assumido por Kant é eminentemente antropocêntrico porque os únicos seres racionais que conhecemos e fazem parte de nossa experiência são seres humanos. É provavelmente por isso que, apesar do termo "pessoa" ter um significado mais restrito na terminologia kantiana, normalmente ele acaba sendo tomado como sinônimo de "ser humano" (em contextos menos precisos), porque embora não haja razões para negar a possibilidade de existirem pessoas não humanas, nós conhecemos apenas pessoas humanas.[390]

O'Neill chama a atenção para os dois termos não-kantianos usados por Wood para se referir a princípios identificados por ele na teoria ética de Kant. Tanto o logocentrismo quanto o princípio de personificação não são termos usados por Kant. Eles são introduzidos por Wood para explicar o modo como o raciocínio moral de Kant é operacionalizado. No entanto, O'Neill, apesar de concordar que tais princípios estão presentes na teoria ética de Kant, ela não endossa a estratégia de Wood ao propor a rejeição do princípio de personificação na tentativa de tornar o logocentrismo de Kant mais consistente e a partir dele estender deveres e valor intrínseco para com seres de natureza não racional. O'Neill acredita que essa estratégia não é tão vantajosa quanto a abordagem dos deveres

388 Ibid., p. 112;222.

389 Ibid., p. 211,

390 Nesse caso, parece que o logocentrismo reivindicado por Wood deixa de lado uma dimensão mais imediata da experiência moral humana.

indiretos de Kant[391]. A noção de deveres indiretos é mais fecunda e necessária para qualquer teoria moral que manifeste preocupação com seres com natureza não racional, como animais não humanos ou mesmo a biodiversidade.

O'Neill interpreta o princípio de personificação referido por Wood da seguinte forma: "O princípio da personificação faz uma afirmação sobre os seres que estão no lado receptor da ação moral, a quem os deveres podem ser devidos e, em alguns casos, casos, titulares de direitos [...]"[392]. Do modo como O'Neill observa, o princípio de personificação possui o caráter de enfatizar o fato de que a moralidade exige a existência de seres que são os *receptores da ação moral*[393]. Esses seres podem ser titulares de direitos mas principalmente precisam estar em uma posição moral em que sejam capazes respeitar deveres. Nesse sentido, a moralidade necessita inevitavelmente que existam agentes morais. Mesmo que se fosse admitida uma precedência de direitos sobre deveres (o que não é o caso na teoria moral kantiana) a moralidade só passaria a existir quando houvessem seres capazes de cumprir deveres correlatos a esses direitos.[394]

O'Neill afirma que Wood deriva a noção de logocentrismo a partir da ideia de que a natureza racional é a única fonte de valor absoluto e incondicional, ou seja, de que não há nenhum valor que possa existir independentemente da dignidade da natureza racional. Contudo, O'Neill afirma que "a introdução da noção de dignidade" não seria mais do que "uma distração"[395]. A noção de dignidade é introduzida por Kant depois da distinção que ele

---

[391] Cf. O'NEILL, p. 223-226.

[392] Ibid., p. 212.

[393] Ibid.

[394] Imaginemos um mundo onde todos os seres possuam direitos mas sejam incapazes de cumprir deveres. O resultado seria o mesmo em que esses seres não tivessem direito algum. Por isso, segundo O'Neill, a ética kantiana não endossa a possibilidade de animais terem direitos, já que também não podem ter deveres. A ética kantiana enfatiza que deveres são sempre deveres para com outros agentes racionais capazes também de cumprir os mesmos deveres.

[395] O'NEILL, 1998, p. 213.

faz entre *coisas* que podem ser usadas como *meros* meios – e que possuem, portanto, um preço –, e "coisas" que são fins em si mesmas – tendo pois, dignidade –, que por isso não podem de modo algum serem usadas *meramente* como meios. O'Neill comenta que:

> Sem a distinção prévia de coisas com valor instrumental ou condicional e aquelas com valor absoluto e incondicional (intrínseco), que é a base para distinguir o que pode ser negociado e o que pode não ser, não haveria contexto para distinguir preço da dignidade.[396]

Isso significa que a noção de *meios* e *fins* é anterior à noção de dignidade. O que também acarreta que a distinção entre coisas, que possuem valor relativo e extrínseco, e pessoas, que possuem valor incondicional, é também anterior a distinção entre dignidade e preço[397]. "A questão fundamental", afirma O'Neill, "é se e como deve ser estabelecida uma distinção entre coisas com e sem valor absoluto e incondicional"[398]

A tentativa de dar consistência a essa distinção é dada por Kant na elaboração da Fórmula da Humanidade. Kant afirma, nas palavras de O'Neill, que "*se* houvesse algo cuja existência é em si um valor absoluto, então ela e somente ela pode ser o fundamento de um possível imperativo categórico"[399]. Do mesmo modo Kant diz que se *houver* seres que podem ser fins em si mesmos, possuindo

---

[396] Ibid., p. 214.

[397] Essa observação sugere que não apenas a noção de dignidade não é suficiente para ser a fonte de onde Wood deriva o logocentrismo de Kant, como parece indicar que o princípio de personificação é anterior. Ora, se a distinção entre pessoas e coisas (condicionadas pela distinção entre fins e meios) dá o contexto para a distinção entre dignidade e preço, então o princípio de personificação, a ideia de que pessoas, seres racionais em sentido estrito, são fins em si mesmo e possuem valor absoluto, condiciona a noção acerca do que possui dignidade. A noção de dignidade dependeria da noção de "fim em si mesmo" ou de "valor absoluto".

[398] O'NEILL, 1998, p. 214.

[399] Ibid.

pois dignidade, eles poderiam tomados como fontes da moralidade. Mas ele não toma isso como uma verdade demonstrada. O'Neill enfatiza o condicional "se" e afirma que Kant "não tenta imediatamente estabelecer o antecedente do condicional"[400]. Ou seja, Kant não assume nesse ponto da *Fundamentação* que existe algo que possui valor absoluto, mas apresenta um argumento condicional. Ela observa que as duas primeiras seções da *Fundamentação* tem o objetivo de apresentar argumentos analíticos mas que só serão efetivamente colocados a prova na terceira seção[401]. O argumento final de Kant é que precisamos nos conceber como fins em si mesmos e como seres capazes da liberdade para que a moralidade seja possível.

O'Neill afirma que não há pois um argumento completo da Fórmula da Humanidade na segunda seção da *Fundamentação* e que deveríamos encará-la como um *postulado*[402]. Essa interpretação diverge de Wood pois ele extrai o valor incondicional da humanidade desta fórmula do imperativo categórico. Se a noção de dignidade é mesmo uma distração e depende da distinção entre fins e meios, então possivelmente a derivação que Wood faz do princípio logocêntrico como fonte de valor em virtude da dignidade da natureza racional pode ser equivocada.

O'Neill reinterpreta o logocentrismo de Kant afirmando que ele possui dois pressupostos básicos[403]. Primeiramente, existe um "antropocentrismo indispensável" implícito no logocentrismo de Kant uma vez que a moralidade exige que existam agentes morais. "Alguma forma de antropocentrismo é um pressuposto necessário de qualquer teoria moral ou discurso moral: sem agentes, sem moralidade."[404] Uma vez que apenas seres humanos seriam considerados agentes em um sentido forte – ao menos enquanto agentes morais do modo

---

[400] Ibid.

[401] Cf. O'NEILL, 1998, p. 214-217.

[402] Ibid., p. 215.

[403] Ibid., p. 217.

[404] Ibid.

como é requerido pela moralidade kantiana –, necessariamente esse ponto de partida é antropocêntrico. Para O'Neill, esse é o ponto de partida da teoria moral de Kant e é indispensável para qualquer teoria moral. No entanto, na visão kantiana "não somos meros agentes" mas somos seres que estão no "lado receptor" da ação dos outros agentes[405]. No entanto, esse segundo pressuposto não seria autoevidente mas "é válido apenas se naturezas racionais levarem vidas conectadas ou (como Kant costuma dizer) 'compartilhar um mundo'"[406]. Essa parece ser uma referência direta ao reino dos fins. Segundo O'Neill, é apenas quando esses dois pressupostos vigoram que há base para a reivindicação logocêntrica. Resumidamente:

> As naturezas racionais não podem então se recusar coerentemente a se ver como a si mesmas como fins em si mesmas, como seres com valor absoluto e incondicional: esse é o núcleo do logocentrismo.[407]

O'Neill afirma que na Fórmula da Humanidade "a visão de que as naturezas racionais tem valor absoluto e incondicional é encapsulado de forma imperativa"[408] e posteriormente desenvolvido por Kant na descrição dos deveres que se seguem. A partir dessa exposição se seguem dois conjuntos de deveres. Por um lado somos comandados a não fazer uso dos outros como meros meios ao passo que também somos exigidos a tratar os outros como fins em si mesmos[409]. Essa seria a base dos deveres perfeitos e imperfeitos.

O'Neill diz que a descrição dos deveres expostos por Kant (especialmente os que se seguem na segunda seção da *Fundamentação*) são adaptados ao "caso humano"[410] na medida em que nossa

---

405 Ibid., p. 217-218.
406 Ibid., p. 218.
407 O'NEILL, 1998, p. 218.
408 Ibid.
409 Ibid., p. 219.
410 Ibid.

natureza humana expressa traços de fragilidade e habilidades que precisam ser desenvolvidas, segue-se que temos deveres para com outros seres humanos em promover o desenvolvimento de suas capacidades, por respeito ao dever de tratá-los como fins em si mesmos. Inevitavelmente, argumenta O'Neill, "qualquer população de natureza racional" precisará aceitar que é necessário um tipo de comprometimento ético mínimo restringindo ações que levem "a destruição e danos mútuos"[411].

O'Neill observa também que, de acordo com Wood, o logocentrismo de Kant implica que "*apenas* naturezas racionais são fins em si mesmas e com valor absoluto"[412]. É exatamente por isso que a estratégia argumentativa de Wood é defender que há "fragmentos" da natureza racional disperso mesmo em seres com natureza não racional, e derivar daí a alegação de que os mesmos possuem valor inerente, já que espelham a dignidade da natureza racional, seguindo-se que podemos reconhecer deveres diretos para com estes[413]. Entretanto sobre esse aspecto, O'Neill afirma que:

> [...] os argumentos de base para o núcleo do logocentrismo não mostram que agentes racionais, entre eles agentes humanos, devem atribuir valor incondicional e absoluto *apenas* a outros de sua própria espécie. Talvez existam outros seres que são incapazes de ação racional, mas, no entanto, têm valor absoluto e incondicional, ou pelo menos uma posição moral menor que todos os agentes racionais devem reconhecer.[414]

---

411 Ibid.

412 Ibid., p. 220.

413 É importante observar que Wood não defende que seres com natureza racional, mesmo animais não humanos, podem ter direitos. Ele não chega a negar isso mas observa que sua argumentação provavelmente não é suficiente para chegar à conclusão de que eles podem ter direitos. No entanto, poderíamos aceitar como plausível que temos deveres diretos para com tais seres devido ao valor da natureza racional presente em sua natureza *parcialmente* racional.

414 O'NEILL,1998, p. 220.

É nessa lacuna que muitos kantianos admitem que na perspectiva de Kant há espaço para argumentação de que seres humanos não plenamente racionais como crianças possuem valor incondicional ou absoluto. O'Neill nos lembra que para Kant não temos razões para admitir, sob um ponto de vista da razão teórica, que temos uma natureza racional (ou seja, que somos pessoas, no sentido forte, como agentes autônomos e capazes da moralidade) mas que temos razões apenas sob um ponto de vista da razão prática, da mesma forma que também postulamos a existência da liberdade ao nos concebermos como seres livres. Precisamos nos considerar sob um ponto de vista pragmático como agentes morais livres e "ver a nós mesmos e a um outro como agentes e destinatários, portanto como fins em si mesmos"[415]. Mas essa consideração é uma presunção necessária e não uma afirmação cuja verdade foi teoricamente demonstrada.

O'Neill comenta que para Wood o princípio de personificação é o que conduz Kant a aceitar que apenas a natureza racional possui o valor absoluto e incondicional adicionando ao logocentrismo o requisito de que o respeito devido à dignidade se dá "*na pessoa de alguém*"[416]. O princípio de personificação seria o entrave para o logocentrismo de Kant expandir nosso compromisso moral com seres de natureza não racional. "É o princípio de personificação ao invés do logocentrismo que, como Wood vê, coloca Kant em conclusões especistas"[417]. Como observa O'Neill, Wood pretende, com a rejeição do princípio de personificação, colocar a filosofia moral e prática de Kant nos eixos, devolvendo ao logocentrismo a sua força inicial, ampliando assim o "escopo da moral"[418]. Assim, devemos o respeito não apenas a seres com natureza racional completa - pessoas, portanto -, mas também devemos respeito para com a natureza racional *em abstrato* presente em *fragmentos* e nas *condições necessárias* para a natureza racional.

---

415 Ibid.
416 Ibid.
417 Ibid., p.221.
418 Ibid.

O'Neill admite que "o princípio de personificação exclui *não--pessoas* do estatuto de titulares de direitos a quem são devidos deveres"[419] e esse parece ser o papel principal que tal princípio exerce na filosofia moral de Kant. Não podemos abrir mão de que existam agentes que sejam os titulares dos direitos e que são os receptores da ação demandada pelos deveres. Sem isso não há moralidade.

É nesse sentido, que O'Neill parece entender que não podemos abrir mão do princípio de personificação. Contudo, a estratégia de O'Neill é reforçar a importância dos deveres indiretos.

De acordo com a interpretação de O'Neill, os deveres indiretos são inevitáveis. Os deveres indiretos que temos para com entes que não são pessoas expressam, na verdade, deveres diretos que temos para com pessoas, seja outros ou nós mesmos. O'Neill considera coerente da parte de Kant negar que temos deveres diretos para com os animais não humanos – e de modo mais generalizado com seres não racionais –, uma vez que eles não podem assumir a mesma posição moral que humanos, já que não podemos atribuir deveres deles para conosco[420]. Para O'Neill isso não pode ser encarado como uma atitude especista, pelo contrário, atribuir deveres indiretos significa que há consideração moral, mas inevitavelmente não podemos concluir que seres com natureza não racional possuem o mesmo *status* moral que seres com natureza racional.

O'Neill considera que a relação existente entre deveres e direitos exige que entendamos o tipo de interação que há entre seres com natureza racional e seres com natureza não racional. O tipo de relação não pode ser a mesma já que uma das partes não pode ser colocada em uma mesma posição moral uma vez que não podemos atribuir deveres a eles e portanto não podem ser considerados agentes em sentido forte (agentes racionais, mais especificamente). É exatamente por isso que O'Neill defende que há uma

---

419 O'NEILL, 1998, p.222.

420 Ibid.

forma de especismo incontornável na teoria ética de Kant e um antropocentrismo indispensável, já que sem agentes morais capazes de impor a si mesmos deveres não pode haver moralidade.

Portanto, precisamos assumir a necessidade de deveres indiretos. Como enfatiza O'Neill:

> O fato de existirem deveres indiretos dos quais animais não humanos devem se beneficiar não é uma proteção trivial. Para Kant os deveres indiretos são importantes: são deveres reais que unem todos os capazes de ter deveres.[421]

Alguns críticos de Kant alegam que atribuir apenas deveres indiretos a seres com natureza não racional, como animais não humanos, por exemplo, implica em uma consideração moral menor ou que eles possuem menor valor (se é que possuem algum). Essa é uma preocupação referente ao *status* moral desses indivíduos. Mas O'Neill observa que, em geral, mesmo entre os utilitaristas, não há uma reivindicação de atribuição de direitos, apenas uma preocupação com o seu bem estar[422]. Não é à toa que senciência[423] é tomado como critério para definir o escopo da preocupação moral. Mas mesmo "aqueles que veem a senciência como base da posição moral geralmente não consideram que todos os seres

---

[421] O'NEILL, 1998, p. 223.

[422] Ibid.

[423] Por senciência entende-se normalmente que ter a capacidade de sentir prazer ou dor deveria ser o critério para estabelecer *status* moral para um indivíduo. A senciência é um critério não especista, ou seja, um critério que não está justificado com o fato de pertencer a uma certa espécie mas com a capacidade de sentir prazer ou dor. "Tradicionalmente, os utilitaristas argumentam que a característica verdadeiramente moralmente importante dos seres não é apreciada quando nos concentramos na personalidade ou na natureza racional e autorreflexiva dos seres humanos, ou na relação entre um ser e essa natureza, ou ser objeto de uma vida, ou pessoas coletivas. O que é realmente importante, afirmam os utilitaristas, é a promoção da felicidade, do prazer ou da satisfação dos interesses, e a prevenção da dor, do sofrimento ou da frustração de interesses." (GRUEN, 2017, 1.4)

sencientes são fins em si mesmos"[424] ou mesmo que possuem direitos. A reivindicação de *status* moral é defendida em prol das restrições que temos para com tais seres. Nesse sentido, argumenta O'Neill, não há diferença com relação a perspectiva kantiana que impõe que temos deveres indiretos para com tais seres[425].

Além disso, O'Neill afirma que a abordagem a partir de deveres indiretos tem algumas vantagens sobre o critério de senciência[426]. Se tomamos a senciência como base para o *status* moral criamos uma linha bastante rígida para os seres aos quais temos algum tipo de dever direto. No entanto, essa perspectiva levaria à conclusão de que não temos dever algum, nem indiretos, para com seres sem senciência. Essa não é uma abordagem fecunda para uma ética ambiental, por exemplo, já que não podemos atribuir senciência às plantas, às florestas, à biodiversidade, etc.

Portanto, deveres indiretos são indispensáveis:

> No final, posições em ética que permitem qualquer tipo de dever terão que levar a sério deveres indiretos ou negligenciarão a importância de recursos dispersos da biosfera, como *habitats* ou cadeias alimentares, ou de características abstratas como espécies e diversidade genética, ou partes inanimadas de natureza, como a corrente do golfo ou a camada de ozônio.[427]

É por isso que O'Neill vê com certa desconfiança o argumento de Wood baseado na noção de "fragmentos de racionalidade", pois ele é análogo ao critério de senciência[428], se diferenciando apenas por ampliar mais o conjunto de seres que temos algum tipo de dever direto. O'Neill nesse sentido não vê vantagem em argumentar em favor de deveres diretos para com animais não humanos ou outros seres não racionais como florestas ou o meio ambiente.

---

424 Ibid., p. 225.
425 Ibid.
426 Ibid.
427 Ibid., p. 226.
428 Ibid., p. 225.

Para ela, levar a sério o fato de termos deveres indiretos para com a natureza não racional é uma estratégia mais fecunda.

A posição ética de Kant, O'Neill admite, até poderia talvez ser estendida para seres não racionais para "permitir direitos diretos àqueles com fragmentos de racionalidade, ou com racionalidade incipiente", como propõe Wood. Mas O'Neill afirma que uma vez que esses mesmos elementos servem de base para uma gama considerável de deveres indiretos para com seres de natureza não racional "é provável que a posição de Kant leve a uma visão mais ampla do que humana", embora faça-se a ressalva "mas não indefinitivamente ampla". Isso significa que, na prática, o modo como devemos nos comportar diante de seres com natureza racional é o mesmo do que o modo como deveríamos nos comportar diante desses mesmos seres se tivéssemos deveres diretos para com eles. Portanto, não há necessidade de rejeitarmos o princípio de personificação.

A abordagem de O'Neill é menos ousada e mais humilde do que a de Wood. No entanto, tem a vantagem de estabelecer menos modificações na ética kantiana e dela derivar o modo como devemos tratar seres com natureza não racional à luz dos deveres indiretos. O'Neill parece defender que de modo geral Kant está correto em não admitir deveres diretos para com seres que não possuem natureza não racional e que ele não falha em suas conclusões, mas é coerente com seu ponto de partida. Nesse sentido, O'Neill considera que a teoria ética de Kant está em ordem e possui coerência interna, não precisando do ajuste proposto por Wood. O'Neill parece não dar adesão à proposta de rejeitar o princípio de personificação. Ela aceita que a posição de Kant é logocêntrica, mas defende que ela é também inevitavelmente antropocêntrica, já que o ponto de partida é sempre a visão humana e o nosso modo humano de ser e de se relacionar. É como se não pudéssemos assumir outro ponto vista que não o ponto de vista humano, antropocentricamente. Além disso, nossas relações para com seres humanos são diferentes de nossas relações para com seres não humanos e igualar o *status* moral pode não ser algo vantajoso para nenhuma das partes. Por isso O'Neill aceita que Kant inevitavelmente assuma uma posição especista leve ou incompleta. Mas ela também é cética quanto à possibilidade de uma teoria ética não conter absolutamente nenhum elemento especista. O que nos leva a indagar até que ponto o chamado especismo faz sentido.

Embora O'Neill se dedique mais a pensar acerca dos deveres indiretos que temos para com seres de natureza não racional não humanos, ela toca algumas vezes em relação a seres humanos, mas parece não considerar que estes possam estar no conjunto de seres não racionais. Quando discute acerca do princípio de personificação e do uso restrito do termo "pessoa" por Kant, ela afirma:

> Mesmo se na prática Kant pensa que há deveres para com seres humanos imaturos ou com deficiências, que atualmente não são racionais, ele não deveria ter feito isso e estava seguindo corretamente as implicações do princípio de personificação em negar a existência de deveres humanos para com os animais, ou para outras partes de natureza não racional, ou para com seres sobrenaturais.[429]

Ou seja, O'Neill parece admitir que há uma ambiguidade na posição de Kant quanto haver ou não deveres diretos para com crianças ou humanos com deficiências cognitivas. Mas seguindo o princípio de personificação ele deveria ter sido mais enfático ao negar esses deveres diretos do mesmo modo que se refere à impossibilidade de deveres para com animais ou mesmo seres sobrenaturais, caso existam. Contudo, adotar abordagem dos deveres indiretos não seria um descaso para com tais seres humanos. O'Neill admite que a ética kantiana supõe que devemos ter preocupação moral e cuidado com aqueles seres que possuem natureza racional ainda que insipiente (no caso, crianças e bebês) ou que

---

[429] O'NEILL, 1998, p. 220.

são "quase racionais" (provavelmente se referindo à portadores de alguma deficiência)[430]. Ela afirma que:

> Extensões são comuns e convincentemente argumentadas em favor dos seres humanos cuja agência racional é potencial (bebês) ou temporariamente reduzida (na doença) ou desbotada (senil) ou limítrofe (severamente retardados). Kant nunca duvida de que tudo isso seja devidos os deveres que devemos aos humanos que estão na maturidade de suas faculdades [...][431]

É por isso que O'Neill afirma que "nesse aspecto ele (Kant) era talvez, e honrosamente, um especista"[432]. De acordo com a interpretação de O'Neill, a visão de Kant assume alguma forma de especismo na medida em que combina o logocentrismo com antropocentrismo. Ou seja, dentro do quadro de nossa experiência só podemos conceber os seres humanos como seres que possuem a natureza racional[433]. Pelo que podemos saber, apenas seres humanos podem vir a ser pessoas. Todos os demais seres não humanos não possuem um potencial para tal.

No caso de crianças, O'Neill parece compreender que elas já possuem a natureza racional ainda que de modo incompleto. Elas não seriam pessoas em sentido estrito, pois não tiveram seu desenvolvimento racional completado, mas possuem o potencial para isso. Não fica tão claro como humanos com deficiência grave encaixam-se nesse raciocínio. É claro que podemos assumir que eles possuem natureza "quase racional" ou "fragmentos de racionalidade" (de acordo com Wood), mas há casos que provavelmente teríamos que aceitar a completa ausência de racionalidade.

---

430 Ibid., p. 221.

431 Ibid.

432 O'NEILL, 1998, p. 221.

433 Ainda que, segundo O'Neill, precisamos assumir que esse é uma presunção, um postulado e não uma afirmação auto-evidente ou teoricamente demonstrável. É pressuposto indispensável para a existência da moralidade, assim como é indispensável a liberdade.

O'Neill não parece considerar necessário uma defesa de deveres diretos nem sequer para com seres humanos que não são racionais. Ela parece não ver problema em assumir que em sentido estrito (técnico portanto) seres humanos não racionais (como crianças, deficientes cognitivos graves, entre outros) não são pessoas. Mas ela não vê isso como um problema. Deveres indiretos servem justamente para que tais indivíduos, da mesma forma que com outros seres não racionais (como animais e o meio ambiente como um todo), sejam objetos de nossa consideração moral. Aqui parece haver um espaço para derivarmos uma ética do cuidado em Kant.

A noção de valor ou de dignidade, na visão de O'Neill, não está diretamente conectada com a noção de pessoa ou de dever. Por isso, seres incapazes de agência racional não seriam necessariamente seres sem valor algum. Portanto, a noção de *status* moral, para O'Neill, não parece ter tanta importância. O *status* moral para indivíduos sem agência é diferenciado porque eles precisam de cuidado. Agentes morais assumem posição moral diferenciada porque eles podem ser cobrados por outros agentes a cumprirem deveres morais. É por isso que Kant anexa ao conceito de pessoa a noção de imputabilidade.

No entanto, O'Neill não oferece argumentos para desassociarmos as noções de valor com as noções de fins e meios. Ela afirma que a distinção entre dignidade e preço derivam, posteriormente, das noções de fins e meios, que também estão diretamente ligadas (ao menos na *Fundamentação*) com a distinção entre pessoas e coisas. Apesar de O'Neill declarar que não há nenhuma afirmação que embase a ideia, também defendida por Wood, de que *apenas* seres que possuem natureza racional possuem dignidade ou valor absoluto – e mais estritamente, conforme o princípio de personificação, apenas pessoas teriam dignidade –, essa parece ser uma associação imediata da maioria dos leitores de Kant.

4.1.3 PERSONALIDADE, *STATUS* MORAL E DIGNIDADE, SEGUNDO PATRICK KAIN

Nessa seção pretendo dar atenção para a interpretação de Patrick Kain de que Kant defende uma visão de *status* moral que inclui todos os seres humanos, desde o início ao fim da vida, incluindo mesmo aqueles que poderíamos considerar incapazes de agência racional e não autônomos, deficientes cognitivos, etc. Apesar de reconhecer que esta não é a única interpretação possível de Kant (e provavelmente não seja a majoritária), Kain acredita que há boas razões que apoiam essa sua defesa.

Patrick Kain, em seu artigo *Kant's defense of human moral status*, faz uma defesa da interpretação de que para Kant todos os seres humanos compartilham o mesmo *status* moral independentemente de sua agência racional e da autonomia. Segundo Kain, Kant defende uma visão de *status* moral comum para todos os seres humanos. Embora Kant não tenha usado a expressão "*status* moral" em suas obras, Kain defende que o conceito contemporâneo de *status* moral corresponde ao reconhecimento da dignidade humana. Nas palavras de Kain:

> Na visão de Kant, temos obrigações morais apenas para com seres dignos. Embora nossas obrigações morais com seres dignos também envolvam restrições genuínas sobre como podemos tratar seres que não têm dignidade, não temos obrigações com tais seres. Seres com dignidade, pessoas, podem ser obrigados e podem obrigar outros. Nos termos de Kant, eles são capazes de obrigações passivas e ativas - eles podem possuir, na terminologia contemporânea, "status moral" ativo e passivo.[434]

Kain admite haver um conflito entre duas interpretações distintas da posição de Kant referente ao *status* moral dos seres humanos, a saber, a *interpretação inclusiva* e a *interpretação restritiva*[435]. A primeira defende que a visão de Kant inclui todos os seres humanos como pessoas e possuindo o mesmo *status* moral,

---

[434] KAIN, 2009, p. 60.

[435] Ibid., p.66.

enquanto a segunda advoga que apenas alguns seres humanos, aqueles que possuem personalidade moral, teriam *status* moral, ou dignidade. Kain pretende defender a interpretação inclusiva.

No entanto, Kain reconhece que *ser uma pessoa* é uma das condições necessárias – mas não suficiente –, para ter *status* moral, segundo a visão de Kant. Kain não pretende refutar essa premissa, mas sua estratégia está em mostrar que a visão de pessoa de Kant está intimamente conectada às suas teorias biológicas e psicológicas da natureza humana. A antropologia de Kant, decorrente de sua visão biológica e psicológica, implicaria na conclusão de que a personalidade é uma *predisposição natural* e *inata* da espécie humana. Desse modo, todos os seres humanos, membros da espécie humana, possuem a predisposição à personalidade, o que já seria suficiente para admitir *status* moral para todos.

Kain sugere, pois, uma revisão das teorias biológicas e psicológicas de Kant. Essa perspectiva aproxima Kant de uma visão mais naturalista e tende a afastá-lo de uma interpretação exclusivamente metafísica, embora Kain admita que alguns compromissos metafísicos de Kant não possam ser abandonados. Kain faz referência à consideração de Kant de que uma *metafísica da moral* não pode prescindir de levar em consideração a natureza particular dos seres humanos. Uma teoria completa da ética kantiana envolve não apenas uma *Metafísica da Moral,* mas também uma *antropologia moral.*[436]

Kain defende que a visão de Kant de que em virtude de todos os seres humanos possuírem um conjunto de predisposições naturais derivados de sua pertença à espécie humana o compromete com a alegação de que todos seres humanos possuem o mesmo *status* moral, ou seja, a mesma dignidade[437]. Para Kain, a nossa *predisposição prática* está universalmente presente na natureza

[436] Kain (2009, p. 61-62) afirma: "Um exame cuidadoso do *corpus* de Kant revela que sua defesa do *status* moral humano universal se baseia em uma combinação de elementos de suas teorias biológica e psicológica (e antropológica), bem como de suas teorias metafísicas e morais."

[437] KAIN, 2009, p.62

humana, não apenas metafisicamente, mas biológica e psicologicamente. Ou seja, há uma base também empírica na qual Kant se apoia, explicita ou implicitamente, que sustenta sua visão de *status* moral como dignidade extensiva a todos os seres humanos. Segundo Kain:

> [...] o entendimento da defesa de Kant do *status* moral de todos os seres humanos que emerge esclarece vários compromissos centrais de Kant nas ciências naturais e na teoria ética, e um ponto de conexão entre eles. Isso fornece a base para uma melhor compreensão da teoria ética de Kant e de seu sistema em geral, e lança nova luz sobre um momento importante da história da reflexão filosófica sobre questões de *status* moral.[438]

A argumentação de Kain é complexa, exigindo uma compreensão mais sistemática da obra de Kant. Primeiramente Kain considera que a Fórmula da Humanidade já implica uma concepção de *status* moral inclusivo a todos os seres humanos[439]. Para Kain, essa é uma conclusão fundamental de FH. Uma vez que somos comandados pelo Imperativo Categórico a tratar a *pessoa na humanidade* de cada um como um fim em si mesmo, já está implicado que os outros seres humanos possuem o mesmo *status* moral, já que eles são fonte de obrigações para nós. No entanto, Kain chama a atenção para o fato de que os termos "humanidade" e "personalidade" são ambíguos na *Fundamentação*, embora nos escritos posteriores Kant tenha esclarecido melhor sua distinção[440]. Essa ambiguidade entre "humanidade" e "personalidade" é origem de mal-entendidos em relação concepção de *status* moral de Kant.[441]

Kain atenta para o fato de que para Kant "personalidade" e "humanidade" são "termos técnicos que se referem a certas capacidades

---

[438] Ibid.

[439] Ibid.

[440] Ibid., p. 63.

[441] A interpretação restritiva se ampara nesse aspecto da filosofia de Kant.

ou predisposições"[442]. Mas as passagens da *Fundamentação* ao qual esses termos se referem não são suficientes para entendermos qual a concepção que Kant tem dessas capacidades ou predisposições. Em seus escritos posteriores (especialmente a partir de *A Religião nos Limites da Simples Razão*) Kant diferencia mais precisamente entre as capacidades ou predisposições à humanidade e à personalidade. A predisposição à *humanidade* seria uma capacidade ligada à racionalidade prática de modo geral enquanto a *personalidade* corresponderia à capacidade mais específica para a autonomia moral[443]. Segundo Kain, alguns comentaristas de Kant, em virtude desse contraste e do comando de FH afirmam que "qualquer capacidade ou predisposição para a racionalidade prática [...] é suficiente para a dignidade ou pelo menos *status* moral"[444]

Contudo Kain, se posiciona contrário a essa interpretação, ao dizer que, segundo a visão expressa por Kant em escritos posteriores à *Fundamentação*, a predisposição à personalidade é um requisito básico para o *status* moral e para a dignidade. A distinção entre "ser humano" e "ser pessoa" para Kain continua sendo fundamental, pois mesmo na *Fundamentação* a visão de Kant "permite que existam seres racionais com 'humanidade' e 'personalidade' que não são seres humanos"[445]. Portanto, é necessário avançar na compreensão de Kant acerca do *status* moral dos seres humanos.

Kain retoma a seção da *Metafísica dos Costumes* na qual Kant discorre sobre os deveres que temos para com os outros. A afirmação a estamos obrigados "a pensar tanto a si mesmos como a todo outro *ser humano* como fim seu"[446] é uma referência à inclusão de todos seres humanos quanto ao mesmo *status* moral. Além disso, na *Doutrina do Direito*, quando Kant se refere ao direito dos pais

---

442 KAIN, 2009, p. 63.

443 Cf. KAIN, 2009, p.60, n.2

444 Ibid., p. 60, n.2.

445 KAIN, 2009, p. 66.

446 KANT, *Metafísica dos Costumes* 410, p.222.

sobre os filhos, ele afirma que eles não podem considerá-los como produtos, mas sim como "pessoas"[447]. Esses são exemplos de que apesar da distinção formal entre ser humano e pessoa, para Kant *todos os seres humanos são pessoas*. Segundo Kain, a filosofia kantiana admite a possibilidade de existir pessoas que não são humanas (que não são da nossa espécie), mas não admitiria pensar que humanos não são pessoas. Ou seja, ser uma pessoa, na interpretação de Kain sobre a visão de Kant, não está diretamente ligada com o exercício efetivo de certas capacidades cognitivas por algum indivíduo. Para Kain, a perspectiva de Kant está mais associada a uma noção de inclusão generalizada da espécie. A espécie humana possui certas características como a razão prática, logo, todo indivíduo pertencente à espécie humana possui também essas características, mesmo que elas não se manifestem ou se manifestem de modo deficiente. Esta visão de Kain exige que nos atentemos para as teorias biológicas e psicológicas de Kant.

Contudo, antes disso, Kain enfatiza que na visão de Kant há *duas condições* para um ser possuir um *status* moral genuíno[448]. Essas condições derivam, segundo Kain, da afirmação de Kant de que todas as nossas obrigações só tem origem em nossas relações para com outras pessoas. Ou seja, não podemos ter obrigações para com entes que não são pessoas. Ora, se um ser é fonte originária de obrigações morais é porque ele tem *status* moral. Logo, todo ser que pode nos impor obrigações possui *status* moral. Portanto, a primeira condição para um ser possuir *status* moral é que ele seja considerado uma pessoa[449].

No entanto, Kain chama atenção para o fato de que essa é uma condição necessária, mas não suficiente. Kant é enfático ao dizer que só podemos ter obrigações para com seres que estão no domínio de nossa experiência, portanto se existirem outros seres racionais que possam ser consideradas pessoas – como anjos ou Deus –,

---

447 Essa passagem é retomada posteriormente por Kain.
448 Cf. KAIN, 2009, p. 64.
449 Ibid.

tais seres não fariam parte de nosso mundo da experiência[450]. Tais seres não podem ser objetos diretos de nossa experiência (empírica) e portanto não podem ser fonte de obrigações diretas para conosco.[451] Portanto, se existirem seres racionais que não estão acessíveis a nossa experiência e tiverem as qualidades para serem pessoas, não podem nos impor obrigações diretamente e por isso não possuem *status* moral (pelo menos no sentido que nos referimos aos seres humanos).

Desse modo, Kain afirma que as condições kantianas para o *status* moral são: 1) ser uma pessoa (dotada de vontade ou razão prática) 2) ser um "dado como um objeto da experiência"[452]. Essas duas condições podem ser condensadas em "ser uma pessoa *perceptível*"[453]. Kain usa esse adjetivo "perceptível" para se referir a condição 2. Assim, para ter *status* moral um ente precisa ser uma *pessoa perceptível*, ou seja, precisamos reconhecer dentro do horizonte da nossa experiência empírica que um dado ente é uma pessoa.

Mas em que consistiria ser uma *pessoa perceptível*? Para Kain, para compreender a visão de Kant precisamos nos voltar para suas teorias biológicas e psicológicas. Começando pelas teorias biológicas, Kain afirma que Kant defendia uma teoria epigenética[454] baseada na ideia de que os seres de uma mesma espécie transmitem aos seus descendentes certas características básicas que funcionam como um conjunto de padrões biológicos que mantém semelhanças parentais. Essas características funcionariam como *predisposições*. Todos os seres vivos de uma mesma espécie compartilham certas predisposições naturais entre si. Kain afirma que para Kant

---

450 Kain (2009, p. 54) se remete especialmente à passagem do §16 da *Doutrina da Virtude* 442, na *Metafísica dos Costumes* (p.255).

451 Mesmo que se possa admitir que tenhamos obrigações morais para com entidades sobrenaturais ou divinas, em nossas relações todo o dever é sempre para com algum ser pessoal e *perceptível*.

452 KAIN, 2009, p. 64.

453 Ibid., p. 64-65.

454 Cf. KAIN, 2009, p. 74.

> [...] as características e capacidades características dos membros de cada espécie devem ser entendidas em termos de uma natureza específica comum subjacente, um conjunto de "predisposições" (*Anlagen*) e "germes" ou "sementes" (*Keime*), originalmente implantados na espécie e depois epigeneticamente transmitidos a cada um de seus membros através do poder reprodutivo de seus pais.[455]

Kain chama tal visão de Kant de *doutrina das predisposições originais*[456]. A doutrina das predisposições originais está na base da concepção biológica de Kant. Esta seria uma explicação naturalista de Kant para o desenvolvimentos dos organismos vivos. Todo o organismo de uma dada espécie recebe de seus progenitores aquelas características ou, mais precisamente, um conjunto de predisposições, que pertencem naturalmente àquela espécie. Sintetizando:

> Ao colocar todas as predisposições, mesmo as que se manifestam apenas mais tarde ou apenas em alguns membros da espécie, na origem de cada espécie e na origem de cada um de seus membros, a teoria de Kant fornece um relato unificado das regularidades mencionadas que está em conformidade com suas restrições à explicação naturalista. Ele fornece uma estrutura para explicar a conexão entre as características atualmente observáveis dos organismos e suas causas em um período anterior, baseando-se em poderes derivados da observação atual e empregando princípios teleológicos de maneira econômica, e tudo isso sem apelo à teologia.[457]

A doutrina das predisposições implica em uma concepção de que as predisposições são inerentes à natureza dos seres em relação

---

455 Ibid., p. 76.
456 Ibid., p. 77.
457 Ibid.

à sua espécie. Isso significa que toda espécie tem um conjunto de predisposições inatas e enraizadas em sua biologia. No caso da natureza humana, ela possui uma gama de predisposições inatas que caracterizam a espécie como tal. Essas predisposições estão presentes na biologia dos seres humanos, mesmo que elas não se manifestem completamente. São características pertencentes à espécie e não exclusivamente aos indivíduos dessa espécie.

Quanto a teoria psicológica, Kain afirma que embora Kant fosse cético em admitir a possibilidade de uma ciência *stricto sensu* da psicologia humana (nos mesmos moldes das ciências naturais, como a física por exemplo), ele admitia até certo ponto que podemos nos valer de algumas observações empíricas e até algumas pressuposições pragmáticas que sustentassem uma visão parcial da psicologia humana[458].

A teoria biológica de Kant apresenta alguns elementos importantes para compreender a sua teoria psicológica da natureza humana, mas não são suficientes. A este respeito Kain esclarece:

> Essa teoria biológica fornece uma parte importante do conteúdo, relevante para nossos propósitos, da concepção empírica de seres humanos de Kant, mas também há muito significado na teoria psicológica de Kant. A maioria das doações ou predisposições fundamentais da espécie humana que Kant escolheu identificar são de natureza psicológica, e não meramente biológica. Essas predisposições psicológicas parecem mais pertinentes às questões sobre *status* moral. A teoria psicológica de Kant também contém uma reviravolta importante que exige alguns refinamentos à teoria básica de geração orgânica de Kant e

[458] Nas palavras de Kain (2009, p. 78): "[...] tal ceticismo não o impediu de afirmar que os eventos psicológicos empíricos seguem leis deterministas, nem de desenvolver um modelo empírico para a explicação do pensamento e da ação humana que incorpora sua teoria de explicação amplamente 'naturalista' e emprega elementos e análogos de sua teoria biológica."

> tem implicações significativas para sua defesa do *status* moral humano universal.[459]

Como fica claro, a conexão entre a biologia e a psicologia está presente nas pressuposições de Kant acerca dos elementos psicológicos que são indispensáveis para o que Kain chama de "*status* moral humano universal"[460]. Da mesma forma que de um ponto de vista biológico a natureza humana possui certas predisposições naturais intrínsecas, que são definidoras da espécie e que são transmitidas aos descendentes por meios físicos e fisiológicos (ou epigenéticos), as predisposições psicológicas também possuem o mesmo procedimento, sendo também transmitidas. Os progenitores transmitem tanto as predisposições físicas ou biológicas quanto as predisposições psicológicas para seus descendentes por meio da procriação[461].

No entanto, a teoria psicológica possui algumas dificuldades como observa Kain. Um dos problemas advém do idealismo transcendental de Kant. Na medida em que Kant nega que possamos conhecer as coisas em si, postulando a existência de um mundo *numenal*, a conexão entre biologia e psicologia apenas explicariam uma parte da psicologia humana, isto é, aquela parte fenomenal da psique humana. Na medida em que podemos admitir que o mundo natural se apresenta como fenômeno, considerações advindas da biologia não seriam capazes de explicar a dimensão *numênica* da psicologia humana. Kant também não pode reduzir a psicologia ao domínio puramente empírico e fenomênico porque isso o impediria de postular a liberdade, já que ela pressupõe a existência de uma vontade ou um *eu numenal.*

Esse problema é analisado por Kain sob dois aspectos. O primeiro refere-se à concepção imaterial da alma humana e a segunda a respeito do postulado acerca da liberdade.

---

459 KAIN, 2009, p. 78.

460 Ibid.

461 Cf. KAIN, p. 78-79.

Kain afirma que a concepção de Kant sobre a existência da alma não implica que ela seja uma substância simples e imortal (semelhante a algumas teorias racionalistas que o precederam). Mas Kant admitia a existência de uma alma "imaterial", no sentido de que as leis mecânicas e materiais não poderiam explicar totalmente o seu funcionamento. No entanto, esse "imaterialismo" presente na visão de Kant não se trataria de uma "afirmação *ad hoc*", mas deriva da avaliação crítica de Kant acerca dos "limites das explicações 'materialistas' dos fenômenos psicológicos, paralelamente à defesa de Kant na introdução de princípios teleológicos na biologia"[462].

Kain faz referência à *doutrina da origem das almas* (*ensoulment*). Segundo Kain, Kant defende que é na "faculdade procriadora" que se encontraria a capacidade de um ser transmitir suas predisposições[463]. No caso dos seres humanos eles teriam a capacidade de transmitir também o que Kant chama de *alma*, através dessa mesma faculdade[464]. Ora, sendo assim, em virtude desse procedimento os seres vivos dotados de alma, incluindo animais e os seres humanos, desde sua origem biológica já apresentariam traços psicológicos rudimentares[465].

Como explicita Kain:

> Enquanto o imaterialismo psicológico de Kant exige algumas complexidades adicionais, no final, Kant sustenta que todos os

---

462 Kain, 2009 p. 80. Um ponto importante para salientar aqui, é que segundo Kain, essa visão imaterialista da alma para Kant não seria uma exclusividade humana. Kain afirma que Kant atribui sistematicamente almas a todos os seres vivos (incluindo não apenas animais mas outros organismos como zoófitos e pólipos), embora não atribua a todas as classes de plantas (por não considerar a todas como "vivas") (cf. KAIN, 2009, p.81). Aqui parece que Kain sugere que a concepção de "alma" de Kant tem algum tipo de ligação com uma concepção ou "animista" (ou como "princípio vital") no sentido de atribuir almas (*ânima*) a todos seres vivos. Se assim for, parece que a posição de Kant guarda algumas semelhanças com a visão aristotélica acerca da alma.

463 Cf. KAIN, 2009, pp.82; 97; 98.

464 Ibid., p.83.

465 Ibid., p. 85-86.

> organismos, incluindo todos os seres humanos, são membros de espécies fixas com predisposições originais comuns e que cada organismo vivo, incluindo cada ser humano, é, em virtude da animação original (*original ensoulment*) dotado de sua concepção com as predisposições psicológicas de sua espécie. É essa concepção de predisposições, reprodução e animação (*ensoulment*), e a maneira de Kant de identificar as predisposições da espécie humana que, eu sustento, fornecem elementos cruciais de sua defesa do *status* moral humano universal.[466]

Contudo, Kain ainda chama atenção para o fato de que "esses elementos das teorias biológicas e psicológicas de Kant não produzem e não podem, por si só, fornecer bases teóricas suficientes para resolver questões sobre o *status* moral humano"[467]. Kain admite que a noção de *status* moral, para Kant, contém uma forte relação com a liberdade[468]. No entanto, como é sabido, não temos razões teóricas para afirmar que temos liberdade (ao menos no sentido forte, transcendental), o que também implica que mesmo uma psicologia racional ou empírica não seriam suficientes para demonstrar a existência da liberdade. Apenas sob um ponto de vista pragmático podemos postular que somos agentes livres capazes da moralidade. Essa via de argumentação que conduz ao chamado "fato da razão"[469] teria uma correlação com a visão de *status* moral[470]. Apesar de não podermos provar a liberdade, nós atuamos e nos consideramos livres, da mesma forma que consideramos os demais seres humanos também dotados dessa mesma liberdade. Essa doutrina da liberdade, segundo Kain, é fundamental abordar o entendimento pragmático de Kant no que se refere à personalidade como predisposição prática.

Nesse ponto, Kain volta-se à "doutrina do mal radical" de Kant. Apesar de controversa, a doutrina do mal radical de Kant assume

---

466 Ibid., p. 87.
467 Ibid.
468 Ibid., p. 86.
469 KANT, CRPr A10, p. 19; A56, p.50-51.
470 CF. KAIN, 2009, p. 69; 95; 100.

que há uma propensão inata ao mal nos seres humanos. Essa propensão é baseada pela "evidência" de que desde cedo os seres humanos sentem culpa. Ora, se sentem culpa é porque possuem algum grau de consideração moral pelo que fazem ou deixam de fazer. Esse seria um indício de que há uma personalidade moral no sujeito que sente culpa. Kain afirma:

> Por causa da maneira como a propensão ao mal pressupõe a predisposição à personalidade, a doutrina do mal radical universal fornece evidências decisivas de que Kant considera a predisposição à personalidade algo possuído por todo ser humano. Na teoria de Kant, a predisposição para a personalidade é a base do *status* moral e é atribuída antes e independentemente de sua manifestação (individual) em caráter individual. Mas, novamente, na medida em que a doutrina do mal radical efetivamente pressupõe essa afirmação sobre o *status* moral humano universal, devemos procurar em outro lugar para isolar os fundamentos metafísicos desse pressuposto.[471]

Kain defende, portanto, que a *doutrina do mal radical* de Kant seria a chave para compreender porque a personalidade é uma predisposição de todos os seres humanos. Já que a propensão ao mal exige a personalidade moral inata, e a personalidade é o que confere o *status* moral de dignidade, temos uma forte razão para atribuir personalidade a todos seres humanos.

Além disso, Kain novamente se remete a passagem que Kant afirma que o pais geram seus filhos *como pessoas*[472]. Os filhos não são produtos, ou coisas, mas pessoas dotadas de liberdade. Através da faculdade da procriação os pais teriam a propensão de gerar esses seres capazes da liberdade, portanto a predisposição à personalidade seria uma capacidade transmitida – *também*

---

[471] KAIN, 2009, p. 90.

[472] Referência à *Metafísica dos Costumes* 280-281, §28, p. 85-86.

biologicamente[473] – para seus filhos. Se não houvesse a predisposição à personalidade (à moralidade) não haveria a possibilidade da liberdade. A capacidade para a liberdade, em sentido de agência moral, não poderia "surgir" ou originar-se a partir do nada (*ex nihilo*) em um dado momento[474]. Isto seria impossível. É mais facilmente aceitável que ela se desenvolva a partir de um núcleo pré-existente (a *pré-disposição*). Portanto, aqui a *predisposição* à personalidade não se confunde precisamente com a personalidade *em exercício* (que seria assim a liberdade enquanto autonomia).

Essa sutil argumentação acerca da liberdade sob um ponto de vista pragmático – ou seja, independentemente de considerações empíricas e conectada com a noção de "fato da razão" – e fortemente amparada pela *doutrina do mal radical,* poderia fazer parecer que é suficiente e independente das teorias biológicas e psicológicas de Kant. Mas Kain enfatiza a conexão entre a perspectiva pragmática e as teorias biológicas e psicológicas de Kant[475]. A razão disso é que apesar destes argumentos pragmáticos reforçarem a ideia de que a personalidade (como predisposição), já estaria presente em todos os seres humanos, é apenas em virtude de sua pertença à espécie humana que podemos dizer que uma criança, por exemplo, possui essa predisposição à personalidade, sendo uma pessoa, portanto. No entanto, como chamou atenção Kain, ser uma pessoa não é critério suficiente para que um ser tenha *status* moral. Ele precisa ser uma *pessoa perceptível.* Em razão disso, Kain afirma que para Kant "sua defesa do status moral

---

473 É evidente que se a liberdade possui uma dimensão transcendental a sua transmissão não pode ser meramente uma transmissão biológica, no sentido de transmitir apenas características físicas, mas precisa também ser uma transmissão metafísica. A interpretação de Kain, no entanto, assume que ao transmitir-se a predisposição biologicamente transmite-se também o seu aspecto metafísico ou transcendental concomitantemente, uma vez que não são duas realidades completamente separadas. Caso fosse, a posição de Kant seria semelhante ao dualismo cartesiano.

474 Cf. KAIN, 2009, p. 94.

475 Ibid., p. 95-96.

humano universal repousa sobre a conjunção da sua doutrina da liberdade original com suas teorias biológicas e psicológicas".[476]

Por isso, Kain enfatiza:

> [...] a participação de um indivíduo em uma espécie, a maturidade dos membros aos quais manifestam a predisposição relevante, é um indicador suficiente de seu *status* moral. Se o fato da razão, nossa "consciência imediata" da lei moral, prova que alguns "[de nós] seres humanos" são livres e que a liberdade deve ser uma investidura original das criaturas que a possuem e na medida em que a reflexão na espécie humana fundamenta o julgamento de que a personalidade é uma predisposição das espécies, Kant tem uma defesa de princípio de sua afirmação de que cada ser humano é um organismo que possui predisposição à personalidade e, portanto, que cada um possui *status* moral desde a sua procriação ou concepção.[477]

À luz dessas considerações, realmente faz sentido que a interpretação de que o comando dado pela Fórmula da Humanidade se dirija a todos os seres humanos sem exceção, independentemente de idade, condições físicas ou psicológicas, tendo ou não capacidades cognitivas intactas, agindo ou não agindo moralmente (já que são todos membros da espécie humana). Sendo assim, a interpretação do respeito à "humanidade em cada pessoa" toma por pressuposto que os entes humanos referidos, que nos impõe obrigações em tratá-los como fins em si mesmos, são *pessoas perceptíveis*, ou seja, entes humanos com predisposição à moralidade, mas não necessariamente com a *agência moral* (ou como podemos dizer, "*autonomia em exercício*", pois isto implicaria em ter um comportamento moral condizente com a moralidade).

Para Kain, a posição de Kant é de que todos os seres humanos são pessoas e possuem, portanto, o mesmo *status* moral:

---

476 Ibid., 96.

477 Ibid., p. 100.

> [...] é claro que Kant abraçou a conclusão "inclusiva" de *status* moral universal e que este não é um ditado independente, nem um reflexo de um viés arbitrário, nem uma decisão pragmática frouxamente guiada, mas sim um princípio, se falível, um julgamento guiado pela conjunção de muitos dos profundos compromissos de Kant em várias disciplinas relevantes.[478]

Em outras palavras, na interpretação de Kain, Kant defende que aquilo que confere *status* moral e dignidade aos seres humanos não é a posse de um bom caráter, mas a predisposição à personalidade moral. E por predisposição à personalidade Kain parece sugerir não o comportamento moral ou agência que decorre do uso da personalidade, ou seja, ele acredita que Kant não se refere a uma *efetivação* da mesma – ou, em outras palavras, a personalidade *em ato*. Isso significa que, segundo a interpretação de Kain, a predisposição é um tipo de potencialidade presente na natureza biológica humana, que é compartilhada por todos seres humanos por pertencerem à espécie humana.

O que chamamos de capacidade de agir moralmente pressupõe a predisposição à personalidade. A personalidade moral, no entanto, é cultivada ao longo da vida na medida em que os seres humanos agem moralmente. Da mesma maneira que um músculo se torna mais forte a partir de um exercício frequente, ou uma capacidade psicológica – tal como a inteligência – que se desenvolve pelo treino, a personalidade moral se aperfeiçoa, mas é uma característica inata em todos os seres humanos. Mesmo aqueles que possam ter essa predisposição enfraquecida, defeituosa ou fraturada, ainda assim, eles não deixam de possuí-la, da mesma maneira que alguém que perdeu o movimento das pernas (parcial ou totalmente), apesar de não poder movimentá-las (ou movimentá-las de maneira limitada) ainda possui suas pernas. De modo análogo, como alguém que com o passar dos anos perde suas forças, sua memória ou a sua musculatura, mas não deixa de

---

478 KAIN, 2009, p. 101.

tê-los minimamente, alguém que perde aos poucos sua agência racional e sua autonomia, embora perca habilidade em agir ou fazer juízos morais, ainda assim, tal sujeito não deixa de possuir a personalidade moral em si. Isso se justifica também por Kant afirmar, de maneira enfática, que de modo algum o homem é capaz de aniquilar suas predisposições originais[479]. Alguém que abre mão de agir moralmente e não cultiva sua personalidade moral, apesar de ser um dever para consigo mesmo, segundo Kant, assemelha-se a alguém que apesar de ter inteligência não a cultiva, ou alguém que possuindo plenas capacidades físicas opta pelo sedentarismo ao invés de exercitar-se.

* * *

Portanto, se Kain tem razão, e todos os seres humanos são pessoas perceptíveis e possuem o mesmo *status* moral, então todos possuem a mesma dignidade independente de suas capacidades relativas à agência racional e autonomia. Mas essa interpretação de Kain, embora seja bastante sedutora para aqueles que procuram na abordagem kantiana uma visão inclusiva e uma base para a defesa do *status* moral completo e generalizado de todos seres humanos, ela também apresenta alguns problemas.

Primeiramente, a visão de Kain parece deixar em segundo plano o papel da autonomia moral e da agência, contrariando outros interpretes de Kant. A visão de Kain não explica em que sentido a autonomia é o fundamento da dignidade humana (e da natureza racional). Na interpretação de Kain, a agência autônoma tem menos importância do que pareceria em um primeiro momento. Em sua visão, as concepções antropológicas de Kant foram sendo desenvolvidas com o tempo e a conexão entre dignidade e autonomia na *Fundamentação* ainda estava muito presa a um terreno metafísico. O próprio Kant considera no prefácio da

[479] Cf. KANT, R, p. 34.

Fundamentação que uma antropologia seria necessária, mas não era seu objeto nesse momento[480].

Além disso, a proposta de Kain parece ficar vulnerável a críticas do especismo. Porque fazer parte de uma espécie específica é justificativa para um *status* moral mais elevado? Por que fazer parte da espécie humana confere mais valor ao indivíduo dessa espécie? Por que ele merecia respeito? A tese de Kain aproxima Kant da interpretação que o *status* moral que os seres humanos possuem derivam mais de sua natureza biológica e por fazer parte da espécie humana (*homo sapiens*) do que por algum atributo em específico. Esse é um ponto em desacordo em relação a outros kantianos, como Wood e O'Neill. Tanto O'Neill como Wood não endossam a visão de que a simples pertença a espécie humana garantiria um *status* moral diferenciado. Wood defende uma tese mais metafísica amparada na noção abstrata de natureza racional que fundamentaria o logocentrismo kantiano. Nesse caso, parece que a tese de Wood fica mais distante de uma abordagem naturalista e científica do que a de Kain. Embora O'Neill defenda um "antropocentrismo indispensável" na ética de Kant, acarretando a conclusão de que há algo de inevitavelmente "especista" na abordagem kantiana, indiretamente parece apoiar a ideia de que nem todos os seres humanos possuem o mesmo *status* moral e que este dependeria mais de uma noção indispensável de agência racional. Pessoas necessariamente são agentes capazes da moralidade. Esse ponto parece ser um desacordo irreconciliável entre as posições de Kain, Wood e O'Neill.

Outro ponto polêmico é a interpretação do modo como Kant concebe a personalidade. Kain vai na contramão de grande parte dos comentaristas de Kant ao alegar que todos seres humanos são pessoas. Desse modo sua posição é distinta da posição de Wood e O'Neill, por exemplo. Na interpretação defendida por Kain, todos os seres humanos sem exceção seriam pessoas, independente se forem crianças, adultos, idosos ou portadores de deficiências

---

480 Ver a alusão de Kant à uma antropologia moral em FCM Ak 388-390, p. 69-75.

intelectuais. Nesse caso não haveria necessidade da distinção entre pessoa em *sentido estrito* e pessoa em *sentido estendido* de Wood[481], por exemplo. O conceito de pessoa, para Kain é mais largo do que aquele da interpretação restritiva. Kain advoga em nome da interpretação inclusiva da personalidade de Kant, e por sua vez de um *status* moral para todos os seres humanos. Mas a proposta de Kain também implica em um compromisso mais forte com uma visão naturalista e com a interpretação biológica (e psicológica) de Kant. Há necessidade de uma aproximação mais forte com evidências empíricas do que com considerações metafísicas *a priori* exclusivamente. Mas cabe perguntar: até que ponto essa visão não compromete o idealismo transcendental de Kant?

Contudo, a interpretação de Kain pode ser capaz de resistir a tais críticas. Na verdade, Kain esforça-se por apresentar uma tentativa de conciliar duas visões de *status* moral. Uma visão de que o *status* moral completo corresponde a ter capacidades cognitivas sofisticadas e a visão que defende que o *status* moral depende de pertencer uma espécie em especial (a espécie humana, no caso). Assim, a dignidade ou o *status* moral completo é justificado pelas capacidades cognitivas sofisticadas, mas tais capacidades pertencem à espécie e não aos indivíduos. É a espécie humana, biologicamente, que possui essas capacidades (ou terminologia mais propícia, essas predisposições), especialmente a personalidade moral, e que justifica o *status* moral e a dignidade da espécie humana. A humanidade possui dignidade em virtude de ser capaz, como espécie, de instituir a moralidade. Os indivíduos humanos pertencem a essa espécie e carregam em si tais predisposições, assim como carregam o DNA humano. Mesmo que alguns indivíduos humanos não sejam capazes de desenvolver tais capacidades ou disposições, ainda assim, por pertencerem a espécie e possuírem a predisposição inata, eles possuem *status* moral como sendo fins em si mesmos. Daí se originaria o dever de respeito

---

481 WOOD, 2008b, p. 96-97.

por todos os seres humanos dado pelo comando da Fórmula da Humanidade.

4.2 REINTERPRETANDO A DIGNIDADE KANTIANA: SENSEN, SCHROEDER E FORMOSA

Será que as posições de Wood, O'Neill e Kain deixaram passar algo acerca do que significa ter dignidade na filosofia moral de Kant? O que entendemos por dignidade kantiana está correto? Essa seção pretende apresentar as abordagens de Oliver Sensen, Doris Schroeder e Paul Formosa acerca da dignidade kantiana, na tentativa de compreender que tipo de *status* moral possuem os seres humanos incapazes de agência racional e autonomia. Na primeira subseção apresentarei a objeção de Sensen de que a dignidade kantiana não é completamente compatível com a concepção contemporânea de dignidade comum ao discurso dos direitos humanos conjuntamente ao modo como Schroeder também classifica a concepção de dignidade de Kant.

Na subseção seguinte, pretendo expor a abordagem de Formosa que parece tentar conciliar ambos pontos de vista e pode trazer algum esclarecimento para o modo como entendemos a dignidade kantiana. Nas duas últimas subseções, pretendo apresentar a tese de Formosa sobre qual é visão de Kant para quem tem mesmo dignidade e qual a implicação para entender de que maneira a autonomia fundamenta a dignidade humana.

4.2.1 A DIGNIDADE KANTIANA ENTRE PARADIGMAS: OLIVER SENSEN E DORIS SCHROEDER

Embora grande parte dos kantianos assumam que a ideia de dignidade é um valor absoluto, compartilhado por todos os seres humanos, essa foi questionada por Oliver Sensen. No artigo *Kant's*

Conception of Human Dignity[482], Sensen afirma que é inadequado interpretar a concepção de dignidade de Kant como um valor não-relacional que um ser simplesmente possui ou não possui. A concepção de dignidade kantiana é melhor interpretada, segundo Sensen, como um tipo elevação ou sublimidade (*Erhabenheit*)[483]. Entender a dignidade como sublimidade é concebê-la como "a elevação de algo sobre alguma coisa". Em outras palavras: "Ontologicamente, 'dignidade' refere-se a uma propriedade relacional de ser elevada, não a uma propriedade não-relacional de valor. 'X tem dignidade' é outra expressão para 'X é elevado sobre Y' ou 'X é maior que Y'."[484]

Sensen analisa algumas das passagens já referidas aqui e conclui que a concepção de dignidade predominante nos escritos éticos de Kant é a uma visão que remonta aos estoicos[485] e não está diretamente vinculada com a noção de um *valor não-relacional*. Segundo Sensen, essa visão de dignidade é contemporânea, não kantiana, tendo sido associada posteriormente a Kant. Sensen chama essa visão de dignidade como um *valor não-relacional*, pertencente a todos os seres humanos, como *paradigma contemporâneo da dignidade*[486].

Segundo Sensen, esse paradigma contemporâneo de dignidade é o que predomina no âmbito do discurso de direitos humanos. Mas essa não seria propriamente a visão de Kant. Segundo Sensen, a visão de Kant se alinha ao que ele chamou de *paradigma tradicional da dignidade*.[487] Esse paradigma se desenvolveu a partir de um outro anterior que ele chama de *paradigma arcaico da dignidade*[488]. O paradigma arcaico remonta à antiga Roma. Para os romanos a expressão latina "*dignitas*" era um conceito político e

---

482 SENSEN, 2009.

483 Rosen (2015, p.45-46) também explora essa relação entre dignidade e sublimidade.

484 SENSEN, 2009, p. 310.

485 Ibid., p. 310.

486 Ibid., p. 312.

487 SENSEN, 2009, p. 312 (em diante).

488 Ibid.

se referia a um tipo de posição sócio-política elevada. Um cidadão romano considerado "digno" tinha uma posição social e política que trazia vantagens em relação a outros indivíduos sem esse mesmo título.[489] Essa noção não foi completamente excluída, mas alguns filósofos, especialmente a partir de Cícero, desenvolveram essa ideia e universalizaram a noção arcaica de *dignitas* atribuindo-a a todos os seres humanos em virtude de sua natureza racional.[490]

Os seres humanos teriam uma posição elevada em relação aos outros seres da natureza em virtude de suas capacidades racionais. Essa concepção é clara quando Cícero afirma que "a nós a própria natureza impôs uma personagem dotada de alta dignidade e superior ao resto dos seres vivos"[491].

O paradigma tradicional, na qual Kant se alinha segundo Sensen, possui quatro características distintas do paradigma contemporâneo. Em primeiro lugar, enquanto o paradigma contemporâneo incorpora a noção de dignidade como um valor não-relacional e intrínseco a todos os seres humanos, o paradigma tradicional concebe a dignidade como um tipo de elevação. Isso significa que ao dizer que algo é elevado não estamos invocando uma propriedade de valor[492]. Exemplificando, ao dizer que "os seres humanos são elevados sobre o resto da natureza", com isso pode significar que eles "se distinguem do resto da natureza por terem capacidades" que os colocam em uma posição mais distante das determinações naturais[493]. No entanto, esse fato não implica em uma normatividade sobre como devemos tratar uns aos outros.[494]

---

489 Ibid., p. 312.

490 Ibid.

491 CÍCERO, 1999, *Dos Deveres*, Livro I, cap., XXVIII, p. 45.

492 SENSEN, 2009, p. 313-314.

493 Ibid., p.315.

494 Esse é um dos pontos importantes que leva a Sensen a negar que ter ou não dignidade implique em algum tipo de restrição de comportamento. Sensen nega que do fato de que ser tenha dignidade siga-se algum tipo de normatividade. É exatamente por isso que ele nega que a Fórmula da Humanidade tenha relação com a concepção de dignidade, como normalmente é associado.

A segunda diferença é que no paradigma contemporâneo ou há dignidade ou não há. Isto é, ou alguém possui dignidade ou não possui. Não há meio termo. Não se pode ter mais ou menos dignidade no paradigma contemporâneo. Além disso, se seres humanos possuem dignidade, como um valor absoluto, então eles não podem perdê-la, da mesma forma como não podem ganhá-la. Nessa perspectiva a dignidade independe da conduta moral. A dignidade como um valor é um fato dado. No paradigma tradicional, diferentemente, a dignidade tem dois estágios de elevação. O primeiro estágio – chamado por Sensen de *"dignidade inicial" (initial dignity)* –, é uma posição compartilhada por todos os seres humanos em relação à posição ocupada pelos outros seres vivos na natureza. Todos os seres humanos ocupam a mesma posição inicial mas podem elevar-se a um segundo patamar de dignidade como uma realização, ou seja, a de um comportamento digno.[495]

Para Sensen, essa diferenciação é importante pois explica o sentido usado por Kant de dignidade como *mérito*. Indivíduos podem ser mais ou menos dignos da felicidade. Podem ser moralmente dignos ou moralmente indignos. Mas esse é o segundo estágio de elevação que dependeria do comportamento moral dos indivíduos. Podemos avaliar a conduta de alguém como mais digna ou menos digna, embora não se possa negar que haja um patamar de *dignidade inicial* (estágio inicial) como *status* ou posição compartilhada por demais seres humanos em relação àquela ocupada por todos seres na ordem natural.

A terceira importante diferença diz respeito à relação entre direitos e deveres. Como bem observa Sensen, no paradigma contemporâneo a noção de dignidade está fortemente ligada a ter direitos. No discurso dos direitos humanos a dignidade por vezes é convocada na tentativa de se justificar os direitos fundamentais.[496] Na perspectiva do paradigma tradicional a dignidade está mais intimamente associada a deveres do que a direitos. Desse

---

495 Cf. SENSEN, 2009, p. 314.

496 Ver também: SENSEN, 2011.

modo, tanto Kant quanto os estoicos tinham em mente a ideia de que o que torna o ser humano diferente e dá a ele um patamar diferenciado em relação a outros seres existentes na natureza é que ele é capaz de cumprir (ou agir de acordo com) deveres. A razão impõe deveres àqueles seres cuja natureza é essencialmente racional.[497]

Além disso, Sensen chama atenção para uma quarta diferença crucial. Na abordagem contemporânea a dignidade é algo que se refere àquele sujeito ao qual uma ação de alguém se dirige. A dignidade se refere ao *outro*, portanto. Nos perguntamos se devemos agir de um modo *x* para com um certo sujeito e se tal ação implicará ou não na violação de sua dignidade. Mas na perspectiva tradicional, por outro lado, a dignidade é referida ao *agente* da ação e não àquele ao qual a ação se dirige. Exatamente por isso que para Kant os deveres sempre se dirigem de agentes *para* agentes.[498]

Vejamos mais claramente as diferenças entre os dois paradigmas de dignidade, segundo Sensen, na tabela abaixo:

Paradigma tradicional	**Paradigma contemporâneo**
Dignidade não é um valor não-relacional, mas diz respeito a um tipo de elevação.	Dignidade é um valor não-relacional intrínseco a todos seres humanos.
Há dois estágios de elevação da dignidade.	Ou há dignidade ou não há.
Dignidade está ligada a deveres.	Dignidade está ligada a direitos.
Dignidade refere-se ao agente.	Dignidade se refere aos outros.

Tabela 1 *Diferenças entre paradigmas da dignidade (cf. SENSEN, 2011)*

Dadas as diferenças entre os paradigmas tradicional e contemporâneo, Sensen advoga que a concepção de dignidade de Kant

497 Cf. SENSEN, 2009; 2011.

498 SENSEN, 2009, p. 314.

se alinha com o paradigma tradicional. Para Sensen, portanto, a dignidade kantiana é uma forma de elevação (e não um valor não-relacional), possui os dois estágios de elevação, está vinculada à noção de deveres e se refere eminentemente à agentes.

O ponto talvez mais crítico de Sensen é negar que a dignidade seja um tipo de valor não-relacional. Ele afirma que a dignidade para Kant "não é um valor que os seres humanos possuam; dignidade é antes a sublimidade ou elevação (*Erhabenheit*) de algo sobre algo mais"[499]. Segundo Sensen, o valor absoluto, ao qual Kant se refere na *Fundamentação,* não corresponde a uma propriedade não-relacional mas a uma *prescrição* do que se *deve* valorizar, ou seja, a descrição do que se valorizaria se o agente fosse totalmente governado pela razão[500]. Desse modo, Sensen compreende que a associação de Kant entre dignidade e valor absoluto assume um aspecto relacional a outros valores. Assim, a moralidade possui um valor absoluto em relação ao valor de todas as outras coisas, que em comparação a ela possuem apenas preço, isto é, valor relativo. Por isso Sensen afirma:

> A moralidade não tem apenas um valor relativo subordinado (um preço), mas um valor interno *elevado* (uma dignidade em valor). A "dignidade" é usada para expressar que o valor moral é *superior a* outro valor. Embora a moralidade tenha dignidade no sentido de que deve ser procurada acima de tudo, a humanidade tem dignidade no sentido de ser elevada ao longo da natureza por ser capaz da moralidade [...].[501]

Isso significa que tal relação é uma relação de subordinação[502]. Todas as coisas possuem um valor subordinado ao valor absoluto da moralidade. É a moralidade que constitui o valor último que funciona como critério de valoração das outras coisas existentes.

---

[499] Ibid., p. 316.
[500] Ibid., p. 317.
[501] SENSEN, 2009, p. 325.
[502] Ibid., p. 316.

“'Dignidade' expressa a sublimidade da moralidade, na medida em que esse valor é mais alto do que ou preferível a outro valor: a moralidade, e não os objetos de suas inclinações, deve ser procurada acima de tudo”[503]. E na medida que o homem é capaz da moralidade, ele “se eleva” (se coloca) acima de todos os outros seres que não são capazes da moralidade.

Na perspectiva contemporânea os seres humanos possuem um valor absoluto como um fato dado, isto é, como um atributo ou propriedade ontológica presente na natureza humana[504]. Mas a dignidade humana não seria interpretada assim. De acordo com Sensen:

> Na visão de Kant, os seres humanos são enobrecidos ou elevados sobre o resto da natureza em virtude de serem livres (isto é, não são necessariamente determinados pelas próprias inclinações). Diz-se que essa liberdade está ligada ao dever de usar a liberdade de maneira adequada, especialmente para realizar e preservar a dignidade inicial.[505]

Ou seja, há uma dignidade inicial que não é um valor mas uma posição distinta em relação àqueles seres incapazes da moralidade ao mesmo tempo que tal posição implica também no dever de desenvolver essa dignidade através de uma conduta moral digna (segundo estágio).

A abordagem de Sensen levanta alguns questionamentos sobre a dignidade kantiana, mas lança luz sobre outros aspectos. Embora sua interpretação da dignidade kantiana remeta ao paradigma tradicional e resulte em uma leitura dissociada da noção de valor (ao menos a de um valor não-relacional), ainda assim, por outro lado, ela enfatiza a noção de que todos os seres humanos compartilham um mesmo *status* moral ou mesma posição inicial. A noção

---

503 Ibid., p. 322.
504 Ibid., p. 311.
505 Ibid., p. 316.

de *dignidade inicial* parece caminhar nessa direção, embora Sensen nos conduza a concluir que a dignidade humana só é completa com a *dignidade realizada*, ou seja, a elevação ao segundo estágio da dignidade por meio da conduta moral. Nesse caso, quando Kant ressalta que o homem *se eleva* diante da natureza ele parece assumir que a prática da moralidade faz do homem um ser mais sublime, ou seja, digno.

Por outro lado, a tese de Sensen parece deixar de fora alguns outros aspectos importantes. Em que pese seus argumentos, é difícil dissociar a ideia de que a dignidade humana é um tipo de valor inerente a todos os seres humanos. Na prática, talvez isso não faça tanta diferença no que diz respeito ao modo como devemos nos tratar, uma vez que o princípio de universalidade da primeira fórmula do imperativo categórico já implique em restrições acerca do que podemos ou não fazer a outros seres humanos. Além disso, para Sensen, a *Fórmula da Humanidade* não implica necessariamente uma atribuição de valor ou dignidade. Sensen afirma que Kant nunca usa o termo dignidade para associar com a segunda fórmula do IC, além do fato de que ele não faz menção da palavra na terceira seção da *Fundamentação*, que é onde ele efetivamente se propõe a estabelecer o princípio supremo da moralidade. Sensen diz que Kant usa a termo dignidade apenas de maneira periférica no contexto de FA e FRF.[506]

A própria ideia de que a autonomia é o fundamento da dignidade indica, na verdade, que na medida em que moralidade é a única coisa que deve ser estimada por si mesma e sendo a autonomia o que a torna possível, ela também passa a ser "o fundamento da dignidade (como elevação realizada) da dignidade dos seres humanos"[507]. No entanto, essa visão pode ser também problemática se pensarmos que nem todos seres humanos na prática são efetivamente capazes de serem agentes morais. É exatamente por isso que Sensen considera que a visão de dignidade de Kant não

---

[506] SENSEN, 2009, p. 321.
[507] Ibid., p. 226.

é compatível com a concepção contemporânea de dignidade que circunda o discurso dos direitos humanos.

Em uma direção semelhante, Doris Schroeder afirma que a concepção de dignidade de Kant, que deveria ser a alternativa secular mais promissora para fundamentar os direitos humanos, falha e nos conduz a um beco sem saída.[508]

Schroeder afirma que os conceitos de dignidade humana podem ser agrupados em dois principais grupos.[509] No primeiro grupo se enquadram aquelas concepções de dignidade que a concebem como um tipo de valor inviolável. No segundo grupo estão aquelas concepções que compreendem a dignidade como uma aspiração. Ela chama o primeiro tipo de dignidade inviolável (*inviovable dignity*) e o segundo de dignidade aspiracional (*dignity aspirational*). No primeiro tipo a dignidade seria concebida com uma propriedade ou a tributo pertencente a um ente que é inviolável e que não pode ser extraída. Nesse grupo ela coloca tanto a concepção de dignidade kantiana quanto ao que ela chamou de concepção tradicional (mas em referência à tradição cristã, especialmente católica).[510]

No outro grupo, estariam outros três conceitos principais a saber: a dignidade aristocrática (*aristocratic dignity*), a dignidade de comportamento (*comportament dignity*) e dignidade meritória (*meritourius dignity*)[511]. Na concepção aristocrática a dignidade "é a qualidade de um ser humano que foi investido com uma posição superior e atua de acordo com ela"[512]. Essa concepção é equivalente ao que Sensen chama de concepção *arcaica* de dignidade. Na concepção de dignidade de comportamento ela é entendida como "uma qualidade externamente exibida de um ser

---

508 SCHROEDER, 2012, pp. 329-331

509 No texto Dignity: Two Riddles and Four Concepts (2008), Schroeder havia defendido que há dois estigmas (*riddles*) para as concepções que temos de dignidade.

510 Cf. SCHROEDER, 2012, p. 332.

511 Ibid.

512 Ibid.

humano que age de acordo com as expectativas da sociedade"[513]. Na concepção meritória a dignidade é vista como um tipo de virtude que é atribuída a alguém em virtude de seus méritos.[514] O que esses três últimos conceitos possuem em comum é que ambos consistem em um tipo de qualidade moral ou virtude que os indivíduos conquistam ou aspiram conquistar através de sua conduta.

Então, segundo Schroeder temos o seguinte quadro de concepções de dignidade mais comuns ou influentes:

Dignidade Inviolável	Dignidade Católica Tradicional
	Dignidade Kantiana
Dignidade Aspiracional	Dignidade Aristocrática
	Dignidade de Comportamento
	Dignidade Meritória

Tabela 2 *Significados distintos de dignidade, segundo Schroeder (2012)*

Schroeder identifica a dignidade kantiana como um tipo de dignidade inviolável. Nesse sentido, ela estaria atrelada ao mesmo paradigma que a concepção cristã.[515] Essa interpretação diverge,

---

[513] Ibid.

[514] Ibid.

[515] Michael Rosen também explora as semelhanças e diferenças entre as duas tradições que influenciaram a concepção de dignidade. Rosen (2005, p.36;41-42), no entanto, comenta que a concepção católica, que remonta a Tomás de Aquino e a tradição judaico-cristã, entendia que não apenas os homens possuem dignidade mas todas as demais criaturas criadas por Deus possuiriam sua dignidade intrínseca. A dignidade é vista como um tipo de valor ou *bondade* que todas as criaturas existentes teriam em maior ou menor grau. A diferença é que os seres humanos estariam no topo da criação e teriam um tipo de valor ou dignidade mais elevada do que as demais criaturas. Nesse caso há tipos ou graus de dignidade diversos. Na concepção kantiana, por sua vez, segundo Rosen, a dignidade é um atributo que apenas os seres racionais (no caso, os seres humanos) possuem. Nenhuma outra criatura não racional possui dignidade mas apenas um valor relativo ou extrínseco. Essa interpretação tem uma diferença importante em relação às duas abordagens. Na interpretação de Rosen, as duas "tradições" (a kantiana e a tomista) tem um influência na concepção de dignidade que circunda o discurso contemporâneo dos direitos humanos, embora admita que

no entanto, daquela apresentada por Sensen. Primeiramente Sensen usa o termo "tradicional" para se remeter à concepção que remonta ao estoicismo e em última instância tem sua origem no *paradigma arcaico* dos romanos. Sensen não inclui no paradigma tradicional a vertente de raiz cristã. Mas, ao que tudo indica, sua interpretação se afasta da de Schroeder na medida em que a concepção de dignidade kantiana não seria a de um valor inviolável. Pelo que dá a entender, Sensen identifica a concepção de dignidade como um tipo de posição ou *status* que é investido pela natureza aos seres humanos. Nesse caso, a dignidade kantiana seria um tipo de dignidade aristocrática, mas não em termos sócio-políticos – não um tipo de *status* social, ou seja, uma posição ou cargo socialmente mais elevado que o de outros indivíduos numa dada sociedade –, mas um tipo de posição "aristocrática" em relação a outros seres da natureza.[516]

Se Sensen tiver razão, então talvez a visão de dignidade de Kant não seja mesmo aquela compartilhada pelo paradigma contemporâneo que alicerça o discurso dos direitos humanos. Nesse caso, embora possamos identificar que alguns elementos da visão de dignidade kantiana estão presentes em nossa visão contemporânea de dignidade, a visão de dignidade de Kant não poderia ser completamente transposta de maneira pura para fundamentar os direitos humanos. Ela não seria completamente adequada.

---

possa ter ocorrido algum tipo de fusão das duas concepções. Por um lado, admite-se que a dignidade humana seria um tipo de valor intrínseco inviolável, mas em geral esse conceito não é entendido como estendido a outros seres vivos ou animais não humanos (embora haja discussões a respeito especialmente nos partidários dos direitos dos animais em defender que estes também possuem valor intrínseco). A palavra dignidade, contudo, parece carregar um sentido que remete para muitos a um sentido religioso e até pode ser interpretada como sendo um tipo de "sacralidade", o que sugere que há influência da visão teológica católica e judaico-cristã.

516 Esse aspecto é semelhante ao que Rawls (2005, p. 242-243; 246; 351) chama de "aristocracia de todos" (*aristocracy of all*).

4.2.2 A ÉTICA KANTIANA COMO ÉTICA DA DIGNIDADE: PAUL FORMOSA

Mais recentemente, Paul Formosa apresentou outra abordagem acerca da visão de dignidade kantiana que parece esclarecedora e possivelmente pode iluminar essa dificuldade. Em seu livro *Kantian Ethics, Dignity and Perfection (2017)*, Formosa faz uma defesa da interpretação da ética kantiana como uma ética da dignidade.[517] Para Formosa, o conceito de dignidade possui uma importância elementar na filosofia moral kantiana. Formosa afirma que interpretar a ética kantiana como uma ética da dignidade não significa apenas encarar a dignidade como um limite acerca do que podemos ou não fazer a outros seres humanos (e a nós mesmos), como deveres morais negativos, mas implica também em "promover a perfeição das capacidades racionais em todos os agentes", o que se dá através da criação de uma "cultura de dignidade"[518].

Para Formosa "uma *ética da dignidade* se concentra em tratar as pessoas como fonte de autoridade de si mesmas" tendo por base a dignidade como delimitação de suas ações mas também como dever de promover as capacidades vulneráveis que sustentam essa dignidade.[519] Nesse sentido, a concepção de dignidade de Kant, para Formosa é mais fecunda do que normalmente se pensa e não é incompatível com a vulnerabilidade humana.[520] Isso significa que uma ética da dignidade implica em uma visão perfeccionista da moralidade, ao qual assume que os seres humanos precisam se desenvolver moralmente, ou seja, se aperfeiçoar em busca de serem pessoas moralmente melhores. A ética kantiana assumiria que todos nós somos indivíduos que precisam e podem se tornar melhores ou mais perfeitos moralmente.

Inicialmente Formosa também concorda que originalmente o conceito de dignidade remonta ao vocábulo romano *dignitas* e

---

517 FORMOSA, 2017, p. 1.

518 Ibid.

519 Ibid.

520 Ver também Formosa, *The Role of Vulnerability in Kantian Ethics*, 2014, pp. 88-109.

que tinha uma conotação de posição ou *status* privilegiado e que, em parte, esse sentido permaneceu mesmo nas obras de pensadores iluministas.[521] Sensen já havia chamado a atenção para o fato de que na concepção tradicional de dignidade há dois estágios de dignidade, que ele chamou de dignidade inicial (*initial dignity*) e dignidade realizada (*realized dignity*)[522]. Em sintonia com essa distinção, Formosa afirma que a concepção de dignidade humana de Kant tem um duplo sentido. Num primeiro sentido a dignidade kantiana é um tipo de *status* e em um segundo sentido ela é uma conquista (*achievement*)[523]. Esses dois aspectos se complementam e se articulam. Vejamos o que Formosa afirma:

> Em sua forma mais geral, podemos entender o conceito de dignidade como um *status* ou posição digna de respeito. Dignidade é um *status*, ou seja, uma posição *em* algum grupo. Um *status* é digno de respeito se for um *status* pesado e importante ao qual devemos responder com temor, reverência ou estima. Como termo de *status*, dignidade é relacional. Aqueles que têm dignidade são *elevados* sobre aqueles que não têm.[524]

De acordo com essa passagem, Formosa afirma que a dignidade é um tipo de *status* e está associada à pertença a um grupo. E aqui parece concordar com Sensen que essa dignidade tem um aspecto relacional, já que só existe por conta dessa pertença em um dado grupo. É por isso que Kant insiste em afirmar que a ideia de um reino dos fins, uma comunidade moral na qual os seres racionais legislam a moralidade, está associada à dignidade. Aliás, é no contexto explanatório da *Fórmula do Reino dos Fins* que Kant apresenta, inicialmente, a distinção entre dignidade e preço,

---

521 FORMOSA, 2017, p. 2.
522 SENSEN, 2009, p. 314.
523 FORMOSA, 2017, p. 5.
524 Ibid., p.4.

na *Fundamentação*: "No *reino dos fins* tudo tem ou bem um preço ou bem uma dignidade"[525].

Nessa mesma passagem, Formosa parece também concordar com Sensen que a dignidade enquanto *status* é uma forma de elevação diante dos demais seres que não possuem a natureza racional. Formosa conecta a ideia de *dignidade de status* com a noção de respeito que devemos ter pelos outros *como* pessoas. Nas suas palavras:

> A dignidade de *status* refere-se ao *status* de respeito de uma pessoa em si mesma. A dignidade de *status* não é uma questão de grau, pois alguém tem dignidade de *status* ou não, e geralmente é uma propriedade permanente (ou pelo menos estável a longo prazo) de uma pessoa. Quando dizemos coisas como 'todo mundo tem dignidade', estamos falando sobre dignidade de *status*. Ter dignidade de *status* é ter, *como pessoa*, um *status* digno ou digno de respeito.[526]

A dignidade de *status*, portanto, refere-se ao que normalmente entendemos por dignidade (ao menos contemporaneamente) e corresponde a essa condição estável e inviolável que não pode ser perdida, que não é conquistada nem está conectada a nenhum tipo de mérito. Por outro lado, a dignidade kantiana também possui um segundo aspecto como *conquista (achievement)* que "refere-se ao *status* de respeito dos seres e ações de uma pessoa"[527]. Nas palavras de Formosa:

> A dignidade da conquista é uma questão de grau, pois se pode ter mais ou menos dela e, como pode ir e vir, não é, em geral, uma propriedade permanente ou estável. Quando dizemos coisas como 'ela perdeu a dignidade' ou 'ela agiu de

525 FCM, p. 265, Ak 435 (ênfase nossa).
526 FORMOSA, 2017, p. 5.
527 Ibid.

> maneira indigna', estamos falando sobre alcançar a dignidade. Alguém tem um grau de conquista de dignidade proporcional a quão bem se sai ao agir de maneira digna.[528]

A noção de uma dignidade como uma conquista (ou realização) implica nesse segundo sentido utilizado por Kant do termo dignidade, referindo-se a um comportamento digno. Como fica claro na passagem referida, Formosa compreende que esse segundo aspecto da dignidade é instável e pode ser conquistado, perdido ou mantido. Além disso, podemos falar em graus de *dignidade de conquista*. Algumas pessoas podem ter mais ou menos dignidade – nesse segundo sentido - a partir de suas práticas morais.[529] É exatamente por isso que Formosa vê uma conexão entre dignidade e o perfeccionismo moral de Kant.

Para Formosa, portanto, há dois aspectos ou tipos de dignidade que formam o que ele chama de "concepção completa da dignidade kantiana"[530]. Para compreender a concepção completa de dignidade de Kant é necessário que desenvolvamos as concepções de *dignidade de status* e *dignidade de conquista*. A abordagem de Formosa articula as duas concepções de dignidade que Schroeder identificou como dignidade inviolável e dignidade aspiracional. Para Schroeder a visão de dignidade Kant é melhor classificada como um tipo de dignidade inviolável e não como aspiracional. Contudo, se Formosa estiver certo, a visão completa de dignidade de Kant compreende os dois tipos. Por um lado, a dignidade de

---

528 Ibid

529 Aqui podemos acrescentar o vínculo entre dignidade de conquista e boa vontade. Alguns interpretes de Kant assumem que há uma conexão entre ter uma boa vontade e ter dignidade. Nesse caso seria problemático assumir que apenas seres com boa vontade possuem dignidade. Ter uma boa vontade é o mesmo que agir sempre de acordo com a moralidade. Logo, alguém que não possui boa vontade não teria dignidade. Essa conclusão segue-se apenas se não levarmos em consideração a distinção entre esses dois tipos de dignidade. A dignidade de *status* não necessita ser amparada pela boa vontade, apenas a dignidade como conquista está condicionada a ela.

530 FORMOSA, 2017, p.5.

status é o elemento inviolável enquanto que a dignidade de conquista é aspiracional.

Isso significa que o respeito generalizado que se deve a todos os seres humanos é devido à dignidade de *status*, que Sensen chama de dignidade inicial. Todos compartilham esse mesmo status ou posição inicial. É como se imaginássemos uma pista de atletismo em que todos os corredores largassem na mesma posição. É exatamente essa posição que constitui o elemento crucial para a igualdade entre todos. Esse igualitarismo generalizado é uma das características da dignidade de *status*. Por outro lado, cada corredor em virtude de seu desempenho, de seus méritos portanto, é capaz de chegar ao final da corrida em uma posição diferente. Analogamente, os agentes humanos partem de uma mesma posição de dignidade inicial mas por meio de seus feitos (ou desfeitos) chegam ao fim de suas vidas em posições morais (ou *ranks*) diferentes em relação ao seu próprio desempenho moral.

A passagem seguinte ilustra bem o entendimento de Formosa:

> Todos com dignidade de *status* têm um valor igual e absoluto. Esse *status* e valor elevados exigem tratamento respeitoso. Por esse motivo, se você tem dignidade de *status*, devemos tratá-lo de acordo com a FH, tratando-o sempre como um fim em si mesmo e nunca como um mero meio. Embora a dignidade de *status* se refira ao *status* especial digno de respeito da capacidade de agência moral, a dignidade de conquista refere-se à posição especial de estima digna de virtude ou conquista moral.[531]

Como podemos notar, Formosa assume a conexão entre *status* e valor. Possuir o mesmo *status* moral significa possuir o mesmo valor. Para Formosa, diferentemente de Sensen, a noção de dignidade de *status* compreende a atribuição de valor absoluto a todas as pessoas. Esse sentido estaria imbricado na Fórmula da

[531] FORMOSA, 2017, p. 5.

Humanidade. A FH comanda que tratemos como fim em si mesmos a todos aqueles que consideramos seres racionais, pois são dignos de respeito em virtude de seu valor absoluto. É esse valor que sustenta o seu *status* moral.

Nesse ponto, Formosa parece divergir de Sensen ao compreender que há um sentido em que dignidade é um tipo de valor não-relacional. A compreensão de Formosa mantém a ideia cara à tradição kantiana (ou pelo menos parte dela) de que a dignidade é um valor intrínseco à humanidade[532], mas aceita que ela também é um tipo de elevação. A noção de *status* necessariamente implica em um estágio de elevação superior ao de outros seres não humanos. Se Formosa tem razão, então ao menos em alguma medida a dignidade kantiana também seria compatível com o paradigma contemporâneo de dignidade. Desse modo, pensando a dignidade de *status* como um tipo de valor inerente e inviolável, ela parece estar em sintonia com o discurso dos direitos humanos. Isso significa que a ideia de que ninguém pode perder sua dignidade, e por decorrência o respeito, estaria amparada pela visão kantiana.[533]

---

532 Kant afirma claramente na *Metafísica dos Costumes* (462, §37, p.276): "[...] o respeito que tenho pelos outros, ou que um outro pode exigir de mim (*observantia aliis praestanda*), é também o reconhecimento de uma dignidade (*dignitas*) em outros homens, isto é, de um valor que não tem preço, que não tem equivalente pelo qual o objeto da estima (*aestimii*) pudesse ser trocado."

533 Aliás, a distinção que Formosa faz entre esses dois aspectos da dignidade kantiana, parece compatível com a distinção que Stephen Darwall faz com relação aos dois tipos de respeito, que ele desenvolve inspirado em Kant. De acordo com Darwall há dois tipos de respeito. Respeito por reconhecimento (*recognition respect*) e respeito de avaliação (*appraisal respect*) (DARWALL, 1977, p. 36-49.). O respeito por reconhecimento é o tipo de respeito que se dá apenas em virtude do reconhecimento da dignidade de outro indivíduo como pessoa. O respeito por avaliação, por sua vez, depende do modo como avaliamos ou estimamos as ações ou comportamento de um indivíduo com base em seus méritos. Nesse sentido, o respeito como reconhecimento pode ser associado à visão de dignidade de *status* que não pode ser modificada, nem perdida e é inviolável. A dignidade de conquista seria aquilo que funda o respeito de avaliação. Ora, se há dois tipos de respeito, porque não supor que há também dois tipos de dignidade? (Thomas Hill, 1994, p. 40-45, faz uma distinção semelhante à de Darwall, chamando o *respeito por reconhecimento* de *respeito à humanidade* e o *respeito de avaliação* de *respeito pelo mérito*.)

As posições de Sensen, Schroeder e Formosa divergem em alguns pontos importantes. Enquanto Sensen defende que a dignidade kantiana não é um valor não relacional, Schoroeder assume que a dignidade de Kant é um valor inviolável. Por motivos distintos, no entanto, ambos negam que a concepção de dignidade Kant possa ser adequada para fundamentar os direitos humanos. Sensen afirma que a as concepções de dignidade subjacentes aos paradigmas tradicional e contemporâneo não são completamente compatíveis. Para Schroeder, a concepção de Kant falha por outras razões ligadas à concepção de autonomia kantiana.

Formosa apresenta uma visão diferente que pode iluminar algumas questões acerca da relação entre dignidade e *status* moral. Se Formosa tiver razão, então apenas uma dimensão da dignidade kantiana se refere a ter *status* moral. Todos os que possuem dignidade possuem o mesmo *status* moral, embora seja evidente que nem todos possuam dignidade como conquista.

Se pudermos levar adiante a tese de Formosa acerca da concepção completa da dignidade kantiana, então precisamos assumir a dualidade entre *status* e conquista. Como essa visão acerca da dignidade pode nos ajudar a responder o problema central aqui proposto?

Vejamos como Formosa aborda a discussão sobre quem tem ou não dignidade segundo a ética kantiana.

4.2.3 AFINAL, QUEM TEM DIGNIDADE?

A abordagem de Formosa sobre a dignidade kantiana pode iluminar a discussão acerca do *status* moral de seres humanos incapazes de agência racional e autonomia? Afinal, que seres possuem dignidade segundo a visão kantiana? Se partirmos do entendimento de Formosa de que a noção de dignidade cumpre um papel central na ética kantiana, ao definir quais entes devemos tratar como fins em si mesmos, então devemos tentar encontrar na própria visão de Kant algum tipo de indicação acerca de como podemos identificar quem tem ou não dignidade.

Formosa parte da interpretação da Fórmula da Humanidade como "o princípio normativo central da ética kantiana"[534], afirmando que "para usar a fórmula da humanidade (FH) precisamos saber quem tem dignidade de *status*"[535]. Assim como outros intérpretes, Formosa observa que Kant associa que "ser um fim em si mesmo e ter dignidade são equivalentes" e que disso decorre que "todo ser racional como tal tem dignidade"[536]. No entanto, não está claro que tipo de seres são racionais. A conclusão de que os seres humanos são um tipo de ser racional não é simplesmente tomada como pressuposto, ao contrário do que normalmente se conclui. Segundo Formosa, Kant não associa imediatamente a noção de "ser racional" e "ser humano", uma vez que não se pode afirmar tal coisa apenas através da razão pura. A questão central é indagar se temos alguma forma de saber *a priori* que tipo de entes podem ter dignidade ou se esta é uma questão *a posteriori*. A passagem seguir expressa bem esse ponto:

> O que podemos saber *a priori*, se Kant está certo, é que é um princípio que surge de nossa própria razão pura (prática) de que devemos tratar cada ser racional como tal como um fim em si mesmo e nunca como um mero meio. Para Kant, isso segue *analiticamente* a partir de uma análise da agência racional. Mas é um julgamento *sintético* que só pode ser determinado *a posteriori* que esse princípio racional se aplique a esse ou aquele ser. Por exemplo, é apenas por experiência que podemos saber que os seres humanos, mas não as baratas, são seres racionais, uma vez que obviamente não pode ser deduzido da própria razão pura ou conhecido *a priori* que membros de uma espécie em particular no planeta Terra, mas não outra, tem

---

[534] FORMOSA, 2017, p. 72.
[535] Ibid., p. 120.
[536] Ibid., p. 121.

> capacidades racionais. Simplesmente não é o tipo de coisa que podemos saber apenas pela razão. Precisamos, portanto, de um princípio de aplicação que determine quem conta como um ser racional para os propósitos da FH. Mas, para Kant, os princípios de aplicação são sempre dependentes da experiência. Para determinar quem tem dignidade na prática, precisamos de um princípio de aplicação que dependa da experiência e que determine quem deve ser considerado um ser racional como tal. Kant dá tal princípio em passagens subsequentes?[537]

Como Formosa deixa claro, podemos saber *a priori* que seres racionais têm dignidade, mas para saber *quais* seres são racionais dependemos da experiência. No entanto, precisamos algum princípio de aplicação. Formosa encontra um princípio de aplicação a partir de uma das passagens da *Fundamentação* já citadas aqui:

> Ora, a moralidade é a única condição sob a qual um ser racional pode ser um fim em si mesmo: porque só através dela é possível ser um membro legislante no reino dos fins. Portanto, a moralidade e a humanidade, na medida em que ela é capaz da mesma, é a única coisa que tem dignidade.[538]

Sobre essa passagem, Formosa afirma que ali encontramos um princípio de aplicação para determinar *quem* ou o *que* tem dignidade. Nas suas palavras:

> Essa importante passagem nos diz que tanto a moralidade quanto a humanidade na medida em que é capaz da moralidade tem dignidade. Também nos dizem que a moralidade é a 'condição sob a qual' um ser racional pode ser um fim em si mesmo e, assim, ter dignidade. Isso parece fornecer o princípio de aplicação que estávamos procurando. Nesta visão, os

---

537 FORMOSA, 2017, p. 121-122.

538 FMC Ak 435, p. 265.

> seres têm dignidade se e somente se eles têm uma capacidade de moralidade, ou têm uma 'humanidade' (ou seja, capacidades racionais) neles que é capaz de moralidade. E se este ou aquele ser em particular tem nele uma humanidade ou capacidades racionais capazes de moralidade, não pode, é claro, ser conhecido *a priori*. Se pode ser conhecido, só pode ser conhecido com base na experiência.[539]

Desse princípio podemos extrair um teste para definir quem tem dignidade. Seres que têm dignidade são aqueles que possuem capacidade para a moralidade. Contudo, o sucesso desse teste depende do que entendemos por "capacidade". Ao explorar essa passagem, Formosa afirma que o conceito de capacidade pode ser interpretado de duas formas, a saber, como uma capacidade de realização ou como potencialidade. "O termo que Kant usa aqui para capacidade, *'fähig'*, tem o mesma ambiguidade que a palavra em inglês 'capacity', pois pode significar uma potencialidade (um termo que é ambíguo) ou uma realização"[540], afirma Formosa, e depois exemplifica:

> Por exemplo, quando digo que tenho a 'capacidade de falar finlandês', pode significar que eu tenho (ao contrário de um cachorro) o potencial de falar finlandês se eu me dedicasse a aprender o idioma ou que eu (diferente de um não-finlandês falante) já sei falar finlandês.[541]

Formosa argumenta que interpretar a ideia de capacidade como potencialidade é mais coerente, já que se interpretarmos a capacidade como algo que já implica uma realização, então seríamos levados à conclusão de que apenas aqueles seres que são capazes da moralidade no sentido de terem um potencial já realizado é

---

[539] FORMOSA, 2017, p. 122.

[540] Ibid., p.123.

[541] Ibid..

que teriam dignidade, o que excluiria não apenas crianças e humanos com deficiências cognitivas, mas também todos aqueles seres humanos que não tenham um comportamento moral digno, o que seria provavelmente a maioria dos seres humanos. Nesse caso, o conceito de dignidade de *status* perderia grande parte de seu sentido e de sua força intuitiva. Além disso, entender a capacidade como realização (ou comportamento digno) nos remete à dignidade como conquista e não dignidade de *status*. Por isso enfatiza: "Alguém com uma capacidade de moralidade plenamente realizada realmente tem um maior grau de dignidade de realização do que alguém que não, mas ambos têm igual dignidade de *status*."[542]

Formosa observa ainda que Kant indica um segundo princípio ou teste para identificarmos quem é digno, mas dessa vez referente à dignidade como conquista, que é ter uma disposição moral em virtude de uma boa vontade.[543] Portanto, não podemos confundir os dois testes e tomar o segundo como modo de identificar quem tem dignidade de *status*:

> Devemos entender os dois testes de Kant como correspondendo a concepções particulares desses dois tipos de dignidade. Primeiro, temos dignidade de *status* e, portanto, devemos ser tratados como fins em nós mesmos e nunca como meros meios, se tivermos capacidade de moralidade no sentido de potencialidade. Segundo, realizamos plenamente a dignidade da conquista se (aproximadamente) realmente tivermos uma disposição moralmente boa ou uma capacidade de moralidade no sentido da realização. Claramente, só se pode ter um certo grau de dignidade de conquista se também tiver dignidade de *status*, mas pode-se ter dignidade de *status* sem possuir muita ou mesmo nenhuma dignidade de conquista. Por exemplo, diminuo meu grau de dignidade de realização quando digo uma mentira ou nego degradantemente meu próprio valor apenas

542 Ibid., p. 126.
543 Ibid., p. 122-123.

> para ganhar o favor dos outros, mas mesmo assim ainda mantenho minha dignidade de *status* total e igual. Isso explica por que todos podem ter igual dignidade de *status*, incluindo o pior criminoso, embora poucos (se houver) de nós, devido ao nosso mal radical, tenham plena dignidade de realização.[544]

A partir dessa distinção e levando em consideração o primeiro teste, Formosa defende a tese de que a melhor concepção da dignidade de *status* de Kant é a de que seres que tem possuem dignidade de *status* são aqueles que possuem certas *capacidades racionais e morais potencialmente-futuras*, ao qual chamou de "*Visão das Capacidades Racionais (Morais) (Potencialmente-Futuras)*"[545]. Essa seria a visão que Kant endossa, em parte *explicitamente*, em parte *implicitamente*. Nas palavras de Formosa:

> De acordo com essa visão, você só tem dignidade de *status* se tiver o potencial essencial agora ou no futuro exercer capacidades morais agindo respeitosamente em relação a si e aos outros por causa da dignidade que cada um de nós possui.[546]

Formosa mapeia e analisa treze concepções de dignidade de *status*, formando assim o que ele chamou de "taxonomia das concepções de dignidade kantiana"[547], classificando-as em dois grupos (ver *Figura 1*). O primeiro grupo ele coloca todas aquelas visões acerca da dignidade kantiana que entendem que ter certas capacidades racionais são necessárias para atribuição de dignidade a um ente. Ele chama esse grupo de *Visão das Capacidades (Capacities View)*. Todas as visões de dignidade formuladas por comentadores de Kant (kantianos ou não) que interpretam que ter certas *capacidades racionais* é condição necessária para ter dignidade

---

544 FORMOSA, 2017, p. 125.

545 No original *"Rational (Moral) Capacities (Future-Potentiality)"* (FORMOSA, 2017, p. 120)

546 FORMOSA, 2017, p.120)

547 Ibid., p. 130-157.

são alocados nesse grupo. Todavia essas visões divergem em dois aspectos, a saber, que tipo de capacidade racional é necessária para ter dignidade e o quanto ela precisa estar desenvolvida.

No primeiro aspecto, eles divergem entre a defesa de capacidades *instrumentais, prudenciais* e *morais*. Todas as três capacidades são racionais, mas a capacidade moral é a mais elevada e inclui a prudencial e a instrumental. A capacidade prudencial inclui a instrumental mas não a moral. Por sua vez, seres que podem apenas ter capacidade instrumental, não possuem capacidade prudencial e nem moral.

No segundo aspecto, as visões divergem em relação ao quanto uma capacidade pode estar desenvolvida. As três visões possíveis são as seguintes:

> (1) *Visão da realização (Accomplishment view)*: já se exerceu adequadamente essa capacidade em sua forma totalmente desenvolvida.
>
> (2) *Visão da potencialidade presente (Present-potentialiy view)*: pode-se aqui e agora, salvo circunstâncias específicas de isenção, exercer essa capacidade (pelo menos) em um nível básico.
>
> (3) *Visão de potencialidade futura (Future-potentialy view)*: alguém poderia agora, ou provavelmente no futuro, após o desenvolvimento correto, exercer essa capacidade (pelo menos) em um nível básico.[548]

Conforme essa exposição, uma visão de capacidade como *realização* (1) é aquela que defende que para um ser ter dignidade ele deve ter as capacidades plenamente desenvolvidas (ou realizadas). A segunda visão (2) de capacidade defende que é necessário ter uma potência atualmente (no presente), embora sem a exigência que ela esteja desenvolvida (realizada); Já a terceira visão (3) compreende que é necessário ter uma capacidade (potencial)

---

548 Ibid., p. 133.

mesmo sem estar desenvolvida mas que pode (isto é, tem *condições para*) se desenvolver pelo menos no futuro.

Formosa dá o exemplo de falar um idioma qualquer. Suponhamos um nativo de um país *X* tem a capacidade *y* de falar a língua *z*, desenvolvida (ou realizada), em virtude de sua prática diária. Tal indivíduo possui a capacidade *y* realizada de falar *z (Visão de realização)*. Um não nativo de *X* que estudou o idioma *z*, mas não o pratica, tem a capacidade *y* atualmente presente, mas não desenvolvida de falar *z*. Sua capacidade *y*, portanto, é uma potência presente (*Visão da potencialidade presente*). Por outro lado, um outro indivíduo não nativo (suponhamos um adulto) tem a capacidade *y* (no sentido de uma potência) de desenvolver a habilidade de falar *z* no futuro se estiver disposto a estudar o idioma, praticar, etc., mas tal capacidade não está desenvolvida e nem é ainda uma *potência presente*, mas apenas uma *potência futura (Visão da potencialidade futura)*.[549]

Formosa combina todas essas visões, isto é, os tipos de capacidades – *instrumental prudencial* e *moral* –, com o modo de desenvolvimento delas – *realizado, potência-presente* ou *potência-futura* – e forma 9 visões diferentes (como pode ser visto na Figura 1) que ele chamou de *Visão das Capacidades* (*Capacities Views*).

No segundo grupo, que ele chama de *Visão das não-capacidades (Non Capacities View)*, ele analisa quatro concepções de dignidade que não utilizam a noção de capacidade como critério para definir quem tem dignidade.[550] Nesse grupo estão as visões que defendem critérios pragmáticos (*Pragmatic View*)[551], ser membro de uma espécie (*Membership of the Species View*)[552], ter "germes" de uma certa espécie (*Biological View*)[553] e a visão de ter um núcleo transcendental metafísico (*Transcendental Kernel View*)[554].

549 Cf. FORMOSA 2017, p. 133.
550 Ibid., p. 151-157.
551 Ibid., p. 152-153.
552 Ibid., p. 153-154.
553 Ibid., p. 154-156.
554 Ibid., p.156-157.

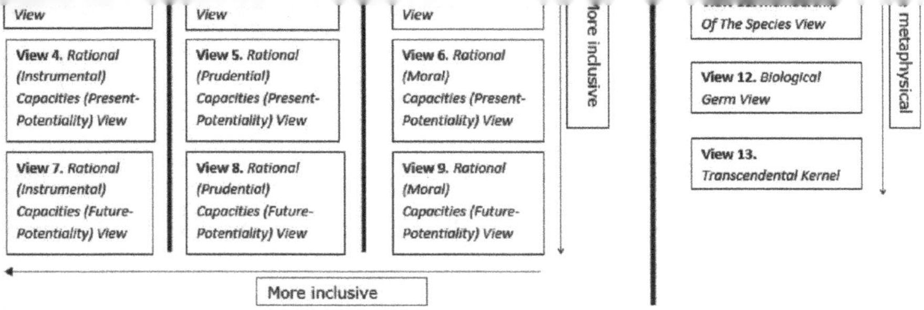

Figura 1 Kant Views on Who Has Dignity (by: FORMOSA, 2017, p.132).

Como podemos ver na tabela (Figura 1), no grupo das *Capacities Views*, visões de capacidade como potencialidade futura tendem a ser concepções de dignidade mais inclusivas, ao passo que as que defendem capacidades como realizações tendem a ser menos inclusivas. Da mesma forma, as visões que defendem que capacidades racionais mais amplas (prudenciais ou instrumentais) são suficientes para ter dignidade, tendem a ser mais inclusivas do que aquelas que defendem capacidades mais específicas, estritamente morais. Por isso, as Visões 1, 2 e 3, tendem a ser menos inclusivas do que as Visões 4, 5 e 6, e essas menos inclusivas do que as visões 7, 8 e 9. Sendo assim, a Visão 7 é a mais inclusiva e a Visão 3 a menos inclusiva. A Visão 7 seria aquela que defende que ter uma capacidade racional instrumental a ser desenvolvida no futuro já seria suficiente para ter dignidade.[555] A visão 3, por outro lado, é a menos inclusiva pois apenas aqueles seres racionais com capacidades morais desenvolvidas ou realizadas é que possuem dignidade.[556]

Por sua vez, no grupo das *Non-Capacities Views*, quanto mais metafísica é a visão do que define a dignidade de um ser, mais

[555] Essa visão poderia suficientemente ampla para incluir talvez alguns animais, como primatas, no escopo da dignidade, caso pudéssemos aceitar que eles possuem ao menos uma capacidade instrumental de racionalidade. Talvez essa visão possa ser identificada com aquela que Wood defende à luz do logocentrismo kantiano, ao dizer que ter "fragmentos de racionalidade" seriam suficientes para atribuirmos dignidade (ou pelo menos algum tipo de valor intrínseco) a seres não-morais.

[556] Alguns kantianos e não-kantianos defendem que apenas indivíduos dotados de "boa vontade" é que teriam dignidade. A dignidade nesse caso seria algo que dependeria do comportamento digno. Para Formosa, no entanto, esse é um aspecto da dignidade como conquista e não dignidade de status.

inclusiva ela pode ser. No entanto, o preço a pagar seria termos de aceitar fundamentos mais metafísicos e transcendentais para a dignidade.

A conclusão de Formosa é que a visão mais adequada com a ética kantiana é aquela que combina ter uma capacidade racional moral em termos de uma potência de desenvolvimento futuro. Isso é o mesmo dizer que um ente tem dignidade se, e somente se, ele possui a capacidade (potencialidade) de desenvolver, no presente e/ou no futuro, as condições mínimas para agir de modo racionalmente moral. Ou seja, Formosa defende a Visão 9.

Formosa argumenta que é essa visão que Kant adere implicitamente, uma vez que ele afirma explicitamente que "uma criança (incluindo um recém-nascido) é uma pessoa, tem direitos inatos de ser cuidada por seus pais e não pode ser tratada como algo que é *"produzido"* (*made*) ou como uma propriedade"[557]. Além disso ele diz que "esse ponto de vista é o único capaz, ou pelo menos o mais bem colocado, para entender toda a gama de deveres kantianos que se seguem praticamente ao reconhecimento da dignidade e do valor absoluto de alguém"[558]. Portanto, essa visão está em sintonia com a taxonomia dos deveres morais e com outras posições éticas de Kant.

---

557 FORMOSA, 2017, p.142.

558 Ibid., p. 143.

Na *Visão das Capacidades Racionais (Morais) Potencialmente (Futuras)*:

> [...] todas e somente aquelas pessoas com potencial presente ou futuro para agir com base em razões morais têm o *status* moral de portadoras de dignidade, pois somente elas possuem capacidades morais presentes ou latentes que podem ser não devidamente respeitadas e mal utilizadas ou não devidamente promovidas e desenvolvidas.[559]

Isso significa que um ente precisa ter um conjunto de capacidades racionais não apenas instrumentais ou prudenciais, mas morais, embora elas não precisem ser capacidades completas ou realizadas. Tais capacidades não são necessariamente potências *atualmente presentes* em um indivíduo. Elas podem ser potencialidades que estão em um indivíduo mesmo que não tenham sido ainda completamente desenvolvidas ou "realizadas", mas é preciso que ao menos existam as condições mínimas para que sejam desenvolvidas futuramente. Em outras palavras, isso quer dizer que a condição mínima para um ser ter dignidade é que ele possua capacidades em potencial para o desenvolvimento pelo menos no futuro. É preciso que seja possível ou viável que tal ente seja capaz de desenvolver em algum momento esse potencial. Isso significa que um indivíduo que possui a potência de ser um agente moral já possui dignidade. Mas se um ente tiver alguma restrição ao desenvolvimento dessa potência também em um futuro possível, ele não pode ter dignidade de *status*. Portanto, segundo Formosa, um ente possui dignidade de *status* se, e somente se, ele possui um conjunto de capacidades (potências) que são além de racionais também capacidades morais que podem ser desenvolvidas no presente ou no futuro.

---

559 Ibid.

Em decorrência disso, se assumirmos a interpretação da dignidade de *status* de Kant, defendida por Formosa, segue-se que:

> Essa visão nos diz que todos os seres humanos (pelo menos desde o nascimento) que têm potencial para desenvolver capacidades morais têm dignidade e que mantêm esse *status* moral completo pelo tempo que ainda puderem desenvolver ou exercer essas capacidades morais no presente ou no futuro.[560]

Formosa considera essa visão de dignidade coerentemente inclusiva, mas não excessivamente ao ponto de incluir todos seres humanos.[561] Nessa visão (*View 9*), *ter um potencial para desenvolver capacidades morais* é o condicionante para ter dignidade, o que significa que a maioria dos seres humanos possui dignidade, mas nem todos. Portanto, essa visão é largamente inclusiva, mas não totalmente. Isso quer dizer que alguns seres humanos não têm dignidade. Qualquer ser humano que não possa, por alguma razão qualquer, pelo menos no futuro desenvolver a capacidade para a moralidade, não se encaixa no escopo da dignidade de *status*.

Por mais estranha que possa parecer essa conclusão para alguns, tem, segundo Formosa, algumas vantagens. Essa visão é suficientemente inclusiva para incluir bebês e crianças em geral, por exemplo. Além disso essa visão teria a "vantagem" também de possivelmente excluir psicopatas do escopo da dignidade.[562] Por outro lado, essa visão exclui possivelmente indivíduos humanos que possuem deficiências cognitivas muito graves ou com algum tipo de lesão cerebral séria, e certamente anencéfalos.

---

560 Ibid., p. 162.

561 Formosa afirma que tal compreensão pode excluir, por exemplo, os psicopatas do escopo da dignidade de *status*. Se assumirmos que eles não são capazes da moralidade (como muitos presumem), então eles não podem ter dignidade de *status*. O mesmo ocorreria com anecéfalos e possivelmente com outros casos de humanos que possuem deficiência intelectual severa. O que não significa que devam ser tratados de qualquer forma.

562 FORMOSA, 2017, p. 141.

Diferente de Kain, por exemplo, que defende que o *status* moral e a dignidade se estende a todos os seres humanos, Formosa defende que sua intepretação é mais coerente com a concepção de Kant. Apesar de ambos defenderem que é a personalidade moral que constitui o núcleo que define quais entes tem dignidade (e não apenas a predisposição à humanidade, como parece defender Wood), Formosa interpreta a personalidade em termos individuais enquanto Kain associa à espécie. Formosa critica a visão de Kain por ser demasiado metafísica e ser compromissada com uma visão biológica incorreta.

Muito provavelmente pode soar como ofensivo para muitos a ideia de que nem todos os seres humanos possuem dignidade. Formosa observa, entretanto, que do fato de admitirmos que alguns seres humanos não têm dignidade isso não significa que eles podem ser tratados como coisas. Mesmo que assumamos que tais indivíduos não tenham dignidade de *status*, ou seja, não possuam valor absoluto, ainda assim eles possuem um valor relativo maior do que muitas outras coisas.[563] Formosa apenas coloca que a categoria fundamental para lidar com seres humanos que não se enquadram no escopo da dignidade de *status* é o *cuidado*.[564] Esses indivíduos sem agência racional (como deficientes cognitivos graves, por exemplo) merecem ser cuidados devido aos deveres indiretos - e nesse ponto ele se alinha à O'Neill. Aliás, seres humanos que possuem algum tipo específico de vulnerabilidade ou necessidades especiais carecem de cuidados que podem ser fontes de outros deveres morais que não teríamos para com outros seres humanos em condições normais.[565]

Além disso, temos outras razões, não necessariamente morais, para defender que devem haver "proteções legais e direitos positivos para *todos os seres humanos, incluindo* aqueles que *não tem*

---

563 Ibid., p.158-159.
564 Ibid., p. 159.
565 Ver também: FORMOSA, P. *The Role of Vulnerability in Kantian Ethics*, 2014, pp. 88-109.

dignidade"[566]. Do fato de que um ser humano não tenha dignidade de *status* "não nos compromete a negar-lhes também proteções legais e direitos"[567]. Portanto, embora alguns seres humanos não tenham dignidade de *status*, não significa que eles não possam ser sujeitos de direito. Embora não pertençam ao escopo da moralidade como agentes, eles podem ser beneficiários das ações morais. Se eles não são *pessoas morais*, nada impede que os consideremos como *pessoas jurídicas*.

Formosa considera ainda a possibilidade de adotarmos a estratégia de Wood em ampliarmos os nossos deveres diretos também para aqueles entes que possuem "fragmentos de racionalidade".[568] Adotar a estratégia de Wood implicaria em desenvolver uma visão complementar do *status* moral de seres humanos que não possuem dignidade de *status*. Formosa afirma que "aqueles com apenas fragmentos de natureza racional e que (por definição) carecem de capacidade moral em sentido de potencialidade futura, ainda não terão um caráter absoluto e incondicional"[569], o que implica que não terão dignidade de *status*. Contudo, seria possível desenvolver uma justificação para que esses seres humanos possam ter ao menos um "*status* moral menor", em vez de não ter *status* moral algum, pelo fato de possuírem um *valor relativo intrínseco*. Nesse caso, poderíamos justificar que ter "fragmentos de racionalidade" seria suficiente para "fundamentar um *status moral menor* (que não seja dignidade)"[570].

Em que pese os argumentos de Formosa, tal posição parecerá a muitos uma visão parcialmente excludente, por negar que todos seres humanos tenham igual dignidade ou *status* moral menor.

---

[566] FORMOSA, 2017, p. 161.

[567] Ibid., p. 161.

[568] Ibid., p. 158-162.

[569] Ibid., p. 160.

[570] Ibid., p. 161.

Essa interpretação contrasta com àquela a intuição básica de que todos seres humanos possuem *a mesma* dignidade.[571]

Se for assim, então ainda pode haver uma lacuna entre a concepção de dignidade kantiana e o paradigma contemporâneo de dignidade, como bem chamou atenção Sensen. É possível que a visão de Formosa sobre a de dignidade kantiana se aproxime mais daquele sentido defendido pelo discurso dos direitos humanos, mas não totalmente. Talvez não possamos realmente compreender a visão de dignidade de Kant como um valor inerente absoluto para *todos* os seres humanos - sem exceções -, como observam Sensen e Schroeder, a menos que abracemos a proposta de Kain ou rejeitemos o princípio de personificação, conforme sugere Wood. Ou talvez tenhamos que simplesmente aceitar que *status* moral não está vinculado com essa noção de valor e que diz respeito apenas a uma posição daqueles agentes que são imputáveis moralmente, como sugeriu O'Neill.

4.2.4 AUTONOMIA COMO FUNDAMENTO DA DIGNIDADE

Afinal o que significa dizer que a autonomia é fundamento da dignidade? A visão da dignidade kantiana defendida por Formosa pode dizer-nos algo novo sobre a relação entre dignidade e autonomia? Se levarmos adiante a tese de Formosa devemos nos perguntar: afinal de contas, como dignidade e autonomia se articulam? Como já foi dito, Formosa defende que a dignidade cumpre um papel central na ética kantiana, ao ponto de chamá-la de ética da dignidade. Além disso, ele defende que uma concepção completa

---

[571] Rosen, por exemplo, afirma que: "a concepção kantiana da dignidade é, ao mesmo tempo, profundamente igualitária. A dignidade é algo que compartilham todos os seres humanos" (2015, p. 42) A tese de Formosa também contrasta com a visão de Hill para quem a dignidade kantiana é estendida a todos os seres humanos. Hill defende que "a ideia mais controversa de Kant [...] é que, simplesmente em virtude de sua humanidade, todas as pessoas se qualificam para um *status* de dignidade, que deve ser reconhecido com respeito por todos" (HILL, 1994, pp. 16-17).

da dignidade kantiana só pode ser destrinchada se diferenciarmos entre dignidade como *status* e dignidade como conquista. A dignidade como *status* é aquela que não pode ser ganha, nem perdida e nem pode ser medida em graus. É o que comumente se entende por dignidade humana ou dignidade inviolável. A dignidade como conquista, por sua vez, diz respeito a um tipo de dignidade alcançada através de um esforço pessoal em tentar se aproximar de um ideal de perfeição moral. Esse tipo de dignidade é conquistada lentamente, portanto, vem em graus e pode ser comparada e até mesmo perdida.

Como essa visão se articula com a afirmação de Kant de que a autonomia fundamenta a dignidade? A autonomia seria fundamento da dignidade de *status* ou da dignidade de conquista? Ou ambas? Haveriam dois tipos de autonomia distintos da mesma forma que existem dois tipos de dignidade?

Vejamos o que Formosa afirma:

> Como a autonomia pode ser o fundamento da dignidade? Argumentarei [...] que precisamos diferenciar entre 'autonomia da vontade' (*Wille*), que é uma propriedade da vontade de todo ser racional, e 'vontade autônoma' (*Willkür*), que é algo que somente aqueles seres racionais que se governam de acordo com a lei moral o fazem. Essa distinção entre dois conceitos de autonomia é claramente mapeada para a distinção acima entre dois tipos de dignidade. A autonomia da vontade, como capacidade de moralidade que todo ser racional possui, é o fundamento da dignidade de *status*. Enquanto a vontade autônoma é [...] um componente essencial da dignidade de conquista. Os vínculos entre autonomia e dignidade são, portanto, claros nessa interpretação e isso acrescenta mais peso a ela.[572]

Formosa acredita que da mesma forma que há uma distinção entre dois tipos de dignidade (como *status* e como conquista) há

572 FORMOSA, 2017, p. 127.

também dois conceitos de autonomia subjacentes a cada uma dessas formas de dignidade. Isso explica em que sentido a autonomia é fundamento para a dignidade. A *autonomia da vontade* (*Wille*) é o que fundamenta a dignidade de *status*, pois é o que condiciona a capacidade (como potência presente ou futura) para a moralidade (agência moral). Já a *vontade autônoma* (*Willkür*), ou seja aquela vontade que vai aos poucos se tornando cada vez mais livre (positivamente, autodeterminada) e capaz de se autolegislar – autonomia como um processo de conquista permanente –, é o que fundamenta a dignidade como conquista. O respeito devido a indivíduos humanos dotados de dignidade, isto é, dignidade de *status*, como ordena a FH, é uma obrigação moral fundamental e necessária para promover as capacidades que permitirão os entes humanos capazes da moralidade conquistarem autonomia (vontade autônoma) e conquistarem graus cada vez maiores de dignidade como conquista.

Formosa parte da mesma distinção feita por Allison entre autonomia como *propriedade da vontade* e *autonomia como um princípio prático*.[573] Em síntese, a autonomia como um princípio prático se expressa na Fórmula da Autonomia. Já a autonomia como propriedade da vontade é o que permite a liberdade positiva da vontade, ou seja, que ela se autodetermine.

Formosa afirma que:

> Se a autonomia da vontade é apenas a propriedade de ter capacidade de moralidade no sentido de potencialidade futura, isso explica como a autonomia pode ser o fundamento da dignidade de *status*, pois para ter dignidade de *status* é necessário ter autonomia de vontade. Em contraste, a heteronomia da vontade é propriedade de uma vontade que não possui capacidade no sentido de potencialidade futura de agir em prol de razões morais. Tal vontade carece de dignidade de *status*, uma vez que pode (na melhor das hipóteses) agir de acordo com

---

573 Cf. ALLISON, 1995, p. 94-106.

> a moralidade em prol de interesses não morais e nunca em prol da própria moralidade.[574]

Ou seja, autonomia como propriedade da vontade é justamente aquilo que permite que um determinado indivíduo seja um agente moral. Como já vimos, Formosa defende que para ter dignidade de *status* a condição mínima é que um indivíduo tenha pelo menos a capacidade como uma potencialidade futura para agir moralmente, o que significa que ele deve ter ao menos a potência de desenvolver a autonomia no presente ou no futuro. Em outras palavras, um indivíduo precisa pelo menos ter condições de desenvolver a autonomia enquanto propriedade da vontade que a capacita a dar a si mesma a lei moral. É nesse sentido, que Formosa defende que a autonomia da vontade fundamenta a dignidade de *status*. É exatamente pela mesma razão, que qualquer ser que não possua a potencialidade de desenvolver a autonomia da vontade, não poderia ter dignidade.

Quando a autonomia é entendida como *Wille* (autonomia da vontade) precisamos assumir que ela não é algo que pode ser adquirida ou conquistada e ninguém tem mais ou menos. Por isso, Formosa retoma a afirmação de O'Neill para quem a autonomia "não é a conquista especial dos mais independentes, mas uma propriedade de qualquer ser racional"[575].

Por outro lado, a dignidade de conquista encontra seu fundamento não pela autonomia da vontade, mas pela vontade autônoma (*Willkür*). Ter uma vontade autônoma não seria simplesmente algo dado, mas também uma conquista lenta e processual.[576] Por isso, Formosa observa que:

---

574 FORMOSA, 2017, p. 167.

575 O'NEILL, 1989, p. 76.

576 Nesse ponto a visão de Formosa está em sintonia com a interpretação de Paul Guyer (2003) sobre a prática da autonomia kantiana em circunstâncias empíricas da vida humana. Guyer faz uma distinção importante entre duas maneiras de entender a autonomia, que ele toma das palestras de ética de Kant. A primeira é entender a autonomia como autarquia e a segunda como autocracia. Autarquia seria o autogoverno pleno da razão sobre a vontade que implicaria em um agente

> Os seres humanos claramente não nascem como pessoas totalmente virtuosas. Por exemplo, os recém-nascidos não podem agir apenas pela lei moral e não têm um compromisso incondicional com a moralidade. Portanto, deve haver algum processo de desenvolvimento moral que possa transformar um recém-nascido, com autonomia da vontade e dignidade de *status*, em um agente que queira autonomamente e tenha altos graus de conquista de dignidade e virtude.[577]

Formosa se ampara na visão do desenvolvimento moral de Kant, especialmente a partir da preleção *Sobre a Pedagogia*. Nesse texto, Kant elabora uma teoria do desenvolvimento moral em três estágios. O primeiro estágio passa pelo desenvolvimento físico e pela disciplina. O segundo estágio passa pelo cultivo de nossas habilidades genericamente e pelo processo de nos tornarmos civilizados. O último estágio passa é finalmente o processo de moralização, ou seja, de torna-se um sujeito efetivamente moral.[578] Essa visão sugere que Kant tinha em mente um processo de desenvolvimento moral que passa da heteronomia para a autonomia moral. Da mesma forma, faz pleno sentido admitir que a vontade fosse aos poucos tornando-se mais autônoma e menos heterônoma, e os sujeitos fossem tornando-se mais autônomos, isto é, agentes efetivamente morais. Esse é um processo de desenvolvimento da autonomia.

---

moralmente infalível. Segundo Guyer, Kant não compreendia que a autonomia em condições reais seria algo desse tipo. Para humanos que somos, moralmente falíveis e possuidores de uma razão prática finita, não temos como pensar a autonomia dessa forma senão apenas como um ideal a ser buscado. Nas condições práticas reais, Guyer afirma que podemos apenas desenvolver a autonomia como autocracia, isto é, um autocontrole de nossa vontade por meio da prática constante e da virtude em tentar se aproximar do ideal moral. Nesse sentido é que a autonomia de um ponto de vista empírico, como uma característica da psicologia humana, que se desenvolve e se aperfeiçoa, pode ser entendida como uma conquista. (Ver GUYER, 2003, pp.90-94)

577 FORMOSA, 2017, p. 172.

578 Ibid., p. 173.

Por isso, Formosa afirma que "ter *autonomia da vontade* (*autonomy of the will*) não é a mesma coisa que *querer autonomamente* (*willing autonomously*)"[579]. Isso significa que alguém pode ter uma capacidade para agir autonomamente, mas não ter se habituado a "querer autonomamente", isto é, sua vontade ainda é fraca no sentido de estar frequentemente sendo influenciada por inclinações ou interesses diversos (causas alheias à própria vontade). "Uma coisa é ter capacidade no sentido de potencialidade futura de querer moralmente e outra coisa é querer moralmente"[580], afirma. Portanto, embora um agente tenha a propriedade da autonomia – isto é, possui a capacidade da moralidade em sua vontade –, a sua vontade ainda não se tornou completamente autônoma.

Formosa ainda argumenta:

> A distinção entre a vontade em sua função executiva (*Willkür*) e a vontade em sua função legislativa (*Wille*) nos permite diferenciar entre autonomia como propriedade das vontades, que é uma questão de auto-legislação ou função legislativa, da autonomia ou heteronomia como uma propriedade de vontades (quereres) (*willings*) ou escolhas (*choices*) individuais [*Autonomie der Willkür*], que é uma questão de autogoverno ou função executiva.[581]

De acordo com Formosa então, a vontade possui uma função legislativa que é efetivamente a base fundamental que torna a moralidade possível. Esta função legislativa (*Wille*) é o que fundamenta a dignidade da moralidade e por sua vez a dignidade de *status* das pessoas. Por sua vez, a função executiva (*Willkür*), que coloca em operação a função legislativa (*Wille*), é o que pode ser aperfeiçoada e está diretamente associada com a dignidade como conquista. Nos tornamos moralmente mais dignos na medida em

---

579 Ibid., p. 167.

580 FORMOSA, 2017, p. 167.

581 Ibid.

que tornamos nossa vontade mais autônoma através da prática virtuosa.

> Enquanto a autonomia da vontade (*autonomy of the will*) é uma propriedade da vontade de todo raciocínio com dignidade de *status*, a vontade autônoma (*autonomous willing*) é uma propriedade de escolhas ou vontades individuais que têm o respeito pela dignidade de *status* dos agentes racionais como seu ponto mais alto de determinação.[582]

Portanto, só agentes que desenvolveram-se moralmente e tornaram-se autônomos, isto é, aqueles que possuem uma vontade autônoma, minimamente, é que são capazes de respeitar a dignidade de *status* de outros agentes racionais. Quanto mais um agente age em respeito à dignidade de *status* de outros agentes (ou a sua própria), mais ele se torna digno, isto é, amplia sua dignidade de conquista e aperfeiçoa sua vontade autônoma tornando-a cada vez mais condizente com o que exige a moralidade.

---

[582] Ibid.

CONCLUSÃO

O presente trabalho tentou explorar as relações íntimas entre os conceitos de autonomia e dignidade na filosofia moral de Kant, discutindo alguns problemas que emergem das tensões com a visão contemporânea que temos sobre dignidade humana, autonomia, personalidade, etc. A discussão aqui proposta partiu da afirmação de Kant de que a autonomia "é o fundamento da dignidade humana e de toda a natureza racional"[583]. O vínculo entre dignidade, autonomia e natureza racional está colocado, mas como ele se dá? Se autonomia fundamenta a dignidade humana isso significa que é a agência autônoma dos sujeitos capazes de agir moralmente que os torna portadores de uma dignidade absoluta, intrínseca e inviolável? Essa perspectiva está de acordo com a concepção contemporânea de dignidade que circunda o discurso dos direitos humanos e o senso comum? Ou a visão de Kant não corrobora a intuição básica de que todos temos dignidade?

Essas e outras questões correlatas pareceram à primeira vista fundamentais, de onde emergiu um raciocínio simples, mas inevitável: se a autonomia é condição para dignidade, então quem não tem autonomia não tem dignidade. E se para ter autonomia é necessário ser racional, então quem não tem racionalidade não tem autonomia e, portanto, não tem dignidade. Contudo, esse raciocínio parte de uma certa interpretação do que seja autonomia e racionalidade. Mas não poderia haver aí um raciocínio falacioso ou equivocado? A hipótese inicial é que o vínculo entre dignidade e autonomia poderia ser mais complexo do que o que está

583 FMC Ak 344, p. 269.

expresso na premissa que condiciona a pergunta. É nesse sentido que a necessidade de explorar com mais cuidado a concepção de autonomia e seu vínculo com a dignidade pareceu necessária.

Desse modo, o percurso filosófico traçado nesse trabalho partiu dessa interrogação inicial acerca de qual é o sentido em que a autonomia fundamenta a dignidade e, em decorrência disso, quais entes possuem dignidade na filosofia moral kantiana. Em conexão com esse problema, a discussão acerca do conceito de "pessoa" na linguagem kantiana pareceu inseparável desse debate, uma vez que Kant vincula "pessoas" a "seres racionais". É comum a interpretação de que Kant legou à modernidade e sua posterioridade a ideia de um sujeito autônomo e capaz de ditar a si mesmo a moralidade[584]. O que não deixa ser em grande parte verdade. O conceito de personalidade em alguma medida estaria absolutamente conectado com esse ideal de autonomia e com a visão de dignidade humana. Em virtude de sermos pessoas dotadas de autonomia é que temos dignidade como um valor absoluto e inviolável que pode ser fonte de onde emanam nossos direitos básicos.

Contudo essa imagem de um sujeito plenamente autônomo faz jus ao pensamento de Kant como ele próprio o formulou? Não seria essa mais uma caricatura do sujeito moderno cunhado em grande medida no seio do iluminismo, no qual Kant é dos responsáveis, mas não único? Um dos problemas dessa caracterização é que embora a visão de um sujeito soberano de si mesmo, plenamente autônomo e livre, cada vez mais tem sido interpretado contemporaneamente como uma ficção ou pelo menos com ressalvas por diversas correntes filosóficas. A própria ideia de racionalidade e a autoimagem do homem moderno como um ser racional e lúcido tem sido alvo de críticas e parece não corresponder nem mesmo com a descrição científica do mundo e com a visão de natureza humana que temos desenvolvido pelo menos desde Darwin. Temos razões tanto para questionar tanto a ideia de que somos seres racionais quanto a de que *apenas* seres humanos

584 Cf. SCHNEEWIND, 2005.

são racionais. Apenas esse fato leva-nos a indagar se as premissas de Kant acerca de uma suposta natureza racional compartilhada pelos seres humanos realmente fazem sentido.

Todavia, Kant ainda é um pilar filosófico onipresente no mundo contemporâneo e seu legado é difícil de ser mensurado. A ideia de que somos capazes de autonomia e que pelo menos parte do que nos constitui como humanos se deve ao nosso potencial em sermos racionais, ainda que isso possa não ser tudo o que somos, parece algo que não estamos dispostos a abandonar completamente. A revolução copernicana kantiana não é apenas uma revolução no conhecimento, mas também ética e certamente é antropológica na mesma medida. Passamos, de fato, junto com Kant, a nos entender como seres livres e autônomos.

Entretanto, uma leitura menos idealizada desse sujeito autônomo admite que se a filosofia moral kantiana ainda tem sentido no mundo contemporâneo ela precisa ser lida a partir do nosso tempo e de situações concretas. Ora, se entendemos que nem todos os seres humanos são ou podem vir a ser (ou foram e deixaram de ser) racionais, e que nem todos são capazes de um ideal de agência autônoma, como podemos entender seu estatuto moral? Qual o lugar de todos os indivíduos humanos incapazes de agência racional e autonomia? Até que ponto podemos chamá-los de "pessoas" se a personalidade é uma predisposição à moralidade?

O problema colocado como ponto de partida foi: a filosofia moral kantiana permite que possamos atribuir dignidade a indivíduos humanos não racionais e não autônomos, considerando-as pessoas? Inicialmente pareceu importante explorar se a própria colocação desse problema não é um equívoco, ou seja, se não se trata de um pseudoproblema que emerge de uma interpretação errônea de Kant. Haveria uma aparente contradição nas próprias ideias e afirmações presentes nos escritos de Kant? Pareceu necessário dar um passo atrás e compreender a visão de moralidade kantiana e sua conexão com a autonomia, para entender de que maneira ela pode ser o fundamento da dignidade. Durante esse trajeto, a discussão acerca do conceito de pessoa também demonstrou-se um tema complexo em Kant. Se por um lado temos interpretações mais inclusivas acerca de quem tem ou pode ter personalidade, por outro lado, temos interpretações mais restritivas de quem pode ser considerado uma pessoa. Além do mais, as intepretações diversas acerca da centralidade ou não do conceito de dignidade na ética kantiana também geram diferentes leituras sobre Kant. Essas disputas interpretativas acerca do pensamento de Kant também nos conduzem não apenas a conclusões divergentes entre si, mas criam novas questões tanto para a ética kantiana em si mesma, enquanto teoria, quanto para sua aplicação em situações mais ordinárias.

A conclusão mais evidente a partir do estudo aqui apresentado é que não há uma interpretação consensual entre os comentadores e críticos de Kant acerca do que constitui dignidade ou qual seu vínculo com a autonomia ou com outros conceitos como personalidade e humanidade. Sendo assim, parece que temos, de um lado, aqueles que interpretam que a dignidade kantiana tem uma força intuitiva poderosa justamente pelo fato de incorporar a ideia de que ela se estende a todos os seres humanos de modo a fundamentar o respeito incondicional que devemos ter pela humanidade em geral (natureza humana) e por cada ser humano, independentemente de qualquer circunstância. Essa interpretação mais inclusiva da dignidade humana parece ser compartilhada por Thomas Hill, Michael Rosen, Patrick Kain, entre outros. Por outro lado temos uma interpretação mais restritiva da ideia de dignidade humana na qual aparentemente se situam alguns críticos de Kant, mas também outros leitores de Kant como é o caso de Oliver Sensen, Samuel Kerstein, Doris Schroeder, Allen Wood, Onora O'Neill e Paul Formosa. Todos eles divergem em muitos aspectos, dentre os quais, no grau de restrição em relação até onde se estende a dignidade kantiana.

Críticos como Peter Singer, por exemplo, acusam a visão de dignidade kantiana ser restritiva e ser excludente não apenas com animais não humanos, mas também com relação a seres humanos não racionais e incapazes de autonomia.[585] Schroeder[586], por sua vez, entende que a visão de dignidade kantiana não é exatamente compatível com o ideal de dignidade presente no discurso dos direitos humanos e Sensen[587] compartilha dessa visão ou, pelo menos, em partes com ela. Já a tese de Wood[588] é que, se levada a sério, a visão kantiana é realmente restritiva mas apenas por conta do princípio de personificação subjacente a filosofia prática de Kant. No entanto, esse é um desacordo interno da ética kantiana em relação ao seu logocentrismo fundamental. Uma leitura logocêntrica e menos "personalista" de Kant seria suficiente para uma interpretação mais inclusiva da dignidade kantiana.

Paul Formosa[589] parece apresentar-nos uma abordagem intermediária entre a interpretação inclusiva e a interpretação restritiva da dignidade kantiana. É claro que a interpretação de Formosa é ainda restritiva em relação a de Patrick Kain, por exemplo. Enquanto Kain[590] alega que Kant defende o *status* moral e a dignidade para todos os seres humanos sem exceção, sendo todos pessoas, a tese defendida por Formosa ainda exclui alguns seres humanos do escopo da dignidade (ou da dignidade de *status*, como ele chama). Mas apesar de ter uma visão mais restritiva, ela ainda pode ser vista como suficientemente inclusiva para abarcar pelo menos a maioria dos seres humanos (excluindo apenas aqueles seres humanos que jamais poderiam desenvolver capacidades morais).

Se Formosa tiver razão e "a concepção completa de dignidade kantiana"[591] se constitui como dignidade de *status* e dignidade como conquista, então parece que nossa atenção deve ser dada especialmente à dignidade de *status*. Ter *status* moral ou dignidade

---

585 Cf. SINGER, 2010, p. 337-338.
586 SCHROEDER, 2012.
587 SENSEN, 2009; 2011.
588 WOOD, 1998.
589 FORMOSA, 2017.
590 KAIN, 2009.
591 FORMOSA, 2017, p. 5.

de *status* e ser pessoa seriam equivalentes. A defesa de que a condição necessária e suficiente para ter dignidade é ter capacidade enquanto possibilidade de ser um agente moral pelo menos no futuro[592], ou seja, ter a capacidade para desenvolver uma vontade autônoma, abarca grande parte dos seres humanos, embora não todos. O que talvez nos conduza novamente a questão colocada por O'Neill[593], de que deveres indiretos são indispensáveis, nesse caso, para assegurar que seres humanos sem *status* moral (ou dignidade) não sejam tratados meramente como meios.

Evidentemente, a visão de Formosa, apesar de parecer coerente, ainda traz à tona o problema de que os seres humanos que ficam excluídos do escopo da dignidade são justamente aqueles que foram desde sempre excluídos historicamente também sob um ponto de vista social. Mesmo que digamos que tais indivíduos humanos devam ter proteções legais ou direitos jurídicos, ou que tenhamos deveres indiretos para com eles, o que parece estar em jogo, no fundo, é a ideia de um tipo de reconhecimento muito mais profundo do que simplesmente questões relativas ao modo como devemos nos comportar ou proceder em relação a esses seres humanos. Não parece ser meramente uma questão de assumir um dever de cuidado, nem mesmo apenas e tão somente uma questão de reivindicar igualdade ou justiça, mas também relativas ao reconhecimento desses indivíduos enquanto pessoas, pura e simplesmente.

O problema que assumir a autonomia como condição necessária para a dignidade levanta para a concepção de dignidade de Kant se dá na medida em que, interpretada literalmente, ela entra em conflito com certas pressuposições elementares enraizadas em nossas crenças morais básicas – isto é, em um senso moral comum, culturalmente estabelecido em grande parte das sociedades ocidentais –, mas também em consonância com a linguagem dos direitos humanos e com o consenso jurídico de muitos países (ao menos

592 Ibid., p. 143.
593 O'NEILL, 1998.

com relação àqueles que se dizem democráticos). A maioria de nós parte de um pressuposto básico de que crianças, adultos e idosos, com capacidade ou não de autonomia (incluindo portadores de deficiências intelectuais e indivíduos com outros danos cerebrais graves), são todos efetivamente *pessoas* que devem ser tratadas com respeito e dignidade. Portanto, esse aspecto contrasta de maneira bastante dura com uma interpretação mais literal da concepção de dignidade de Kant como pode ser lida a partir da *Fundamentação da Metafísica dos Costumes.*

Portanto, como propus na introdução desse trabalho, existem algumas consequências que essa leitura literal que a afirmação de Kant pode acarretar. A primeira delas seria a de que se a dignidade é condicionada pela agência autônoma, então deveríamos:

1) *"simplesmente aceitar que não podemos atribuir dignidade a indivíduos não autônomos"*[594].

Embora essa possa ser a conclusão de alguns críticos de Kant, não parece ser a leitura de grande parte dos kantianos, e não parece ser condizente com nossa visão ordinária acerca da dignidade humana. Se não estamos dispostos a aceitar essa conclusão, então segue-se que:

2) *ou teremos de concluir que a filosofia moral kantiana tem problemas internos que, podem, no entanto, ser caridosamente corrigidos.*
3) *ou teremos de concluir que as concepções de Kant (literais) estão incorretas, o que possivelmente poderia nos levar a abandonar a teoria kantiana (literal) da dignidade.*
4) *ou a filosofia moral kantiana está em ordem, mas a interpretação literal das teses de Kant está equivocada;*

---

594 Ver introdução deste estudo.

A alternativa 2 parece ser aquela defendida por Wood. Wood aceita que há problemas na concepção de dignidade de Kant por conta do princípio de personificação e propõe que sua teoria seja corrigida de modo a ampliar o escopo dos deveres diretos na tentativa de tornar o logocentrismo kantiano mais forte e, por decorrência disso, possibilitar que possamos atribuir valor intrínseco a seres não propriamente racionais e morais (autônomos). No entanto, como já vimos, essa proposta de Wood, apesar de solucionar alguns problemas acaba criando outros. Uma das dificuldades da proposta de Wood é que a rejeição do princípio de personificação implicaria em uma necessidade de reformulação da taxonomia dos deveres morais[595]. Além disso, não fica claro se o princípio de personificação excluiria completamente a necessidade do conceito de "pessoa". Wood, também não explica como a teoria da personalidade de Kant se encaixaria nessa nova abordagem e não está claro de que forma o critério de "fragmentos de racionalidade"[596] se distingue do critério de "senciência" utilizado pelos utilitaristas. Além disso, a noção de "valor intrínseco" tem o mesmo sentido de "dignidade"? Wood não deixa claro e dá poucas pistas para responder a essas questões. Portanto, embora a proposta de Wood tenha aberto um novo caminho para o debate acerca dos limites e possibilidades de aplicação da ética kantiana, ainda há necessidade de uma investigação mais aprofundada sobre as implicações que uma rejeição do princípio de personificação teriam sobre a filosofia kantiana como um todo.

A alternativa 3 certamente é inaceitável para a maioria dos kantianos mais ortodoxos. Apesar disso, autores como Schroeder,

---

595 Ao rejeitarmos o princípio de personificação retiramos o princípio central que regula a taxonomia dos deveres éticos de Kant, isto é, a divisão entre deveres para consigo mesmo e deveres para com os outros (Cf. WOOD, 1998, p.193). Assim, deveríamos reinterpretar o sistema de deveres de Kant, já que deveres diretos poderiam ser ampliados em relação a seres não racionais (não-pessoas). Wood não levanta especificamente essa discussão em seu ensaio mas essa parece ser uma consequência inevitável ao retirar o princípio de personificação do âmago da filosofia prática de Kant.

596 Ver WOOD, 1998, p. 198. Ver a crítica de O'NEILL, 1998, p. 225.

Kerstein e até mesmo Wood admitem que a concepção de dignidade de Kant cria impasses difíceis de solucionar. Contudo, um kantiano seguindo Oliver Sensen[597], por exemplo, pode argumentar que não há necessidade de abandonar completamente a visão de dignidade de Kant se entendermos o seu real papel em sua filosofia moral. Para Sensen, a concepção de dignidade de Kant tem um papel menos central na ética kantiana do que muitos supõem. Sensen admite que a visão de dignidade de Kant corresponde a um paradigma tradicional que remonta aos estoicos e não está em completa sintonia com o paradigma contemporâneo, comum ao discurso dos direitos humanos e que está atrelado a uma visão de senso comum de dignidade (aquela que supõe que todos, sem exceção, possuem dignidade). Isso não significa que a concepção de dignidade de Kant simplesmente deva ser abandonada ou que não exerça algum tipo de influência no discurso contemporâneo (quer no debate filosófico ou para além dele), mas para Sensen é necessário um cuidado mais preciso sobre o tipo de transposição conceitual que se faz da terminologia kantiana para outros contextos argumentativos. Algo que pode nos fazer indagar até que ponto a concepção de dignidade kantiana tem sido utilizada apenas como uma retórica altamente sofisticada para dar embasamento a visões que não são necessariamente condizentes com as de Kant.

A alternativa 4 parece representar a visão de quem defende que não há nada de errado com as teses de Kant, mas que possivelmente estamos interpretando-as inadequadamente. Filósofos como Patrick Kain e O'Neill parecem ler Kant desse modo. Apesar de endossarem a ideia de que há coerência interna entre teses kantianas, ambos divergem entre si em relação à qual é a real posição de Kant sobre quem tem dignidade. Enquanto Kain[598] defende que para Kant todos os seres humanos são pessoas e tem o mesmo *status* moral (e dignidade, portanto), O'Neill inclina-se

---

[597] SENSEN, 2009.
[598] KAIN, 2009.

a defender uma interpretação realmente mais literal de Kant, dando ênfase para a noção de agência moral. Kain defende que para compreender a posição de Kant é necessário um mergulho mais profundo no pensamento de Kant para além da ética e entender sua adesão com outras teses metafísicas, psicológicas e biológicas, sendo independentes de um critério forte de agência. Somente assumindo que Kant defenderia uma concepção de dignidade amplamente a todos os seres humanos, independentemente de agência autônoma, é que as teses de Kant não entrariam em contradição. A chave para entender qual é o posicionamento de Kant seria aceitar aquela ideia mais coerente com as outras posições de éticas e não éticas de Kant. Isso nos levaria a crer que Kant de fato defendia uma visão de dignidade generalizada para todos os seres humanos apenas por pertencerem a espécie humana. O'Neill[599] argumenta em uma direção oposta ao enfatizar a agência e ao sustentar a indispensabilidade de deveres indiretos, apesar de também defender uma combinação entre antropocentrismo e logocentrismo na interpretação da ética de Kant. A concepção de dignidade seria posterior à distinção entre pessoas e coisas, não sendo possível uma rejeição completa (e talvez nem desejável) do princípio de personificação, como é defendido por Wood. Desse modo, para O'Neill, a concepção de pessoa de Kant (que condiciona o *status* moral diferenciado) é anterior à noção de dignidade e está necessariamente ligada à noção de agência moral e, portanto, com a autonomia. Logo, O'Neill entende que as teses de Kant estão corretas mas defender uma diferença de *status* moral não implicaria em atitudes de discriminação e preconceito com seres humanos incapazes de autonomia, antes pelo contrário, devemos entender que agentes são necessários porque sem eles a moralidade simplesmente não existe.[600] Ter um *status* moral enquanto agente implicaria na capacidade de agir com responsabilidade e cumprir deveres e não com um tipo de *status* de

---

599 O'NEILL, 1998.

600 O'NEILL, 1998, p. 217.

superioridade. Ter *status* moral não significaria ser mais importante, superior ou ter mais valor, mas implicaria em assumir uma posição de responsabilidade moral distinta que simplesmente não é possível para aqueles que não são capazes de agir racionalmente.

As posições de O'Neill e Kain divergem completamente e esse desacordo não parece simples de ser resolvido. O que nos leva a concluir que mesmo para os que defendem que a ética kantiana é coerente e está em ordem, isso não significa estar de acordo com a interpretação acerca do que Kant de fato defende.

Nessa linha de raciocínio, Formosa[601] apresenta uma interpretação mais intermediária que apesar de levar a sério as afirmações mais básicas de Kant, parece conseguir contornar algumas dessas dificuldades. Formosa, ao defender uma dualidade na concepção completa de dignidade de Kant, encontra na distinção entre dignidade de *status* e dignidade de conquista o apoio conceitual para entender parte da divergência entre os interpretes de Kant e de suas posições sobre quem de fato possui dignidade e o quanto a autonomia é um condicionante para ela. Formosa defende que para ter *status* moral ou dignidade de *status* é necessário apenas ser um agente em potencial, ou seja, ter uma potencialidade futura para tornar-se um agente moral (capacidade futura para autonomia). Ter, portanto, autonomia da vontade (*Wille*) enquanto uma potencialidade para desenvolver uma vontade autônoma (*Willkür*) é condição necessária e suficiente para ter dignidade de *status* (algo que pode ser estendido para a grande maioria dos seres humanos "normais", desde crianças a idosos). Apesar disso, a agência racional, do modo como O'Neill defende, é importante e necessária, mas tem um peso maior na dignidade de conquista, que complementa a dignidade de *status*. Desenvolver uma vontade autônoma (a partir da autonomia da vontade como uma potencialidade futura) é condição de possibilidade de desenvolver concomitantemente dignidade de conquista, que vem

601 FORMOSA, 2017.

em graus e necessariamente está vinculada com o comportamento moralmente digno.

Se a tese de Formosa estiver correta, parte dos problemas levantados inicialmente desaparecem ou pelo menos são minimamente respondidos, já que a autonomia que fundamenta a dignidade de *status* é entendida como uma capacidade de desenvolvimento futuro e não propriamente como uma habilidade executiva atualmente presente. No entanto, o fato de ainda haver uma brecha para negar a dignidade a alguns seres humanos que jamais serão capazes de desenvolver autonomia e agência (como alguém que nasceu com algum tipo de dano cerebral grave), torna essa interpretação da concepção de dignidade de Kant ainda em conflito (pelo menos em algum nível) com aquelas pressuposições presentes no senso comum e no paradigma dos direitos humanos no qual afirma-se que todos seres humanos, sem exceção, têm dignidade. Portanto, apesar de ser promissora e lançar luz sobre muitos dos impasses aparentes da ética kantiana, a interpretação de Formosa ainda deixa em aberto uma série de outras questões importantes no debate ético contemporâneo.

Em que pese tais considerações, ainda é possível indagar que problema haveria em aceitar que indivíduos humanos incapazes de autonomia, em um sentido forte (isto é, incapazes de serem agentes morais), não tenham dignidade. Não seria suficiente assumirmos que eles ainda assim possuam *direitos jurídicos* apesar de não terem *direitos morais*, segundo a terminologia kantiana? Ou ainda, se não são *tecnicamente* pessoas, em um sentido moral, ainda assim podem (e devem!) ser tratados como pessoas jurídicas (ou como pessoas em *sentido estendido*, conforme distingue Wood), então porque isso seria um problema? Apesar de não se poder conferir dignidade ou *status* moral, estritamente, ainda assim, são indivíduos aos quais temos obrigações morais referentes ao cuidado. É o que O'Neill e Formosa defendem. No entanto, não parece apenas uma questão de termos obrigações de cuidado para com tais indivíduos ou de serem tomados, apesar de tudo, *como se fossem* pessoas ou *como se tivessem* dignidade.

Tal posicionamento ético pode muito bem ser visto como excludente. Essa parece ser uma discussão mais profunda sobre o que significa, de um ponto de vista não apenas moral, mas também sociopolítico, afirmar que tais indivíduos, por não terem condições para autonomia, não sejam *de fato* pessoas e não tenham dignidade. Esse problema é mais significativo se levarmos em consideração a luta por reconhecimento que é pauta de diversos movimentos sociais em defesa dos direitos de minorias. Se aceitarmos uma interpretação mais radical de que a visão de Kant nega dignidade a todos aqueles que não possuem autonomia moral ou que nem todos são pessoas, necessariamente os kantianos terão de lidar com problemas relativos ao reconhecimento social e moral de grupos minoritários. Seguir por esse caminho parece colocar a teoria kantiana sob alvo de outras críticas difíceis de serem contornadas.

Posto isso, ser pessoa parece, fundamentalmente, comportar algum tipo de aspecto *não moral,* que talvez não possa ser reduzido à dimensão de agência ou autonomia. Thomas Hill expressou a ideia de todos compartilham um anseio fundamental por respeito e isso está intimamente ligado a ideia de ser reconhecido como pessoa. Em suas palavras:

> O respeito, como ideal moral, responde a uma necessidade humana profunda e penetrante, além das necessidades mais concretas que caracteristicamente levam a demandas por justiça e caridade. Mesmo que eles tenham se beneficiado da caridade e agora tenham concedido concessões às suas justas demandas, as pessoas estigmatizadas como inferiores ainda podem sentir, com toda a razão, que "não tem respeito". O respeito que eles querem é algo mais que benefícios materiais, mais do que tais benefícios oferecidos em espírito de caridade ou pelo reconhecimento de que são devidos. O que eles querem, acredito, é algo para o qual devemos presumir que todo ser humano tem uma reivindicação, ou seja, reconhecimento total como pessoa, com o mesmo valor moral básico que qualquer outro, participação na comunidade

> cujos membros compartilham a autoridade para determinar como as coisas devem ser e o poder de influenciar como serão.[602]

Se Thomas Hill tem razão, então parece que esse anseio fundamental por ser respeitado e ser reconhecido como pessoa é o que realmente importa. E se dignidade e respeito estão inseparavelmente ligadas e associadas a esse anseio em sermos reconhecidos *como pessoas*, então parece que há algo em relação ao conceito de dignidade que não é redutível a ter capacidade da moralidade e, portanto, autonomia. Essa ideia de um "reconhecimento total como pessoa" parece ser um componente fundamental do respeito que todos almejam e um aspecto também essencial do sentido que damos para a ideia de dignidade.

---

[602] Hill, 1994, p. 3.

REFERÊNCIAS

OBRAS DE KANT:

KANT, Immanuel. **Fundamentação da Metafísica dos Costumes.** Trad. Guido Antônio de Almeida (Edição bilíngue). São Paulo: Discurso Editorial: Barcarolla, 2009.

KANT, Immanuel. **Fundamentação da Metafísica dos Costumes**. Paulo Quintela (trad.). Lisboa: Edições 70, Ltda, 2007.

KANT, Immanuel. **Groundwork of the Metaphysics of Morals.** Trad. Mary Gregor. New York, NY: Cambridge University Press, 1998.

KANT, Immanuel. **Crítica da Razão Pura**. 5ª ed. Trad.: Manuela Pinto dos Santos). Lisboa: Fundação Calouste Gulbenkian, 2001.

KANT, Immanuel. **Crítica da Razão Prática**. Petrópolis, RJ: Vozes; Bragança Paulista, SP: Editoria Universitária São Francisco, 2016.

KANT, Immanuel. **Metafísica dos Costumes**. Trad. [primeira parte] Clélia Aparecida Martins, tradução [segunda parte] Bruno Nadai, Diego Kosbiau e Monique Hulshof. – Petrópolis, RJ: Vozes; Bragança Paulista, SP: Editora Universitária São Francisco, 2013.

KANT, Immanuel. **A religião nos limites da simples razão**. Trad. Arthur Morão. Lisboa: Edições 70 (s/ ano).

KANT, Immanuel. **Antropologia de um ponto de vista pragmático. Immanuel Kant.** Trad.: Célia Aparecida Martins. São Paulo: Iluminuras, 2006.

KANT, Immanuel. **Sobre a Pedagogia**. Trad. de Francisco Cock Fontanella. 2ª ed. Piracicaba: Editora Unimep, 1999.

KANT, Immanuel. **Textos seletos.** Trad. Raimundo Vier e Floriano de Sousa Fernandes. 9ª ed. Petrópolis, RJ: Vozes, 2013.

Outras referências

ALLISON, Henry E. Autonomia. In: CANTO-SPERBER, Monique (org). Dicionário de Ética e Filosofia Moral. São Leopoldo, Ed. UNISINOS, 2003.

ALLISON, Henry. Kant on Freedon of the Will. In: ALLISON, Henry. Essays on Kant. Oxford University Press, 2012.

ALLISON, Henry. Kant's Theory of Freedom. Cambridge Uniververity Prees, 1995.

ANDORNO, Roberto. A noção paradoxal de dignidade humana. Revista Bioética, 2009 17 (3): pp. 435 – 449.

ARISTÓTELES. A Política. Edição Bilingue. Trad. Antônio Campelo Amaral e Carlos de Carvalho Gomes. Portugal: Veja,1998.

AZEVEDO, Marco A. O. Bioética fundamental. Porto Alegre: Tomo Editorial, 2002.

BEAUCHAMP, Tom L.; CHILDRESS, James F. Princípios de Ética Biomédica. Trad. Luciana Pudenzi. 3ª ed. São Paulo, Edições Loyola, 2013.

BERLIM, Isaiah, Sir. Dois conceitos de liberdade. In: BERLIN, Isaiah, Sir. Estudos sobre a humanidade: uma antologia de ensaios. Trad. Rosaura Eichcnberg. São Paulo: Companhia das Letras, 2002. P. 226-272.

BERTEN, André. Deontologismo. In: CANTO-SPERBER, Monique (org). Dicionário de Ética e Filosofia Moral. São Leopoldo, Ed. UNISINOS, 2003, p. 406-411.

BIELEFELDT, Heiner. Filosofia dos direitos humanos. Trad. Dankwart Bernsmüller. São Leopoldo: Ed. UNISINOS, 2000.

BOBBIO, Norberto. A Era dos Direitos. Trad. Carlos Nelson Coutininho. Nova ed. Rio de Janeiro: Elsevier, 2004.

BRASIL. Constituição (1988). Constituição da República Federativa do Brasil. Brasília: Senado Federal, Coordenação de Edições Técnicas, 2016. Disponível também em: http://www.planalto.gov.br/ccivil_03/constituicao/constituicao.htm

BRASIL. Convenção sobre os Direitos das Pessoas com Deficiência: Protocolo Facultativo à Convenção sobre os Direitos das Pessoas com Deficiência: decreto legislativo nº 186, de 09 de julho de 2008: decreto nº 6.949, de 25 de agosto de 2009. -- 4. ed., rev. e atual. – Brasília: Secretaria de Direitos Humanos, Secretaria Nacional de Promoção dos Direitos da Pessoa com Deficiência, 2011.

CAYGILL, Howard. Dicionário Kant. Tradução de Álvaro Cabral. Rio de Janeiro: Jorge Zahar Ed., 2000.

CHRISTMAN, John, "Autonomy in Moral and Political Philosophy", The Stanford Encyclopedia of Philosophy (Spring 2018 Edition), Edward N. Zalta (ed.), URL = <https://plato.stanford.edu/archives/spr2018/entries/autonomy-moral/>.

CÍCERO, Marco Túlio. Dos Deveres. Trad. Angélica Chiapeta. São Paulo: Martins Fontes, 1999.

CONSANI, Cristina Foroni. O papel da dignidade na fundamentação dos direitos humanos. Estudos Kantianos, Marília, v. 6, n. 1, p. 17-28, Jan./Jun., 2018.

CULLETON, Alfredo; BRAGATO, Fernanda F.; FAJARDO, Sinara P. Curso de Direitos Humanos. São Leopoldo: Unisinos, 2009.

DARWALL, Stephen. Two Kinds of respect. In: Ethics, Vol. 8, Nº1, oct., 1977, pp. 36-49.

DEBES, Remy. Dignity: A history. New York: Oxford University Press, 2017.

DWORKIN, Gerald. The Theory and Practice of Autonomy. New York, NY. Cambridge University Press 1988.

DURAND, Guy. Da Dignidade ao Respeito. In: DURAND, Guy. Introdução geral à bioética. Trad. Nicolas Nyimi Campanário. São Paulo: Centro Universitário São Camilo: Edições Loyola, 2003.

DWORKIN, Ronald. Levando os direitos a sério. Trad. Nelson Boeira. São Paulo: Martins Fontes, 2002.

FEINBERG, Joel. The Nature and Value of Rights. Journal of Value Inquiry, vol. 4, 1970, pp. 245-257.

FEINBERG, Joel. Harm to Self: The moral limits of the criminal law. Oxford University Press, 1986.

FORMOSA, Paul. Kantian Ethics, Dignity and Perfection. Cambridge University Press, 2017.

FORMOSA, Paul. The Role of Vulnerability in Kantian Ethics: In: MACKENZIE, Catriona.; ROGERS, Wendy; DODDS, Susan. (edited by). Vulnerability: New Essays in ethics and feminist philosophy. Oxford University Press, 2014, pp. 88-109.

FRANKENA, William. Ética. 2 ed. Trad. Leonidas Hegenberg e Octanny Silveira da Mota. Rio de Janeiro: Zahar ed., 1975.

GAN, Shaoping. Human dignity as a righ. Front. Philos. China: 2009, p. 370–384.

GOFFI, Jean-Yves. Animais: O tratamento dos animais. In: CANTO--SPERBER, Monique (org). Dicionário de Ética e Filosofia Moral. São Leopoldo, Ed. UNISINOS, 2003, p.89-94.

GRUEN, Lori, "The Moral Status of Animals", The Stanford Encyclopedia of Philosophy (Fall 2017 Edition), Edward N. Zalta (ed.), URL = <https://plato.stanford.edu/archives/fall2017/entries/moral-animal/>.

GRUNDGESETZ FÜR DIE BUNDESREPUBLIK DEUTSCHLAND (1949). Deutscher Bundestag, Berlin 2019. Disponível em: https://www.btg-bestellservice.de/pdf/10060000.pdf.

GUYER, Paul. Kant on the theory and practice of autonomy. Social Philosophy & Policy Foundation, USA, 2003.

HACKER, P. M. S. Natureza Humana: Categorias Fundamentais. Trad. José Alexandre Durry Guerzoni. Porto Alegre: Artmed, 2010.

HEGEL, Georg Wilíelm Friedrich. Linhas fundamentais da filosofia do direito, ou, Direito natural e ciência do estado em compêndio. Trad. Paulo Meneses [et al]. São Leopoldo, RS: Ed. UNISINOS, 2010.

HILL, Jr, Thomas E. Dignidade: dignidade e respeito de si. In: CANTO--SPERBER, Monique (org). Dicionário de Ética e Filosofia Moral. São Leopoldo, Ed. UNISINOS, 2003.

HILL, Jr, Thomas E. Kantian autonomy and contemporary ideas of autonomy. In: SENSEN, Oliver. Kant on Moral Autonomy. Cambridge University Press, 2013.

HILL, Jr, Thomas E. Kantian perspectives on the racional basis of human dignity. in: DÜWELL, Marcus et al (Ed.). The Cambridge Handbook of Human Dignity: Interdisciplinary Perspectives. United Kingdom: Cambridge University Press, 2014, p. 216-221.

HILL, Jr, Thomas E. Respect for humanity: The Tanner Lectures on Human Values. Stanford University, April, 1994. Disponível em: https://tannerlectures.utah.edu/_documents/a-to-z/h/Hill97.pdf

HÖFFE, Otfried. Immanuel Kant. São Paulo: Martins Fontes, 2005.

HUME, David. Tratado da Natureza Humana: uma tentativa de introduzir o método experimental de raciocínio nos assuntos morais. Trad. Débora Danowski. 2 ed. rev. e ampliadada. São Paulo: Editora UNESP, 2009.

IOANNES PAULUS PP. Evangelium Vitae: Sobre o valor e a inviolabilidade da vida humana. (1995). Santa Sé; Vaticano. Disponível em: http://w2.vatican.va/content/john-paul-ii/pt/encyclicals/documents/hf_jp-ii_enc_25031995_evangelium-vitae.pdf

KAIN, Patrick. Kant's Defense of Human Moral Status. Journal of the History of Philosophy, Volume 47, Number 1, January 2009, pp. 59-101.

KELSEN, Hans. Teoria pura do direito. Trad. João Baptista Machado. 6ª ed. São Paulo: Martins Fontes, 1998.

KERSTEIN, Samuel J. Kantian Dignity: a critique. In: DÜWELL, Marcus. The Cambridge Handbook of Human Dignity: Interdisciplinary perspectives. Cambridge University Press, 2014. P. 222-229

KORSGAARD, Christine. Fellow Creatures: Kantian Ethics and Our Duties to Animals. The Tanner Lectures On Human Values, University of Michigan February 6, 2004.

LUNARD, Giovani Mendonça. A fundamentação moral dos direitos humanos. Revista Katálysis, Florianópolis, v. 14, n. 2, p. 201-209, jul./dez. 2011.

MACINTYRE, Alasdair. Depois da Virtude: um estudo em teoria moral. Trad. Jussara Simões. Bauru, SP: EDUSC, 2001.

MACKLIN, Ruth. Dignity is a useless concept: It means no more than respect for persons or their autonomy. BMJ VOLUME 327 20–27 DECEMBER 2003, p. 1419-1420.

MILL, John Stuart. On Liberty. (Edited by) David Bromwich and Gerge Kateb. New Haven and London, Yale University Press, 2003.

NODARI, Paulo César. A teoria dos dois Mundos e o Conceito de Liberdade em Kant. Caxias do Sul, RS: Educs, 2009.

OLSOM, Éric T. What Are We?: A Study in Personal Ontology. Oxford University Press, 2007.

O' NEILL, Onora. Autonomia, pluralidade e razão pública. Cadernos de Filosofia Alemã, Jan-jun, 2014, v. 19, n. 1, Jan-jun, 2014, pp. 15-34.

O' NEILL, Onora. Autonomy and Trust in Bioethics. Cambrige University Press, 2004.

O'NEILL, Onora. Constructions of Reason: Explorations of Kant's Practical Philosophy. Cambridge University Press, 1989.

O'NEILL, Onora. Kant on Duties Regarding Nonrational Nature. Proceedings of the Aristotelian Society Suppl., 72: 211–228, 1998.

ONU (Organização Das Nações Unidas). Carta das Nações Unidas. (1945). Impresso pelo Centro de Informação da ONU para o Brasil (UNIC Rio de Janeiro). Disponível em: www.nacoesunidas.org/carta/cij

ONU (Organização Das Nações Unidas). Declaração Universal dos Direitos Humanos (1948). Disponível em: <https://nacoesunidas.org/img/2014/09/DUDH.pdf>

UNESCO (Organização das Nações Unidas para a Educação, Ciência e Cultura). Declaração Universal sobre Bioética e Direitos Humanos. Conferência geral da Unesco, 2005. Disponível em: <<https://unesdoc.unesco.org/ark:/48223/pf0000146180_por>> Acesso em Março de 2019.

PETTIT, Philip. Consequencialismo. In: CANTO-SPERBER, Monique (org). Dicionário de Ética e Filosofia Moral. São Leopoldo, Ed. UNISINOS, 2003, p. 327-334.

RAWLS, John. História da Filosofia Moral. Trad. Ana Aguiar Cotrim. São Paulo: Martins Fontes, 2005.

RAWLS, John. O Liberalismo Político. Trad. Dinah de Abreu Azevedo. 2ª ed. São Paulo, SP: Editora Ática, 2000.

RAWS, John. Justiça como equidade: uma reformulação. Trad. Claudia Berliner. São Paulo: Martins Fontes, 2003.

ROSEN, Michael. Dignidade: sua história e significado. Trad. André de Godoy Vieira. São Leopoldo: Ed. UNISINOS, 2015.

ROUSSEAU, Jean-Jacques. Do contrato social. Trad. Antonio de Pádua Danesi. 3ª ed. São Paulo: Martins Fontes, 1996.

SANDEL, Michael. Justiça: o que é fazer a coisa certa? Trad. Heloísa Matias e Maria Alice Máximo. Rio de Janeiro: Civilização Brasileira, 2015.

SCHINEEWIND, J. B. Autonomia, obrigação e virtude: uma visão geral da filosofia moral de Kant. In: GUYER, Paul. (org) Kant. Tradução Cassiano Terra Rodrigues. Ideias & Letras, 2009. (Coleção Companions & Companions), p. 369-407.

SCHNEEWIND, J.B. A invenção da autonomia: Uma história da filosofia moral moderna. Trad. Magda França Lopes. São Leopoldo: Ed. UNISINOS, 2005.

SCHOPENHAUER, Arthur. On the basis of Morality. Indianapolis; Hackett, 1965.

SCHROEDER, Doris. Human Rights and Human Dignity: An Appeal to Separate the Conjoined Twins. Ethical Theory and Moral Practice (2012) 15: 323-335.

SEDGWICK, Sally. Fundamentação da Metafísica dos Costumes: uma chave de leitura. Trad. Diogo Kosbiau Trevisan. Petrópolis, RJ: Vozes, 2017.

SENSEN, Oliver. Human dignity in historical perspective: The contemporary and traditional paradigms. In: European Journal Of Political Theory, New York, p.71-91, mar. 2011.

SENSEN, Oliver. Kant's Conception of Human Dignity. In: Kant-Studien 100. Jahrg., S. 309–331, 2009.

SINGER, Peter. Speciesism and Moral Status. In: Kittay, Eva Feder; Carlson. (edited by). Cognitive disability and its challenge to moral philosophy. 2010, p. 331-344.

SNOWDON, Paul F. Animalism and the lives of human animals. The Southern Journal of Philosophy, Volume 52, Spindel Supplement, 2014.

STRAWSON, Galen. Locke on Personal Identity: Consciousness and Concernment. Princeton, New Jersey: Princeton University Press, 2014.

SULLIVAN, Roger J. Introduction to Kant's Ethics. Cambridge University Press, 1994.

VAZ, H. L. Antropologia Filosófica I. 4 ed. São Paulo, SP: Loyola, 1991.

WOOD, Allen W. Kant. Porto Alegre: Artmed, 2008a.

WOOD, Allen W. Kant's Ethical Thought. New York, NY: Cambridge University Press, 1999.

WOOD, Allen W. Kantian Ethics. New York, NY: Cambridge University Press, 2008b.

WOOD, Allen W. Kant on Duties Regarding Nonrational Nature. Proceedings of the Aristotelian Society Suppl.,72: 189–210, 1998.

LISTA DE SIGLAS

IC – Imperativo Categórico
FLU – Fórmula da Lei Universal
FLN – Fórmula da Lei da Natureza
FH – Fórmula da Humanidade
FA – Fórmula da Autonomia
FRF – Fórmula do Reino dos Fins

Abreviaturas das Obras de Kant

CRP – Crítica da Razão Pura
CRPr – Crítica da Razão Prática
FMC – Fundamentação da Metafísica dos Costumes
MC – Metafísica dos Costumes
R – Religião nos Limites da Simples Razão
A – Antropologia de um Ponto de Vista Pragmático
P – Sobre a Pedagogia